POUR QUI SONNE LA GLOIRE

Gilles Malvaux

POUR QUI SONNE LA GLOIRE

Une histoire française

ÉQUATEURS

ISBN : 978-2-3828-4289-8.

Dépôt légal : avril 2022.

170 *bis*, boulevard du Montparnasse, 75014 Paris.

contact@editionsdesequateurs.fr
www.editionsdesequateurs.fr

Sommaire

Avant-propos. LA FRANCE, PAYS DE LA GLOIRE. 9

I. L'ESTHÉTIQUE FRANÇAISE DE LA GLOIRE

1. Acquérir la gloire. 27
2. La gloire et l'argent, ou l'esprit de la bravoure contre l'esprit boutiquier 55
3. D'autres formes de gloire, bien françaises... 65
4. Chanter et transmettre la gloire. 77

II. L'HISTOIRE FRANÇAISE DE LA GLOIRE

5. La gloire réservée à Dieu : l'âge des cathédrales . . . 107
6. La gloire pour le chef : l'âge de l'État 118
7. La gloire pour tous : l'âge de la nation 143

III. LE SIÈCLE DE LA GLOIRE

8. La gloire, ferment de la nation 159
9. La gloire, facteur d'unité. 208
10. L'Aiglon, la gloire, la guerre 233

IV. QU'EST LA GLOIRE DEVENUE ?

11. Acquérir la gloire?. 253
12. Chanter la gloire? 272
13. Transmettre la gloire? 287

V. La gloire, l'homme, le temps
14. La gloire et l'homme, aujourd'hui 305
15. La gloire et la société 326

Conclusion. Sachons donc accommoder la gloire à notre histoire 347

Annexe 353

Bibliographie 361

AVANT-PROPOS

La France, pays de la gloire

« Si vous alliez, Madame, au vrai pays de gloire,
Sur les bords de la Seine ou de la verte Loire. »

Baudelaire.

« D'ailleurs ne suis-je pas Français ? Quand j'aimerais un peu la gloire, ne pourrais-je pas dire à mes compatriotes :
" Qui de vous me jettera la première pierre ? " »

Chateaubriand.

Dialogue entre les soldats Coignet et Canrobert (tiré d'une nouvelle intitulée *Le Flambeau* écrite par le capitaine de Gaulle, publiée en 1927[1]) :

« COIGNET. – Au fait, vous entrez dans l'armée ?

CANROBERT. – Oui.

COIGNET. – Ce n'est guère la mode !

CANROBERT. – Ce n'est guère la mode en effet ; et je vois les jeunes gens de mon entourage se consacrer à leurs terres, aux affaires, à l'éloquence, plutôt qu'aux armes.

COIGNET. – Triste temps pour les soldats ! Qu'est-ce donc qui vous pousse à le devenir ?

CANROBERT. – Je n'eus jamais d'autre rêve. D'abord ce fut une imagination d'enfant s'éveillant au bruit de la

1. Charles de Gaulle, *Le Flambeau*, dans *Le Fil de l'épée et autres écrits*, Plon 1990, 1994 et 1999, p. 614.

guerre. Le plus ancien souvenir de ma vie, c'est l'image de mon frère, officier de la Grande Armée et tué à Waterloo. Je le vois encore avec son shako à grand plumet rouge et son habit bleu aux épaulettes d'argent, me prenant sur ses genoux et faisant jouer, pour m'amuser, les batteries de ses pistolets. Et comment oublier l'allure, l'entrain de mon parrain le général Marbot ? Comment rester froid à l'aspect et aux histoires de tant de grognards qui peuplent nos campagnes et nos bourgs ?

COIGNET. – C'est, ma foi, vrai. Nous avons rapporté notre sac plein de gloire en récits. »

⁂

Les très riches heures de la gloire en France

Il fut un temps, pas si lointain, où parler de gloire était aussi courant qu'acheter une baguette ou entrer dans un café. Le mot lui-même était absolument banal ; il appartenait aux discours publics, aux conversations privées, à la littérature, à la presse, aux arts, et même au paysage. On peut dire que la gloire relevait alors d'une *certaine idée de la France*. Ne la retrouve-t-on pas dans les toutes premières lignes des *Mémoires de guerre* de Charles de Gaulle ? Se remémorant son enfance, le général évoquait spontanément les « symboles de nos gloires » : Notre-Dame, Versailles, l'Arc de triomphe et les Invalides faisaient naître en lui, petit Lillois vivant à Paris, sa fameuse *idée de la France*. L'homme du 18 juin a su trouver cette heureuse formule. Comme il l'explique lui-même, le sentiment que traduisait cette dernière était inscrit en lui. Mais serait-on loin de la vérité en disant que cette « idée de la France » était en réalité inscrite dans le cœur de toute une société qui, à chaque génération, héritait d'elle-même ?

Probablement non, et dans cet héritage la plus grande part revient à la gloire. Elle en est tout autant le contenu que le contenant, la chair autant que l'enveloppe. Au fil des siècles revient sans cesse la même idée, presque obsédante, selon laquelle la gloire appartient à la France. Elle lui est quasiment consubstantielle. Roland à Roncevaux lançait au milieu de la mêlée que « la France aujourd'hui ne perdrait pas sa gloire ». C'est le premier écho d'une même revendication qui enjambera mille ans d'histoire et que porteront inlassablement les voix du passé. « Que jamais ne sorte de France la gloire qui s'y est arrêtée… » (Chrétien de Troyes, XIIe siècle), « maintenant, France, ta gloire s'abîme dans la poussière… » (Shakespeare, *Henry VI,* XVIe siècle) ; « cette passion générale que la nation française a pour la gloire… » (Montesquieu, *Lettres persanes,* XVIIIe siècle) ; « ce peuple, de tous les peuples de l'Europe le plus jaloux de la gloire militaire, qui avait cueilli pendant si longtemps les palmes de la victoire, unique objet de son ambition… » (Walter Scott, XIXe siècle) ; « la France a l'habitude de la gloire et de la grandeur… » (Charles de Gaulle, XXe siècle).

On n'en finirait pas d'accumuler les grandes citations pour un sujet aussi sentimental. C'est qu'en réalité le poids de la gloire est incalculable dans cet héritage. L'inventaire est impossible ; pourrait-on d'ailleurs compter le nombre de boulangeries, cafés ou auberges sur une carte historique depuis que les Français mangent du pain et boivent du vin ?

Toutefois, une approche rationnelle, presque mathématique, est possible pour évaluer objectivement l'importance de la gloire dans le fonds culturel français. Le terrain de la langue française s'y prête bien. Son sol est assez profond et sa matière suffisamment riche pour y dégager des tendances. Quand on parcourt la monumentale *Histoire de la langue française* de Ferdinand Brunot[1], on peut en effet apprécier la longue intimité entre la France et la gloire. En plus de huit mille pages résumant huit siècles d'histoire, des centaines et des centaines d'occurrences du mot *gloire* peuplent les milliers de citations et d'extraits de romans, poésies, journaux ou textes administratifs utilisés pour illustrer l'évolution de la langue.

Il y a tellement de troquets et de bistrots en France que le premier bâtiment libéré le 6 juin 1944 a été un café (le café *Gondrée*, à Bénouville, dans le Calvados) ; faites une halte dans le moindre village de France et vous tomberez inévitablement sur son café. De la même manière, la *gloire* fait partie de ces mots qui tombent le plus facilement sous la main quand on étudie l'histoire de la langue française. L'exemple est caractéristique et donne à réfléchir. Comme le vin, la gastronomie, les cafés, comme les prix littéraires et les calembours, ou bien encore les clochers de village et les jours de marché, la gloire appartient au fonds culturel français. Elle y fait figure de signe de reconnaissance, de mot de passe plus ou moins sonore donnant accès à un patrimoine tout autant matériel que spirituel. Elle est partout, pour peu que l'on prenne le temps d'y faire attention. La gloire aime le mystère mais elle se montre à tous. Un point essentiel est à considérer tout de même. La France est le pays de la gloire et cette gloire est celle des armes. Bien sûr, il ne s'agit pas d'ignorer Molière, Chateaubriand, Hugo, Pasteur, Poincaré et tant d'autres, mais de consta-

---

1. Histoire écrite au début du XXe siècle, sur plus de vingt ans, par celui pour qui fut créée à la Sorbonne la première chaire d'histoire de la langue française.

ter que le patrimoine militaire est, avec la gastronomie, ce que les Français ont probablement le plus en partage, même sans le savoir. Nous connaissons tous une rue Jeanne-d'Arc, une avenue du Général-de-Gaulle, une place du 11-Novembre. Bien des familles comptent un grand-oncle ou un arrière-grand-père appelé sous les drapeaux. Bien des familles peuvent retrouver leur nom sur la tombe d'un cimetière militaire. Médaille, sabre ou képi, chez bien des familles françaises de vieux effets militaires trônent ou prennent la poussière, dans le salon ou au grenier, c'est selon, à moins de finir en vente sur leboncoin ou à la braderie du village.

Précisons ici que le sens premier de la gloire, son sens religieux, c'est-à-dire judéo-chrétien, tourné vers Dieu et non vers l'homme, sera abordé, mais plus loin. Dans ce livre, considérons la gloire comme un mot, un concept ou une représentation qui s'attache à une *volonté mise en action* et que l'homme juge digne d'estime.

Mais comment en percevoir précisément l'étendue dans ce vaste et vieux sujet de nature historique et sentimental qui s'appelle la France ? Contrairement à ce qui se mange, se boit, ce qui amuse ou se regarde, la gloire est quelque chose de plus délicat. Tout d'abord, elle parle au cœur. De ce fait, elle a des propriétés intangibles car le cœur de l'homme ne change pas. Mais elle a aussi des caractéristiques plus mouvantes, liées à l'histoire, car la société change. Elle a donc une double nature, à la fois *esthétique* et *historique,* qui nécessite d'être expliquée si l'on veut appréhender dans sa totalité ce qu'est la gloire.

Comprendre la gloire : son esthétique et son histoire

Une approche raisonnable – ou raisonnante – voudrait que l'on commence par définir le concept. Nous ne prendrons pas cette voie-là car à trop vite vouloir normer la chose, on risque fort de la rendre ennuyeuse. Commençons plutôt par l'observer ; la théorie se dévoilera dans le portrait. Ce premier point de vue, esthétique, revient à considérer la gloire comme une haute montagne. Pour la comprendre, il nous faudrait a priori étudier chaque versant : littérature, architecture, peinture, traditions, chants, folklore, etc. Travail laborieux pour un résultat indigeste. Abordons plutôt la gloire comme si l'on s'apprêtait à gravir la montagne. Plutôt que foncer droit, faisons simplement le tour. Il se trouve qu'on distingue trois voies plus faciles d'accès pour saisir la gloire dans sa fixité et son immuabilité.

Elle a d'abord sa propre rhétorique. Comme *honneur*, elle fait partie de ces mots qui peuvent donner leur nom à presque tout, en s'attachant à l'homme, à ses actions, à tout ce que sa main produit ou que son esprit saisit. Spontanément d'abord, on s'imagine la gloire destinée au soldat, à l'homme de guerre, à celui qui se bat. On a appelé les gars de la 2e DB les *nomades de la gloire* ; les résistants furent les *soutiers de la gloire*. Une vieille affiche de recrutement de la Marine datant de l'entre-deux-guerres invitait à suivre Suffren, Surcouf et d'autres grands marins dans leur *sillage de gloire*. Lors de son abdication, Napoléon rappelait dans son discours d'adieu à la Garde qu'il l'avait constamment trouvée sur le *chemin de la gloire*. L'Empereur à Sainte-Hélène fut d'ailleurs le *Prométhée de la gloire* et les quelques-uns qui le suivirent en exil furent même surnommés les *Robinsons de la gloire*.

En 1612, un grand Carrousel était donné place Royale en l'honneur des fiançailles de Louis XIII et Anne d'Autriche. Le musée Carnavalet dispose d'une toile qui rappelle l'événement : le *Roman des chevaliers de la gloire*…

Parce qu'elle célèbre les belles actions, la gloire se retrouve naturellement dans l'architecture et dans les arts. Le Panthéon est le *Temple de la gloire* et sous son abside y est peinte la *Chevauchée de la gloire. Le Temple de la gloire* est aussi le nom d'un ballet écrit par Rameau pour célébrer la victoire de Fontenoy, et encore le nom d'un petit château édifié à Orsay en l'honneur de la victoire de Hohenlinden remportée par le général Moreau, héros de la Révolution. Il fut également le nom de l'église de la Madeleine.

Mais l'homme et ses œuvres s'inscrivent encore dans l'*espace* et le *temps*, témoins muets des actions humaines ayant, eux aussi, droit à la gloire. Ainsi cette dernière est-elle géographiquement et historiquement un peu française. Quand Mme de Staël dit que la France est une *terre de gloire*, elle ne fait que résumer un tout dont chaque partie connaît elle aussi la gloire. Péguy voit en la *blonde Loire* un *fleuve de gloire* alors que la Seine *coule avec gloire* pour Malherbe. En Normandie coule une vraie *rivière de Gloire* et loin de la métropole les *îles Glorieuses* rappellent qu'une fois, sous les Tropiques, *Le Glorieux* releva les côtes d'une petite île de l'océan Indien. Guynemer était un des as de la Grande Guerre, célébrissime en son temps. Son épitaphe rappelle qu'il disparut *en plein ciel de gloire*.

Quant à la *page de gloire*, c'est une métaphore relevant de l'Histoire et à l'histoire de France appartiennent les *Trois Glorieuses* mais aussi ces journées des 26, 27 et 28 août 1940 qui virent le ralliement de l'Afrique-Équatoriale française à la France Libre et qui furent baptisés de ce même nom. Sans oublier les *Trente Glorieuses*.

Mais la gloire trouve encore sa place dans le pur domaine de l'esprit. Par elle se manifeste une certaine idée de l'homme et de la civilisation. Elle peut évoquer l'orgueil ou la gratuité. La *vaine gloire* est laide mais faire quelque chose *pour la gloire* procède d'une certaine élégance. Parce que la gloire se perd et se gagne, elle peut honorer aussi bien celui qui la reçoit que celui qui la donne. Un jour de mai 1747, les vaisseaux français *La Gloire* et *L'Invincible* furent capturés par une flotte anglaise au large du Cap Finisterre. La bataille avait été longue ; Saint-Georges, chef d'escadre français, remit son épée à l'amiral anglais Anson en lui disant : « Monsieur, vous avez vaincu *L'Invincible* et *La Gloire* vous suit ! »

Dans le même ordre d'idées, la gloire peut aussi ridiculiser, surtout quand l'esprit français s'en saisit. On rapporte cet échange entre Duguay-Trouin et un capitaine allemand :

> « L'ALLEMAND. – Les Français se battent pour le butin, tandis que les Allemands ne veulent que la gloire. Duguay-Trouin : Oui monsieur le comte, nous nous battons chacun afin de conquérir ce qui nous manque[1]. »

Le même mot est aussi attribué à Surcouf face à un Anglais. Preuve que, quel que soit son degré de véracité, la réplique plaît au lecteur français qui sera charmé de constater que la gloire est décidément bien française.

Après la rhétorique, la symbolique. La gloire a la sienne propre. Le désir de gloire est inscrit dans le cœur

1. Cité par Michèle Ressi, *L'Histoire de France en 1 000 citations*, Eyrolles, 2011, p. 135.

de l'homme et, pour le définir, les mêmes mots reviennent toujours : grandeur, reconnaissance, considération, honneur ou honneurs. La gloire offre la renommée. Elle capte le regard et rehausse aux yeux du commun la personne ou l'événement qu'elle revêt de son éclat. Mais surtout la gloire attire car elle brille. Elle ne connaît d'ailleurs que le doré ; ainsi dans les beaux-arts, les expressions, les médailles. La France *rayonnante*, une victoire *éclatante*, une carrière *brillante* : derrière les mots se cache la gloire. En peinture, une « gloire » est une lumière *rayonnante*. Une période inégalée est un âge d'or, un livre où s'exprime la reconnaissance est un *livre d'or* et l'oriflamme qu'on brandit est un étendard où l'*or-y-flambe*. On a baptisé *gloire du pilote* ce phénomène physique qui entoure l'avion d'une auréole lumineuse. La métaphore du soleil lui est propre. Louis XIV la fait sienne. Austerlitz aussi. Elle est le *soleil des morts* pour Balzac et les *Trois Glorieuses* sont pour Chateaubriand « les trois derniers soleils qui viennent de briller sur la France ». Racontant la fin de Napoléon à Sainte-Hélène, l'auteur des *Mémoires d'outre-tombe* citait Tacite : « À l'extrémité de notre hémisphère on entend le bruit que fait le soleil en s'immergeant ». Le jour du retour des cendres de l'Empereur, Victor Hugo était mêlé à la foule, place des Invalides. Nous sommes en hiver, le temps est glacial, les Parisiens battent la semelle depuis des heures en attendant l'illustre convoi. Il raconte : « Le char de l'Empereur apparaît. Le soleil, voilé jusqu'à ce moment, reparaît en même temps. L'effet est prodigieux[1]. » Pour qui voudrait voir ce qu'a ressenti Victor Hugo, il suffirait d'aller au musée de l'Armée, aux Invalides, où figure un tableau allégorique du retour des

1. Victor Hugo, *Choses vues*, G. Charpentier et Cie, éditeurs, 1888, p. 11.

cendres de Napoléon. Le peintre s'appelle Trichot. Au premier plan apparaît, dans une rue de Paris, le convoi funéraire entouré de soldats et de la foule. En arrière-plan, les Invalides. Toute la scène est baignée d'une lumière sombre, presque terne, sauf au centre où le soleil placé juste au-dessus du char de l'Empereur déchire la grisaille. L'opposition entre la clarté et les ténèbres est intéressante car elle met en relief le mythe du grand homme ou de l'événement providentiel. C'est un thème éminemment français, où la métaphore du soleil se double même de continuité historique avec deux autres grands personnages de notre histoire. Sur le médaillon du collier de l'ordre de la Libération figurent en relief des flammes rayonnantes. Ces flammes commencèrent à briller véritablement en juin 1942, en plein désert d'Afrique, quand Bir Hakeim montra au monde libre l'existence et surtout la valeur de la France combattante. Dans un discours à l'Albert Hall de Londres, de Gaulle déclarait que Bir Hakeim était le *rayon de la gloire renaissante de la France*. À qui voudra méditer sur un rapprochement du Général avec une autre grande figure providentielle, on se rappellera que cinq cents ans auparavant, après la victoire d'Orléans, un poète écrivait semblablement qu'*en l'an mil quatre cent vingt et neuf reprit à luire le soleil…*

Troisième et dernière propriété, la gloire a son économie. Pour en comprendre le mécanisme, revenons à Duguay-Trouin et Surcouf. Les deux marins français ne cherchaient pas la gloire mais les espèces sonnantes et trébuchantes. Pourtant ils eurent les deux. Trouve-t-on que leur réplique est belle, trop belle même ? En fait a-t-elle été vraiment prononcée ? À vrai dire, peu importe. Que la réplique soit authentique, embellie ou tout bonnement inventée, l'essentiel est ailleurs. Ce n'est pas à son exactitude qu'il faut s'attacher mais à sa capacité d'orner le réel. Une seule petite phrase a suffi à grandir un fait d'armes. Comment ? En l'inscrivant dans un processus de création et de transmission de valeur. Il est en effet fondamental de comprendre que la gloire ne surgit pas d'elle-même, ne dure pas d'elle-même, et n'existe pas par elle-même. Elle ne vit que par la réunion de trois caractéristiques essentielles : elle s'acquiert, elle se chante, elle se transmet. L'action est nécessaire pour la faire naître ; il faut ensuite donner de la valeur à cette action ; cette valeur doit enfin être connue et reconnue. C'est ainsi que la notion de *gloire* ne peut pas être intime comme peut l'être *l'honneur*. La gloire s'acquiert évidemment, mais pour exister véritablement elle doit encore être *reconnue* et *transmise*. Sa valeur ne dépend pas que du seul protagoniste auquel elle se réfère : la gloire a besoin d'un poète pour naître au monde et d'un public pour exister dans le monde. La règle est universelle mais n'empêche pas les cas particuliers. Il se trouve qu'une longue et particulière histoire de France a donné à la gloire une véritable esthétique nationale. En France, les acteurs de la gloire – ceux qui l'acquièrent, ceux qui la chantent, ceux qui l'écoutent – accordent une place essentielle à la bataille. Le culte de la bravoure et le goût de l'action lui sont essentiels et font ainsi partie de la longue histoire des armes françaises… tout comme certains défauts ou stéréotypes où la frontière est mince entre gloire et vaine gloire. Ernest Psichari était le petit-fils d'Ernest Renan. Mort au combat au tout début de la Grande Guerre, il était un écrivain célèbre à son époque. Il avait dit un jour : « La France est si riche en gloire qu'elle en néglige la monnaie. » Culturellement parlant, il n'a pas tort, et la première partie de ce live s'attache à montrer en quoi la France est le pays de la gloire. Mais symboliquement parlant, Psichari a encore raison car en France l'acquisition ou la perte de la gloire se trouve bien souvent évoquée grâce à l'image de la monnaie. La gloire brille, la gloire attire, car la gloire est un écu d'or au soleil que la France prodigue depuis des siècles. Le lecteur en comptera beaucoup dans ce livre et constatera que, d'un point de vue esthétique, la gloire a certes son ontologie, ses représentations universelles, mais également ses caractéristiques typiquement françaises. Elle possède un côté intemporel qui se manifeste « classiquement » dans l'imaginaire patriotique qu'elle véhicule. Cette esthétique explique des faits historiques, donne en partie son charme à ce qu'on appelle le tempérament national et appartient au patrimoine des Français.

Mais si cette esthétique relève du sentiment, du cœur, il faut encore considérer que la gloire des armes parle aussi à la raison. C'est le deuxième point de vue, politique, qui s'ancre dans l'histoire. Parce que la gloire des armes est aussi vieille que la guerre, son histoire accompagne celle de la France. La *Chanson de Roland* nous montre que le chevalier combattait pour la gloire de Dieu ; Corneille et Racine louaient la gloire des armes du roi ; *La Marseillaise* ne connaît que la gloire du citoyen. L'histoire de la gloire est celle de sa nature *politique* et, de ce point de vue, histoire de la gloire et histoire de France ne font qu'une. Toutes deux ont en effet en commun un rapport extrêmement fort. C'est l'État. On sait que ce dernier est apparu très tôt sur notre sol, faisant de Paris le moteur de l'histoire de France. À partir de Charles VII, la prise de la capitale signifie systématiquement la chute du pouvoir. C'est à partir de Paris que l'État s'affirme et rayonne. La gloire des armes lui est essentielle. C'est d'ailleurs grâce à lui que la gloire *guerrière* atteindra l'âge de raison en devenant gloire *militaire*. Pour utiliser une image historiquement parlante, la gloire des armes est très exactement comme le bâton de maréchal : tous deux ont évolué avec la nature du régime politique, car tous deux illustrent le service de l'État. Du XIe au XXe siècle, l'armée française a toujours eu des maréchaux, quasiment sans discontinuer. Le maréchalat figure toujours dans le code de la Défense ; son lien particulier avec le service de l'État explique sa pérennité. Mais le bâton s'adapte car les régimes changent. Son velours bleu fut très longtemps semé de fleurs de lys. Avec la Révolution, le plat de chaque embout porte, à la place des fleurs de lys, la devise *La nation, la loi, le roi*. Avec l'Empire, les aigles succèdent aux lys. Ces derniers reviennent à la Restauration. Puis ils disparaissent de nouveau, remplacés par des étoiles plus républicaines. De la même manière, la gloire des armes s'adapte en fonction du pouvoir : Dieu, le roi, la nation.

On sait encore que l'État, en France, a précédé la nation. L'État relève de la raison et la Patrie relève du cœur : s'articulant entre État et Patrie, la gloire des armes contribue à l'idée de nation. D'un point de vue esthétique et politique, le XIXe siècle en est l'illustration éclatante. « La France immuable, la France joyeuse et brave et hardie… La France ! la fille aînée de la Gloire ! » disait encore Psichari. Ce livre montre qu'on pourrait considérer le XIXe siècle comme le *siècle de la gloire*. Une grande partie lui est dédiée. Mais Psichari écrivait avant la Grande Guerre. Parler comme lui ne se fait plus aujourd'hui car l'amour de la France ne connaît plus ce genre de mots pour exprimer ce genre de sentiments. Quid de la gloire aux XXe et XXIe siècles ?

On connaît moins le général Beaufre, contemporain de de Gaulle mais plus jeune que son illustre homologue. Ayant eu le capitaine de Gaulle comme professeur d'histoire à Saint-Cyr, jeune capitaine affecté au Grand Quartier général en 1940, il sera plus tard un des grands penseurs militaires de la deuxième moitié du XXe siècle. Beaufre nous livre un témoignage qui dit bien des choses sur l'évolution de la gloire. Dans ses mémoires *Le Drame de 1940,* écrit vers la fin des années 1960, il faisait part au lecteur d'une impression qui le marqua profondément dans sa jeunesse. Il se rappelait ce qu'un penseur allemand disait de la France dans l'entre-deux-guerres : « Le peuple a perdu la passion, l'éclat et la soif de gloire du Français classique[1]. »

On ne saura pas qui était cet Allemand, mais peu importe. Comme Shakespeare, comme Walter Scott, il reconnaissait que la gloire occupait une place spéciale dans notre pays. Le sentiment déplaisant que son appréciation inspira au jeune capitaine Beaufre pour que, trente ans plus tard, il s'en rappelle et tienne à l'évoquer, est significatif ici. Les souvenirs de Beaufre et de de Gaulle nous montrent donc que la gloire, au début du XXe siècle, allait encore de soi. Elle faisait partie du quotidien des Français et à vrai dire elle était même reconnue toute naturellement à la France et aux Français, tant par ces derniers que par leurs adversaires historiques.

Ce qui était une évidence est aujourd'hui une curiosité de musée, voire une incongruité. Comme le bâton de maréchal, la gloire a été remisée au cabinet des antiques. Le goût pour la gloire des Français s'est manifestement perdu. La gloire a pourtant connu de très longues et de

1. André Beaufre, *Le Drame de 1940*, Plon, 1965, p. 78.

très riches heures dans notre pays. Comment se manifeste-t-elle dans notre imaginaire national ? Comment a-t-elle évolué ? Et surtout qu'est-elle devenue ?

« Et quoi donc ? La France féconde
En incomparables guerriers,
Aura jusqu'aux deux bouts du monde
Planté des forêts de lauriers,
Et fait gagner à ses armées
Des batailles si renommées,
Afin d'avoir cette douleur
D'ouïr démentir ces victoires,
Et nier ce que les histoires
Ont publié de sa valeur ? »

Ces vers sont de Malherbe, poète du temps d'Henri IV. Ils ont plus de quatre cents ans mais pourraient être d'aujourd'hui. Ils parlent de gloire des armes mais expriment bien plus. Aujourd'hui, c'est l'*idée de la gloire* dans son ensemble qui est devenue muette, la gloire militaire comme toutes les autres. Témoin d'une époque beaucoup plus récente, la nôtre, Jean-François Deniau qui fut non pas militaire mais ministre, ambassadeur, académicien, marin et écrivain, se rappelait que, « de [son] temps, les garçons rêvaient d'être pompier ou maréchal de France. Le mot *gloire* faisait encore partie du vocabulaire de l'Éducation nationale[1] ». Prestige, vertu éclatante, reconnaissance d'une supériorité morale : la gloire est aujourd'hui désuète et ne se manifeste plus que dans son acception warholienne, réduite à l'éphémère célébrité d'un quart d'heure sur un écran à cristaux liquides, dans la main ou dans la poche.

1. Jean-François Deniau, *La Double Passion, écrire ou agir*, Robert Laffont, 2004, p. 13.

Il existe une profusion d'histoires de France mais la gloire n'a pas la sienne propre. Les pages qui suivent lui donnent le rôle principal, car ce livre parle de gloire, et surtout de gloire française, mais pas à la façon d'un savant enfoui dans son laboratoire, avec microscope et blouse blanche. La gloire ne se prête pas à la dissection et n'aime pas le formol. Son rôle est plutôt d'inviter à monter allègrement sur scène, et chaque page de ce livre est faite pour être tournée vers une meilleure compréhension de ce qu'est la gloire, de ce qu'elle manifeste, et de ce qu'elle représente en particulier dans ce vieux pays qu'on appelle la France. Aujourd'hui, la question est aussi de savoir si la gloire doit tirer sa révérence. Prise au sens large, au-delà de la vieille gloire des armes, elle nous montre ainsi en quoi elle pourrait donner un peu de poids et d'équilibre à un monde tournant de plus en plus vite et ayant de moins en moins d'attaches. Il n'est d'ailleurs pas impossible qu'on finisse même par éprouver un peu d'affection pour elle ; la gloire est un sujet hautement sentimental.

Première partie

L'ESTHÉTIQUE FRANÇAISE DE LA GLOIRE

CHAPITRE 1

Acquérir la gloire

« La nouvelle du siège de Charleroi a fait courir tous les jeunes gens, et même les boiteux. »

Mme de Sévigné.

Être à la bataille

« Gloire, France et bataille » sont les trois derniers mots de Napoléon avant de mourir. C'est Balzac qui le dit, ou plutôt qui le fait raconter par un ancien officier de la Grande Armée dans son livre *Le Médecin de campagne*. La formule est évidemment inventée mais elle mérite d'être retenue car, historiquement fausse, elle est culturellement vraie. S'appuyant sur le mythe napoléonien, son authenticité faussement vraie explique en trois mots le lien fondamental entre l'histoire de France, la bataille et la gloire des armes. La France est le pays des batailles, or la gloire s'acquiert à la bataille, donc la France est le pays de la gloire. Beau syllogisme, mais qui mérite d'être explicité car en dépit de sa naïve simplicité le raisonnement est fondamentalement vrai. Réfléchir à la gloire *en France* nécessite de bien comprendre ce que reflète la place de la bataille *en France*.

Une évidence s'impose : la gloire des armes s'acquiert à la bataille. « Pends-toi brave Crillon ! Nous avons combattu à Arques et tu n'y étais pas ! » Le mot est d'Henri IV. On y sent la chaleur du combat, on y retrouve la gouaille du Béarnais, mais on y devine surtout une promesse de gloire. C'est un cri du cœur, un cri de soldat à comprendre comme une vérité de toutes les époques, car, d'âges en âges, le même écho se répète. Certains sont anecdotiques quand d'autres sont légendaires. Il y a celui de Napoléon à Austerlitz (« il suffira de dire *J'étais à la bataille d'Austerlitz* pour que l'on réponde *Voilà un brave !* ») ou celui de Joffre aux Poilus (« vous serez de ceux dont on dira *Ils ont barré aux Allemands la route de Verdun !* »). Plus ou moins connus, tous ont passé le filtre de l'histoire car ils sont à la mesure d'un critère invariablement constant au fil des siècles : la primauté de la bataille. Être à Arques, à Austerlitz, à Verdun ? À Bouvines aussi, il y a très longtemps. Une charmante tradition sur la grande victoire de 1214 montre à quel point être à la bataille prime sur tout. Le jour même de Bouvines, à Auxerre, des voleurs s'emparent de vases sacrés dans un couvent dédié à saint Germain. Le sacristain, affligé, se présente devant la châsse du saint patron et l'interpelle. Où donc étais-tu, Germain, quand ces brigands osaient violer ton sanctuaire ! C'est alors qu'une voix sort du reliquaire. Saint Germain se justifie :

> « J'étais auprès de Cisoing, non loin du pont de Bouvines ; avec d'autres saints, j'aidais les Français et leur roi à qui une victoire éclatante a été donnée par notre secours [1]. »

Cette anecdote joliment pittoresque est rapportée par Chateaubriand dans ses *Mémoires*. Mais plutôt que de

1. François de Chateaubriand, *Mémoires d'outre-tombe*, tome Ier, Garnier, 1989, p. 597.

remonter jusqu'à Napoléon ou Philippe Auguste, l'histoire récente est tout aussi instructive et mêle la belle légende à des témoignages plus dignes de foi. Qui ne connaît la 2e DB ? C'est l'une des unités les plus glorieuses de l'armée française de l'époque moderne. On a parlé d'elle comme d'une épopée et la libération de Paris n'a pas peu contribué à sa légende. Il avait fallu beaucoup « discuter » avec les Alliés pour obtenir que la capitale, premièrement fût libérée et pas juste contournée pour attendre de tomber comme un fruit mûr, et deuxièmement que cette libération échût à la 2e DB. Mi-août 1944, Eisenhower finit par se rendre aux raisons du général de Gaulle. Ce dernier en informe immédiatement Leclerc. Les consignes se terminent avec l'éternel cri du cœur : « Vous avez de la chance ! » lance le chef de la France Libre au chef de la 2e DB. On imagine Crillon répondre la même chose à Henri IV.

Libérer Paris ! L'ordre d'opération de Leclerc en date du 24 août 1944 figure dans les annales militaires car son en-tête est connu pour son héroïque simplicité : « MISSION : S'EMPARER DE PARIS ». La portée historique de l'événement était parfaitement mesurée par les hommes de la division. Le colonel de Langlade, commandant un des quatre groupements tactiques, s'en fait l'écho :

> « Chacun de nous répétait dans sa tête ce refrain enivrant *Mission : s'emparer de Paris* [...]. Je ne pense pas que l'histoire militaire de la France ait jamais procuré sensation pareille à un de ses officiers [1]. »

---

1. Paul de Langlade, *En suivant Leclerc*, Au Fil d'Ariane, 1964, p. 206-207.

Libérer Strasbourg ! À quelques heures de hisser les trois couleurs sur la flèche de la cathédrale, après s'être battu en Afrique, après avoir libéré Paris et avoir traversé la France d'ouest en est, à la vue d'un conducteur de jeep épuisé de fatigue et endormi dans son véhicule, Leclerc se retourne vers son aide de camp et a cet autre éternel cri du cœur : « Girard ! On prend Strasbourg et il dort[1] ! »

De nouveau, c'est du Henri IV à Crillon. En fait, tous ces témoignages de soldat laissent deviner une gloire pensée instinctivement, sur le terrain. Elle est une chance qu'on n'a pas le droit de laisser passer. Elle n'a pas besoin d'être explicitement invoquée et point n'est besoin de raisonnement compliqué ou de construction intellectuelle. Le *vous avez de la chance* se décline en autant de batailles glorieuses où il faut *en être* tant la grandeur de l'événement est perceptible. « Demain nous ferons du cinéma ! » se dit Gwenn-Aël Bolloré, un des 177 de Kieffer, le 5 juin 1944 sur le pont de son bateau qui l'emmène en Normandie[2]. Dans cette perspective, ne pas être à la bataille est alors terrible… Quelle humiliation que de ne pas se battre là où la gloire est promise ! Crillon n'a qu'à aller se pendre. L'inimitié de Leclerc et de Lattre était profonde ; aux tempéraments incompatibles des deux généraux s'ajoutait la jalousie de l'un pour l'autre. Lorsque, au début de 1945, en Alsace, le chef de la 2e DB sollicite un entretien avec le chef de la 1re armée française pour ne plus servir sous ses ordres, le tête-à-tête devient l'occasion de dire ses quatre vérités. De Lattre aussi en a gros sur le cœur :

1. Paul de Langlade, *op. cit.*, p. 317.

2. Gwenn-Aël Bolloré, *J'ai débarqué le 6 juin 1944*, Le Cherche Midi éditeur, 1994, p. 25.

« Vous avez eu la chance d'entrer à Paris… vous avez eu la chance d'entrer à Strasbourg… d'autres que vous y auraient eu autant droit… [1]. »

Crillon à Henri IV, encore. Toutefois, la 2e DB vécut elle aussi ce sentiment de ne pas en être quand une partie de la division fut dirigée sur Royan au lieu de poursuivre vers le Reich. Impensable, après avoir libéré Paris et Strasbourg, après avoir tenu le serment de Koufra ! Langlade explique la colère épouvantable de Leclerc et les états d'âme de ses compagnons :

« Après une campagne magnifique déjà rentrée dans l'Histoire de France, après avoir libéré Paris et Strasbourg, terminer piteusement la guerre sur les bords de la Gironde dans les parcs à huîtres de Marennes, c'était vraiment impensable ! Sombrer dans le vide barométrique du front de l'Atlantique au moment précis d'entrer en Allemagne [2]. »

Heureusement, la 2e DB se rattrapera en réussissant à atteindre, *la première* de toutes les forces alliées, le nid d'aigle d'Hitler à Berchtesgaden… suscitant la fureur des Américains car il avait bien fallu désobéir un peu quand même pour accéder à une zone explicitement réservée aux forces américaines…

Quant à de Lattre, il aura tout de même le grand honneur de représenter la France lors de la capitulation allemande à Berlin. Bien que la signature française ait été entérinée en très haut lieu, il fallut convaincre un diplomate soviétique sur place à qui de Lattre dut faire passer le message suivant :

1. Christian Girard, *Journal de guerre 1939-1945*, L'Harmattan, 2000, p. 356.

2. Paul de Langlade, *op. cit.*, p. 384.

« Si je rentre en France sans avoir rempli ma mission, c'est-à-dire en ayant permis que mon pays soit exclu de la signature de la capitulation du Reich, je mériterai d'être pendu[1]. »

Tout s'arrangea, la France apposa sa signature, Crillon avait anticipé Henri IV.

La bataille dans l'histoire de France : la bravoure et l'action

Comment l'évidence de la bataille a-t-elle été pensée au pays de la bataille ? Les quelques mots en ouverture de *La France et son armée* sont si célèbres qu'il n'est plus nécessaire de citer leur auteur : « la France fut faite à coups d'épée ». Si la simplicité de l'expression de Charles de Gaulle explique son immense succès depuis plus de quatre-vingts ans, il faut surtout comprendre sa parfaite cohérence avec la vision dont l'histoire a été considérée jusqu'au milieu du XXe siècle : une longue succession de batailles, perdues ou gagnées, à ce point que l'on a forgé l'expression *histoire-bataille* pour décrire l'histoire de France. Une histoire faite mais surtout *pensée* à coups d'épée. La bataille occupe en effet une place essentielle, si ce n'est la première, dans notre histoire et l'imaginaire qui en découle. Elle appartient autant au récit qu'au roman national. Malgré l'essor de nouvelles écoles historiques plus « englobantes » après-guerre, où l'événement devient secondaire au profit de la longue durée, cette vision reste d'actualité ne serait-ce que par les disputes

---

1. Maréchal de Lattre de Tassigny, *Histoire de la 1re armée française Rhin et Danube*, Librairie Plon, 1949, et Presses de la Cité, 1971 p. 593.

qu'elle suscite sur la manière d'enseigner l'histoire de France aux écoliers. Et puis Gallimard offre toujours à ses lecteurs la collection des *Journées qui ont fait la France*. Parmi ces journées, évidemment, des victoires et des défaites. Que reflète cette prééminence française de la bataille ?

Un jour d'avril 1910, alors qu'il était en visite officielle en France, Théodore Roosevelt prononça en Sorbonne un discours de philosophie politique devenu célèbre pour son éloge de l'homme qui se relève de ses échecs, de *l'homme dans l'arène* qui persévère malgré les difficultés (*the man in the arena*). En ce qui nous concerne, on retiendra une autre partie de son discours, beaucoup moins connue. Membre de l'Institut et grand francophile, l'ancien président des États-Unis faisait part de son admiration pour la *Chanson de Roland* et déclarait surtout que « l'éclat de la bravoure du soldat français [était] légendaire depuis des siècles[1]. »

Qu'est-ce que la gloire, si ce n'est l'éclat de la bravoure ?

On ne peut s'intéresser à la gloire sans se pencher sur la bravoure. Sans bravoure, pas de gloire. L'une et l'autre sont indissociables comme la conséquence l'est de la cause. Comme l'Allemand de Beaufre, comme Walter Scott, Roosevelt reconnaissait l'importance de la gloire en France en mettant en évidence la forme sous laquelle elle s'exprime, la bravoure, et plus généralement le goût de l'action.

1. Théodore Roosevelt, conférence faite à la Sorbonne le 23 avril 1910, *Le Citoyen d'une république*, Hachette, 1910, p.9.

La bravoure

Naturellement, on ne peut nier que la bravoure est la qualité attendue du soldat et qu'à ce titre elle est universelle. Certes. Mais la bravoure a en France une place particulière. Il y a les grandes commémorations, les grands discours, le décorum, la tradition, les images d'Épinal, Diên Biên Phu, Camerone, les grognards de l'Empire, les corsaires, les chevaliers, Cyrano, d'Artagnan, etc.

Légendaire depuis des siècles, la bravoure revêt plusieurs formes. La prouesse, par exemple : longtemps, la France l'a revendiquée, au même titre que la gloire (ou la bravoure). L'anglais *prowess* vient du vieux français *proesce*, ce qui n'est pas étonnant puisque les tournois étaient considérés en Occident comme des « combats français » : *conflictus gallici* dit un chroniqueur anglais du XIIIe siècle. « Je cherche des aventures pour éprouver ma prouesse et ma hardiesse », dit un chevalier dans *Yvain et le chevalier au lion*. Quand on remonte la chaîne des temps, Roland est le premier des preux et les chansons de geste en sont les maillons successifs, modèles épiques reliant la légende lointaine à une mémoire devenant petit à petit française. Lorsque Du Guesclin meurt, un poète trouve normal d'appeler *Bretagne, Normandie, Picardie, Guyenne, Languedoc, Champagne* à toutes pleurer ensemble le héros, « fleur des preux et gloire de la France ». Un autre écrira quelques années plus tard la *Complaincte des bons Français*, long poème datant de la fin de la guerre de Cent Ans. La période est une plus sombres de la guerre : après Azincourt, après le traité de Troyes qui dépossède officiellement le Dauphin. L'œuvre est intéressante en soi car elle montre l'existence d'une prise de conscience d'une France *française*, au-delà des liens féodaux. Son titre est évocateur : à lui seul, il annonce un sentiment national. Est bon français celui qui se bat contre les Anglais. L'auteur, Robert Blondel, est un Normand contemporain de Jeanne d'Arc. Il explique en un long plaidoyer pourquoi il faut défendre le royaume de France. Un sursaut est attendu (« Françoiz, Françoiz, que faictes-vous ? Ne dormez plus, resveilliez vous ! Vostre ennemi veille, veilliez ! ») car la déchéance est proche (« dy, France, ou est fuye la gloire, et le nom que tu voulaies avoir ? »). Parce que les Français ne doivent pas oublier ce qu'ils sont (« proesce a fuys le royaume »), l'auteur rappelle *comment les anciens Françoiz furent preux* :

> « Remembrez-vous, Françoiz nommez,
> De quel ligniée estes issus
> Et com furent bien renommez
> Vos parens pour leur grans vertus.
> Apprenez com, pour honneur querre,
> Plusieurs batailles seurmonterent,
> Non pas seulement pour leur terre,
> Mez pour proesce qu'ilz amerent[1]. »

Le culte de la prouesse y est manifeste et rejoint la légende pour tenir lieu de qualité française, seul recours dans l'adversité. Mais au-delà de la légende des Yvain et des Lancelot, l'héritage culturel de la bravoure se voit surtout à travers deux grandes figures de soldats, de la plus obscure à la plus glorieuse. Figures réelles et représentatives, leur existence même est la bravoure faite chair, dans les mots et dans les faits.

---

1. A. Héron, *Œuvres de Robert Blondel*, historien normand du XVe siècle, tome Ier, Rouen, 1891.

Une évidence dans les mots, premièrement. Elle se manifeste sous la forme d'une expression française oubliée mais dont le pittoresque aidera à comprendre. Aux alentours de 1528 était fondée à Amiens une compagnie d'*harquebutiers,* sorte de milice bourgeoise composée d'une soixantaine d'hommes à qui la défense de la ville était confiée. Régulièrement avaient lieu des concours d'adresse, où participaient d'autres compagnies d'arquebusiers des villes voisines. À la fin du XVIIIe siècle, la compagnie d'Amiens avait adopté comme hymne le chant suivant, où une petite expression est à relever :

« Ignorez-vous notre devise ?
La voilà, c'est *va de bon cœur,*
Notre dicton est la franchise,
Toujours amour, toujours honneur,
Partout où nous mène la gloire ;
Comme soldat et comme amant,
Rli, rlan,
Nous volons tous à la victoire,
Rlan tan plan,
Tambour battant[1]. »

Va-de-bon-cœur est bien plus qu'une devise locale ou le cri de joyeux compagnons. Loin d'être anodine ou seulement amiénoise, ou simplement pittoresque, elle fut surtout un nom de guerre extrêmement répandu en France sous l'Ancien Régime et la Révolution[2]. Des mil-

1. A. Janvier, « Notice sur les anciennes corporations d'archers, d'arbalétriers, de couleuvriniers et d'arquebusiers des villes de Picardie », in *Mémoires de la Société des antiquaires de Picardie*, deuxième série, tome IV, Amiens, imprimerie de Duval et Hersement, Librairie de J-B Dumoulin, 1856, p. 230.

2. Pour le thème « Va de bon cœur », voir « Le soldat méconnu », Gilles Malvaux, *Revue des Deux Mondes*, décembre 2019-janvier 2020. Les développements liés à ce thème sont tirés de cet article.

liers de soldats l'ont porté : le frère de Talleyrand s'était engagé comme simple grenadier sous ce nom ; l'amiral Cosmao dont le nom est gravé sur l'Arc de triomphe était surnommé l'amiral *Va-de-bon-cœur* ; le duc d'Enghien était le duc *Va-de-bon-cœur* ; Victor Hugo dans *Les Misérables* évoque un certain grenadier *Va de bon cœur*.

En fait *Va-de-bon-cœur* est à la troupe ce que *Jacques Bonhomme* est à la paysannerie. Que nous apprend ce nom de guerre ? La guerre est par excellence le domaine de l'affirmation individuelle. Face au danger, le caractère apparaît à nu et le nom, imposé ou choisi, reflète la valeur du combattant. C'est ainsi que dans la *Chanson de Roland* l'épée d'Olivier s'appelle *Hauteclaire* et que dans le *Roman de Renart* le lièvre s'appelle *Couard* et l'escargot *Tardif*... Étymologiquement, le cœur est le siège du courage. *Va-de-bon-cœur*, ce nom si répandu, n'est autre que le nom de la bravoure. Il a ses variantes. *Haut les cœurs !* lance-t-on pour se donner du courage. Richard a un *cœur de lion* mais son frère non ; les Français avaient surnommé Jean sans Terre *cœur de poupée*... Le poète du XIVe siècle évoqué plus haut rappelait que Du Guesclin avait un *cœur de lion épris de hardement*. Rodrigue se voyait demander *s'il a du cœur*. C'est du *courage français* que le président de la République faisait l'éloge lors de l'entrée de Maurice Genevoix au Panthéon. Aujourd'hui encore la devise du 8e régiment d'artillerie est *pour la France et de bon cœur*... Parce que les expressions militaires évoquant le *cœur* sont innombrables, voilà pourquoi le succès du nom de guerre *Va-de-bon-cœur* est emblématique de l'importance accordée à la bravoure.

Une évidence dans les faits, deuxièmement. Les trois cent trente et un maréchaux de France sont bien plus connus que les milliers de *Va-de-bon-cœur*. Être maréchal de France apparaît certainement comme le titre le plus glorieux de la bravoure militaire. Idéalement, chaque soldat en a le bâton dans sa giberne, pour peu qu'il soit brave, qu'il vive assez longtemps et qu'il ait une bonne étoile. Le maréchalat est la récompense, au cours de plus de huit siècles d'existence de cette institution, de hauts faits de guerre ou d'une longue carrière sous les armes. L'illustre famille de Montmorency compta plus de dix maréchaux au cours de ces huit cents ans. Le dernier maréchal de France fut Koenig, élevé à la dignité de maréchal en 1984, quatorze ans après sa mort ; Mac Donald, Oudinot et Marmont étaient créés tous trois maréchaux sur le champ de bataille de Wagram ; Alexandre Dumas fait tuer d'Artagnan à un siège en Hollande au moment où il reçoit – enfin ! – son bâton de maréchal... Ce bâton est même un héritage culturel si emblématique et si glorieux que le prestige du maréchalat français au XVIIe siècle a inspiré le maréchalat européen avec ses « Feldmarschall ou field-marshal[1] ».

Des coups d'épée firent la France, donc ; mais on doit encore se demander de quelle manière ils furent portés. Plutôt à un contre dix qu'à dix contre un, plutôt de face que dans le dos, d'un geste maintes fois répété et obéissant à une esthétique guerrière qui voit la beauté moins dans le succès que dans la manière d'affronter l'adversité. Rappelons Blondel : « Souvenez-vous, Français, que vos pères allèrent à la bataille, *pas seulement pour leur terre, mais pour la prouesse qu'ils aimèrent* ! » Revoilà le cri du cœur. L'attrait du beau fait d'armes, si ancré dans l'imaginaire et si recherché dans la réalité, a régulièrement produit des actions célébrées uniquement pour leur

---

1. *Dictionnaire des maréchaux de France, du Moyen Âge à nos jours*. Perrin, 1988, introduction de Joseph Valynseele.

beauté guerrière. N'est-il pas révélateur qu'un fait d'armes puisse être qualifié de *beau*? Quand Roosevelt évoque la « valeur proverbiale de l'éclat de la bravoure du soldat français », il puise à un legs entretenu depuis des siècles où la gloire récompense davantage la prouesse que la seule victoire.

La prouesse est une bravoure élégante. Quand la bravoure révèle le courage, la prouesse y dévoile en plus le souci du beau. Le vieux sire de Joinville se rappelait avec émotion de la prise de Damiette qui fut un « très beau fait d'armes car personne n'y tirait de l'arc ou de l'arbalète ». Chacun y eut le bon goût de ne combattre qu'avec l'épée ou la masse d'arme. En fait, cette bataille était finalement un grand tournoi car qu'est-ce qu'un tournoi si ce n'est une bataille qui ne prend de la guerre que ce qu'elle met en valeur (la prouesse) et qui en rejette tout ce qui en fait sa laideur (les coups bas, la disproportion, la mort dans un fossé) ? En quelque sorte, la prouesse est à la guerre ce que la galanterie est à l'amour. C'est une attitude codifiée, dont le but n'est pas un résultat à atteindre mais une esthétique à respecter, en tout temps et en tout lieu. Que la dame soit laide ou belle, déplaisante ou charmante, le galant homme cédera toujours sa place. Que le danger soit acceptable ou démesuré, le prud'homme l'affrontera en première place. « *Prud'homme* est une chose si grande et si bonne que rien qu'à en prononcer le mot, il remplit la bouche », disait le bon Joinville… Cinq siècles plus tard, un de nos grands philosophes expliquera que la galanterie, ce « délicat mais perpétuel mensonge de l'amour », était née avec les paladins. La prouesse est la galanterie du danger. Elle le cherche, lui court après, lui baise la main, et se soumet ses caprices. Elle est le perpétuel mensonge de la guerre, mais un mensonge sincère qui ne dupe pas, qui du combat préfère sentir le parfum que les épines, et qui du bouquet de plumes sur un couvre-chef fait une attitude et l'appelle le panache. Ce dernier mot est intraduisible, mais les Français apprécieront de voir que les Anglais leur ont pris *gallant* pour signifier la bravoure.

Dans un tournoi, tout est codifié, ritualisé, afin de ne mettre en évidence qu'une seule chose, la prouesse. Le beau a vocation à être admiré : dans un tournoi on ajoute des spectateurs, des dames, des juges, et l'on regarde. Lorsqu'en 1811, le chef d'escadron Marbot revint à Paris après quinze mois d'absence passés à batailler en Espagne, il fut reçu par Napoléon qui lui demanda le nombre de ses blessures. « Huit, Sire. – Eh bien, cela vous fait huit bons quartiers de noblesse ! » répondit l'Empereur. Tous les maréchaux d'Empire furent faits prince, duc, ou comte du lieu où ils remportèrent une grande victoire. Ce ne sont là que des titres ; les blessures sont de meilleurs quartiers de noblesse. L'anecdote est une énième illustration que si la victoire anoblit, seul le beau fait d'armes ennoblit. Un vieux proverbe français disait justement que *le drapeau déchiré fait la gloire du capitaine*. L'expression est significative. Elle est sans âge, elle est française : c'est le drapeau déchiré, autrement dit la bravoure, qui donne la gloire et pas nécessairement la victoire. « Les Français n'ont jamais pris la gloire pour le succès et l'ont toujours confondue avec le courage », disait Chateaubriand. Voilà expliqué et résumé la place honorable de la défaite glorieuse en France. Le beau fait d'armes, il faut donc le susciter ou bien aller le chercher. Dans la langue classique du XVIIe siècle, *aller aux occasions* signifiait partir se battre. Pour quelles occasions ? Trouver la gloire, évidemment... L'expression est oubliée, mais Corneille a laissé des vers qui s'en rapprochent :

> « S'en ira-t-il soudain aux climats étrangers
> Chercher tout de nouveau la gloire et les dangers ? »

Dans la perspective de la gloire, une part d'abandon doit être laissée à la Fortune et le rapport au risque ne pas être exagérément calculé. Le vicomte de Castries, officier de marine, ne se battait pas que pour la France et le roi quand il combattait en Amérique. Évoquons-le dès maintenant car nous y reviendrons plus tard. Pour le moment voyons son raisonnement, qui n'était probablement pas celui du cabinet du ministre de la Guerre :

> « Dès 1776, le gouvernement encourageait en quelque sorte ceux que le désir de gloire engageait à passer la mer pour aller chercher les dangers et on peut dire en vérité que c'était bien ce désir de gloire qui les leur faisait affronter car la France ne leur promettait aucun avancement pour cela et l'Amérique n'avait ni grâces à leur accorder, ni argent à leur donner[1]. »

Le danger à aller chercher, la bataille où il faut *en être* sont les critères explicatifs de la prééminence de la bataille dans l'histoire de France. Dans cet héritage culturel, la vérité de la gloire se trouve cachée dans l'idéal de la bravoure. De la même manière que la *furia francese* est une expression bien commode, parce qu'étrangère, pour décrire une ardeur au combat que les Français aiment revendiquer, le culte de la bravoure trouve sa noblesse dans l'imaginaire guerrier français avec la *Chanson de*

1. Scipion de Castries, *Souvenirs maritimes*, Mercure de France, 1997, p. 71.

Roland, comme le soulignait Roosevelt. Toutefois les vers de Corneille montrent aussi que le culte de la bravoure s'inscrit dans une logique d'ordre supérieure qui est celle de *l'action* et qui, elle aussi, est indispensable à la gloire.

Action ou transformation ? L'efficacité militaire et son rapport avec la gloire

Le rapport entre l'action et la gloire est si évident qu'il semble trivial de s'y attarder. Il le faut pourtant, car il existe un modèle de pensée où l'action militaire, et donc la gloire, peuvent être remis en question. « Le bon stratège soumet l'ennemi sans combattre, s'empare des cités ennemies sans les attaquer. » L'auteur de ce précepte de stratégie est le général chinois Sun Tzu, du ve siècle avant notre ère. Son *Art de la guerre* est un recueil d'aphorismes dont beaucoup sont culturellement au rebours de toute une conception occidentale (et notamment française) de la guerre. Pour employer les concepts modernes de stratégie, sa vision de la guerre est fondamentalement une approche *indirecte.* Approches directes et indirectes sont deux voies différentes pour imposer sa volonté à un adversaire. Pour Sun Tzu, le sommet de l'art militaire est la victoire sans combat. Un bon général s'attaque d'abord aux plans de l'ennemi, ensuite à ses alliances, et n'expose ses armées qu'en dernier recours. Inversement, l'approche directe vise l'affaiblissement de l'ennemi, voire son anéantissement, par la recherche de la confrontation armée. Rien de plus direct qu'un héraut d'armes allant déclarer la guerre avec tambour et trompette au seigneur du château voisin. La victoire se joue sur un champ de bataille. L'apogée de ce modèle fut atteint avec Napoléon, qui pouvait régler le sort de l'Europe en une seule rencontre (c'est le mythe de la *bataille décisive*). Que de formes différentes connaissons-nous à ce modèle ! Sa forme héroïque ressemble au combat des Trente et à Camerone, sa forme tragique à Sedan et Diên Biên Phu, sa forme invincible à Dixmude et Bir Hakeim. Sa forme poétique l'appelle *champ d'honneur* et sa forme chevaleresque prévoit qu'une reddition s'accompagne des *honneurs de la guerre* et de la possibilité d'être fait *prisonnier sur parole* ; Picrochole lui donne sa forme ridicule et Candide assistant à sa première bataille rappelle sa forme réelle de *boucherie héroïque*. Les savantes manœuvres d'une escadre sous voile en train de virer de bord pour *barrer le T* à la flotte ennemie lui donnent sa forme gracieuse. Sa forme grandiose se voit à Eylau, quand Murat sabre tout sur son passage à la tête de la plus grande charge de cavalerie de l'histoire. Napoléon signant devant Moscou un décret sur la Comédie française nous montre sa forme jacobine, la retraite de Russie la fait apparaître sous sa forme dramatique tandis que le passage de la Berezina en dévoile la forme homérique. Sa forme galante invite les Anglais à *tirer les premiers* quand sa forme gauloise leur jette à la figure le mot de Cambronne. Sa forme retentissante – et proverbiale – date du siège de Montauban quand Louis XIII fit tirer simultanément (dit-on) quatre cents coups de canon sur la ville, donnant naissance à l'expression *faire les quatre cents coups*. On trouve sa forme illustre en Italie puisque *Marignan, 1515 !* est certainement une des dates les mieux connues de l'histoire de France. En Italie encore, un des mots les plus connus de notre histoire avec le *tout est perdu fors l'honneur* qui donne sa forme immortelle à la défaite glorieuse. En Italie toujours, sa forme humaniste quand Henri

Dunant fondera la Croix-Rouge après avoir vu des milliers de soldats agoniser dans la plaine de Solférino, ouvrant la voie aux conventions de Genève et au droit de la guerre. Verdun est sa forme déshumanisée et poussée à l'extrême. Le débarquement de Normandie est l'état de l'art de sa forme industrialisée et méticuleusement planifiée. Historiquement, la culture militaire occidentale et surtout française puise dans l'approche directe. Elle en a été nourrie dès l'origine avec ses formes légendaires que sont l'*Iliade,* l'*Énéide*, ou la *Chanson de Roland*. Mais *quid* de la Chine ?

Dans son livre *Conférence sur l'efficacité*, le sinologue et philosophe François Jullien souligne que toutes les grandes civilisations ont eu une épopée comme mythe fondateur, toutes, sauf la Chine[1]. Pourquoi n'a-t-elle pas de *Chanson de Roland*? Parce que cette épopée est une chanson de *geste*. Elle héroïse l'action. Toutes les formes énoncées plus haut sont des modèles héroïsés de l'action. Elles ont valeur de tableau. Dans la pensée chinoise, au contraire, « la stratégie est le contraire de l'héroïsme », « la grande stratégie est sans coup d'éclat, la grande victoire ne se voit pas[2]». Il n'y a plus de tableau à peindre, plus de galerie des Batailles où se promener. Si l'action, et notamment l'action militaire, vise l'efficacité, l'efficacité peut être atteinte autrement que par l'action militaire : « La conception européenne de l'efficacité [...] revendique l'action jusqu'à l'héroïsme [alors que] la pensée chinoise s'appuie sur le potentiel de situation et induit

1. François Jullien, *Conférence sur l'efficacité*, Presses universitaires de France, 2005. Il s'agit d'un texte de conférence, sans notes ni références. Pour aller plus loin et disposer des références de l'auteur, voir notamment François Jullien, *Traité de l'efficacité*, Grasset, 1997.

2. *Ibid.*, p. 41-42.

des transformations silencieuses sans éclat ni même événement[1]. » La raison tient à la pensée stratégique chinoise, qui, dans ses origines du moins, s'appuie sur ce que François Jullien nomme le *potentiel de situation* où « le grand général est celui qui a su détecter le plus tôt les facteurs favorables, les facteurs porteurs, et a su les faire croître à son profit, en même temps qu'il faisait perdre à l'autre tout son potentiel. Peu à peu, nuitamment, sans coup férir[2] ». La longue durée plutôt que l'événement, la transformation plutôt que l'action, le travail souterrain plutôt que les opérations en pleine lumière. Une illustration concrète de cette conception de la stratégie est l'image de la poussée des plantes que l'on retrouve dans une anecdote du *Mencius*, grand texte de la tradition confucéenne[3]. Un paysan raconte à ses enfants avoir beaucoup travaillé dans son champ. Toute la journée, il a tiré sur les pousses, brin après brin, pour faire pousser la récolte... Quand ses enfants vont voir le champ, tout est desséché, évidemment. Moralité : il ne faut pas agir directement pour obtenir un effet. Il faut attendre, mais tout en arrosant, sarclant, binant. Forcer est inutile : c'est l'exploitation du potentiel de situation, contenu en puissance dans la graine, qu'il faut chercher. La guerre n'est pas autre chose et ces considérations sont flagrantes chez Sun Tzu dans ce qu'il appelle les « circonstances » : « Une armée victorieuse l'est avant même de chercher le combat ; une armée vaincue engage d'abord le combat, puis cherche la victoire », dit-il[4].

---

1. *Ibid.*, 4e de couverture.
2. *Ibid.*, p. 41.
3. *Ibid.*, p. 44-45.
4. Sun Tzu, *L'Art de la guerre*, traduction de Valérie Niquet, Economica, 2012, p. 71.

Pour Sun Tzu, une victoire qui se *décide* sur le champ de bataille est une hérésie. Un bon général ne peut pas espérer une *victoire à l'arraché* de la même manière qu'un paysan n'arrache pas ses épis. C'est au mieux une preuve d'incompétence car la victoire doit se décider en amont. Le bon stratège prépare les conditions ; lorsqu'elles sont réunies, le vainqueur se révèle naturellement, et éventuellement sur un champ de bataille. La victoire n'est que le précipité d'une réaction chimique où tout est contenu en puissance. D'où les fréquentes comparaisons chez Sun Tzu entre l'eau et les moyens à mettre en œuvre. Comme l'eau, une stratégie doit être souterraine et s'étendre partout, pour saper petit à petit les fondations les plus solides, sans que l'ennemi s'en rende compte. Comme l'eau, une armée devient invincible en cherchant les hauteurs (les bonnes circonstances) puis en dévalant la pente. Comme l'eau, l'armée ne doit pas avoir de forme déterminée afin de ne pas être devinée dans ses forces et intentions par l'ennemi. Partant, la ruse, la tromperie, la subversion sont essentielles. L'espionnage est une évidence et sacrifier volontairement ses propres espions l'est tout autant. La notion d'honneur est même un point faible à exploiter : un général ayant des idées trop chevaleresques pourra être manipulé ou poussé à la faute grâce à sa crainte du déshonneur. L'absence de forme se manifeste encore dans l'absence de modèle : « les combats ne doivent pas se répéter mais être tous différents, selon les circonstances ». Rien n'est stable, rien ne dure, tout change ; un soldat *n'est pas* courageux, il *a* du courage en fonction de la situation. Bien nourri, bien armé et solidement retranché il sera résolu ; affamé et dans une position incertaine il prendra les jambes à son cou. C'est tout le contraire de ce que peut penser un Bayard pour qui « il n'y a point de place faible là où il y a des gens de cœur pour la défendre ». Le soldat n'ayant pas de caractère figé, il semble difficile d'inscrire *Va-de-bon-cœur* dans les registres d'une armée chinoise…

Laisser mûrir, mais favoriser le mûrissement, discrètement, par influence : la jolie fable de Mencius est emblématique de l'absence de « théâtralisation de l'effet », caractéristique de la pensée chinoise[1]. Préparer le terrain, puis moissonner, ce qui, sur le plan militaire se traduit par une victoire si évidente qu'on ne la voit plus. Les préceptes de Sun Tzu prennent tout leur sens à la lumière de Mencius où le grand général est en réalité celui qui remporte des victoires faciles[2]. On mesure alors toute la différence avec notre conception habituelle de l'action militaire. L'approche directe et la théâtralisation vont nécessairement de pair. Lorsque deux armées se rencontrent, elles respectent de facto une unité de temps, d'espace et d'action. Littéralement parlant, il s'agit donc d'un vrai *théâtre* d'opérations… Louis XI n'était pas un roi chevalier comme François Ier pouvait l'être. La postérité le retient comme l'*universelle aragne*, agissant en sous-main, tirant les fils de la ruse, combinant des manœuvres diplomatiques secrètes pour éviter la bataille. Figure-t-il dans l'inventaire d'Épinal des rois glorieux ? Dans l'approche indirecte, le scénario se joue en coulisse, dans les loges, dans le parterre, mais aussi avec le public, même quand il rentre chez lui. Sun Tzu écrivait à l'époque des Royaumes combattants, où un petit nombre de grands États comparables en taille et puissance avaient émergé. Par rapport à la période précédente (dite des Printemps

1. François Jullien, *op. cit.*, p. 48 et 44.
2. *Ibid.*, p. 43.

et des Automnes, avec des centaines de principautés), la guerre a changé d'échelle. Le nombre de soldats impliqués est considérable (une armée en campagne compte mille chars et cent mille fantassins, rappelle Sun Tzu), le front est très loin et toute campagne militaire dure des mois. La guerre devient un gouffre financier (mille pièces d'or par jour, chiffre Sun Tzu), toute défaite est irrémédiable et même la victoire sur champ de bataille coûte trop cher car elle obère toute capacité à se défendre contre un tiers qui attendrait l'épuisement de ses voisins en lutte. La guerre devient un terrain d'expression du dualisme *yin* et *yang* où le *yin* est justement prépondérant sur le *yang* : « La tromperie devient la forme privilégiée de l'action militaire. En effet si les qualités *yang* demandent de se montrer en pleine lumière, et d'agir avec éclat, les vertus *yin* se manifestent dans l'art de toujours rester dans l'ombre, d'agir en secret, sans éclat, mais avec une efficacité d'autant plus redoutable que l'on se meut dans l'insu[1]. » On retrouve là le symbolisme universel de la gloire. Le *yin* se représente en noir car il exprime l'obscurité, la discrétion, ce qui se passe dans l'obscurité. Il représente aussi la lune et le principe féminin alors que le *yang* est blanc et représente le soleil, la lumière, la virilité et ce qui se voit en plein jour.

Sun Tzu et Périclès étaient contemporains mais leurs pensées respectives ont évolué indépendamment l'une de l'autre. « Au fond des victoires d'Alexandre, on retrouve Aristote », écrivait de Gaulle. La remarque est profonde. De Gaulle voulait dire par là que la culture générale est indispensable au chef militaire car elle permet d'inscrire son action dans un ensemble plus vaste, et par là de

1. Jean Levi, *La Chine en guerre, vaincre sans ensanglanter la lame*, Arkhê, 2018, p. 70-71.

déterminer les meilleurs leviers à employer pour atteindre son but. François Jullien rappelle justement que le moule intellectuel européen puise dans la pensée grecque, de laquelle est née l'idée de *modélisation*. La volonté est alors la faculté qui a pour tâche d'agir sur la réalité pour aboutir à une forme modèle. C'est ce qu'un stratège appelle le « plan ». Appliqué à la chose militaire, Platon écrit ainsi qu'un « général est plus ou moins habile selon qu'il est ou n'est pas géomètre[1] ». Or cette manière géométrique de concevoir la stratégie a pris encore plus de force avec la révolution cartésienne. L'essor de l'Occident a tenu à la capacité de lire le monde avec des mathématiques (c'est la différence avec la Chine, « qui n'a pas pensé que les mathématiques puissent être un langage[2] »). D'où les efforts pour théoriser la guerre, avec Clausewitz comme penseur occidental de référence. On n'étonnera personne en rappelant que géométrie et pensée française ont toujours fait bon ménage. « L'esprit national est naturellement attiré par ce que l'emploi de l'arme compte de géométrique », disait de Gaulle à propos de l'artillerie. Les exemples abondent qui permettent de méditer sur le rationalisme français. Le dernier exemple en date pourrait être un document assez récent de l'Armée de terre intitulé *Action terrestre future*. Il explique la nécessité de maîtriser *l'algèbre* de la guerre et pour cela développe les idées de *soustraction* (exemple du masquage des intentions), d'*égalisation* (exemple du combat urbain), de *multiplication* (exemple des cyberattaques) et de *division* (étendue des théâtres d'opération et diversité des modes opératoires adverses)[3]. Clausewitz rappelait un principe

1. François Jullien, *op. cit.*, p. 17. Citation tirée de la *République* de Platon.
2. *Ibid.*, p. 23.
3. État-major de l'Armée de terre, *Action terrestre future*, septembre

de réalité qui fait que si tout est simple à la guerre, les choses les plus simples sont compliquées. Il appelait *friction* la différence entre le modèle et la réalité. L'action y a une valeur transcendantale, conçue comme la force agissante née de la volonté pour réaliser un modèle. Un modèle difficile à réaliser supposera du génie, un bon coup d'œil et de l'audace. À l'opposé du « grand général qui remporte des victoires faciles », François Jullien rappelle précisément que « l'efficacité chez Clausewitz est proportionnelle à la difficulté rencontrée – tel est le côté héroïque de la pensée européenne[1] ». En définitive, cette comparaison de deux pensées radicalement différentes permet de mieux comprendre les ressorts de l'action, de la bravoure, et surtout de la gloire, dont la vérité se trouve tout entière chez *Le Cid*: « À vaincre sans péril, on triomphe sans gloire. »

Le chef. L'action en France. Le grand homme

Attardons-nous un peu sur les mots. La civilisation française puise dans la culture gréco-latine. Le chef est un homme d'action, un homme qui *agit*. Or *agir* vient du latin *agere* qui signifie à l'origine « pousser un troupeau ». Dans une civilisation pastorale, agricole, c'est le mot qui sert à exprimer *l'action* d'un berger pour mener son troupeau. Et le berger ne peut attendre que ça se passe ou que des facteurs favorables viennent gentiment nourrir ses bêtes. Constamment il doit *agir,* car les brebis sont

---

2016. S'y trouve également une citation de Napoléon qui nous rappelle en passant que le grand général était aussi un fin géomètre (« la force d'une armée, comme la quantité de mouvement en mécanique, s'évalue par la masse multipliée par la vitesse »).

1. F. Jullien, *op. cit.*, p. 43.

nombreuses et la réalité du terrain fait que l'une d'elles pourrait emprunter un mauvais chemin. Cette mauvaise direction, c'est une friction ; le berger, c'est le chef, qui doit réussir à faire suivre la route, c'est-à-dire son plan. Et si l'on remonte du latin au grec, on verra un lointain cousinage avec le *stratège* qui est littéralement celui qui *conduit l'armée* (*stratos*, l'armée, *agein*, conduire)... De ce point de vue, le grand chef est celui qui sait prendre en compte la contingence de l'action pour réaliser ses plans. C'est la raison pour laquelle le « caractère » domine tant dans la pensée gaullienne. Tout un chapitre y est dédié dans *Le Fil de l'épée* : « L'homme de caractère confère à l'action sa noblesse [...], ce n'est point dire qu'il la réalise seul [...], certains contribuent à tracer le plan : théoriciens et conseillers. Mais c'est du caractère que [procède] le point divin, à savoir le fait d'entreprendre. »

Cela étant posé, on comprend encore mieux pourquoi l'action, et donc la gloire, a trouvé une terre d'élection en France. L'action y est magnifiée car vertueuse par nature. Les chefs la proclament haut et fort. Un des livres du général Beaufre s'intitule *La Stratégie de l'action*. En école militaire, les élèves officiers dissertent sur Lyautey, pour qui « la joie de l'âme est dans l'action ». Ils réfléchissent sur Foch, pour qui « de toutes les fautes, seule l'inaction est infamante ». Ils lisent *Le Fil de l'épée*, dont une épigraphe est tirée de Faust : « Au commencement était le Verbe ? Non ! Au commencement était l'Action. » De Gaulle qui expliquait d'ailleurs un jour à un journaliste du *New York Times* que Bergson l'avait profondément influencé par sa conception de la philosophie de l'action[1].

1. Alain Larcan, *De Gaulle inventaire, la culture, l'esprit, la foi*, Bartillat, 2003, p. 314.

L'action n'est pas seulement vertueuse, elle est également belle. Quand l'histoire bascule, c'est toujours en pleine lumière. Il est difficile d'avoir bonne presse quand on est supposé influer en cachette sur le cours des choses. Le père Joseph est l'*éminence grise* de Richelieu, d'autres ne sont que les membres d'un *cabinet noir*. Comme les projecteurs au théâtre qui suivent le jeu des acteurs et ignorent le souffleur dans sa trappe, la gloire éclaire l'homme d'action et n'existe pas pour le conseiller de l'ombre. Le mythe du grand homme ou de l'événement fondateur correspond au culte de l'action idéalisée. Aux grands hommes la Patrie est reconnaissante, et par deux fois c'est à un maréchal de France qu'il fut fait recours (Mac-Mahon, Pétain) ; la troisième fois ce fut un général qui se posa lui-même en recours. Et en 1958, vers qui se tourne René Coty ? Vers celui qu'il désigne comme *le plus illustre des Français*. Le grand homme est celui qui fait l'histoire. Il est grand parce qu'il la soumet à sa volonté. Quelle épigraphe figure en tête du document *Action terrestre future* ? Une citation de Bernanos : « On ne subit pas l'avenir, on le fait. » Chez les militaires, le grand homme est le Chef, avec une majuscule : « Dominer les événements, y imprimer une marque, en assumer les conséquences, c'est bien là ce qu'avant tout on attend du chef » (Charles de Gaulle). Instinctivement, on pense à l'Appel du 18 juin, appel déjà contenu en puissance dans les leçons d'histoire que de Gaulle donnait à Saint-Cyr en 1921 – avec le jeune Beaufre comme élève :

> « Retenez cette leçon, l'Histoire n'enseigne pas le fatalisme, il y a les heures où la volonté de quelques hommes brise le déterminisme et ouvre de nouvelles voies. Quand vous déplorerez le mal présent et que vous craindrez le

pire, on vous dira : ce sont les lois de l'histoire ainsi le veut l'évolution ; on vous l'expliquera savamment ; redressez-vous, messieurs, contre cette savante lâcheté[1]. »

L'offensive

À la guerre, la forme modèle de l'action correspond à l'offensive. Le nom *Va-de-bon-cœur* ne suppose-t-il pas l'allant, l'entrain du soldat ? Et ce fameux règlement de 1913 qui a tant fait couler d'encre pour dénoncer les doctrines périmées avec lesquelles la France entrait en guerre, ne précisait-il pas que « l'armée française revenue à ses traditions n'admet plus dans la conduite des opérations d'autre loi que l'offensive » ?

Il ne faut retenir ici qu'une petite partie de la phrase. Tout est dit dans ce *retour à la tradition.* La formulation est à souligner, car elle exprime un battement de cœur élevé au rang de texte réglementaire. Dans leurs mémoires, Foch et Joffre reconnaissent tous deux l'insuffisance de cette doctrine mais conviennent malgré tout que sa formulation est « magnifique » ou relève de la « prose ardente ». La formulation est révélatrice en réalité d'une histoire militaire de la France où fleurissent les images d'Épinal de l'offensive. Ainsi on a pu expliquer la défaite de Poitiers (qui vit un roi de France se faire capturer et emmener en Angleterre !) en raison du serment que prêtaient les chevaliers de l'ordre de l'Étoile : ne pas reculer de plus de quatre arpents, ne pas tourner le dos à l'ennemi. Shakespeare fait dire à un autre roi de France, dans son *Henry VI* : « Je pardonne ma mort à celui qui me tue s'il me voit reculer d'un pas ou fuir… » Cinq cents

1. Cité par Alain Larcan, *op. cit.*, p. 615.

ans plus tard, pendant la bataille de la Marne, Joffre ordonne de « se faire tuer sur place plutôt que de reculer ». Le 26 mai 1940, l'ordre du jour de Weygand ordonne de « se battre sans esprit de recul ». Entre-temps, La Rochejacquelein s'était exclamé : « Si je recule, tuez-moi ! » Quant à Napoléon, il légiférait très fermement sur le principe de la capitulation parce qu'elle mettait en cause « l'intégrité du territoire, l'honneur de nos armes et la gloire du nom français » : punie de mort en rase campagne, à peine tolérée dans une place à condition que les vivres et les munitions soient épuisées [1].

Bref, mille ans d'histoire militaire que Chateaubriand résume simplement : « La position défensive est antipathique au caractère français. »

---

1. Voir *Bulletin des lois* n° 432, 1er mai 1812.

CHAPITRE 2

La gloire et l'argent, ou l'esprit de la bravoure contre l'esprit boutiquier

« Il n'y a pas de gloire achevée sans celle des armes. »
Vauvenargues.

« Ma fortune, LA GLOIRE.
Mon domaine, LA BAGARRE. »
Affiche de recrutement des parachutistes coloniaux, 1953.

Tout d'abord, une anecdote sur Turenne et Lannes

Qu'y a-t-il de commun entre les maréchaux Turenne et Lannes ? Une même anecdote, assez significative, qui donne à réfléchir sur le rapport de la gloire et de l'argent. Lorsque Turenne fut tué, Louvois proposa à Louis XIV de réparer cette perte en faisant huit généraux au lieu d'un. Ainsi fut fait… et les nouveaux promus, beaucoup moins illustres que leur prédécesseur, écopèrent du surnom peu flatteur de *monnaie de M. de Turenne*. Deux siècles plus tard, Lannes était tué à Essling, Lannes le plus brave des maréchaux et le préféré de Napoléon. Deux mois après sa mort, Mac Donald, Oudinot et Marmont étaient promus maréchaux sur le champ de bataille de Wagram. Mais ils ne valaient pas Lannes, et « l'on prétendit dans l'armée que l'Empereur, ne pouvant remplacer Lannes, avait voulu en avoir la monnaie », raconte Marbot...

Symboliquement, l'économie de la gloire prend bien des formes car la gloire se boit, se sème, se moissonne, se récolte mais aussi se prodigue, tinte aux oreilles, s'accumule comme un capital... Parmi toutes les images possibles, celle de la monnaie explique le mieux comment la gloire s'acquiert, se chante et se transmet. Mais il y a une limite. L'image ne vaut que pour la métaphore; si elle devenait réalité, si elle devenait tangible comme de vulgaires gros sous, alors tout prestige disparaîtrait. La gloire ne se convertit pas en monnaie, comme le montrent les railleries sur les successeurs de Turenne et Lannes. Il faut maintenant parler gloire et argent.

Gratuité, bravoure et boutique

Un vieil écrivain français a dit un jour que l'harmonie était la poésie de l'ordre. Un autre disait que l'honneur était la poésie du devoir. Il existe des poèmes sans poésie de même qu'il existe des actions sans éclat. La bravoure est la poésie de l'action. Elle en est le secret, qui, livré au public, devient la gloire. La poésie a un seul but: être belle, plaire et faire rêver. Elle est l'antithèse d'un esprit matérialiste. La poésie de l'action sera d'autant plus belle, d'autant plus éclatante, que le motif qui la fait naître sera désintéressé. *Faire quelque chose pour la gloire* est un oxymore signifiant bien la gratuité de l'acte. À la guerre, c'est le genre d'action qu'on appelle *baroud d'honneur*. Parce que la raison dit que c'est inutile, le cœur n'en retient que mieux la beauté. Rostand définissait le panache comme *l'esprit de la bravoure*: la métaphore illustre une fois de plus à quel point l'idée de la bravoure est ancrée dans l'imaginaire français. C'est cet esprit généreux qui fait la gloire de Cyrano :

> « Mais on ne se bat pas dans l'espoir du succès !
> Non ! non, c'est bien plus beau lorsque c'est inutile ! »

Si la bravoure n'existe qu'en vertu d'une prise de risque, seule la gloire est le paiement de l'action généreuse, l'action mue par un idéal qui pousse jusqu'à offrir ce qui n'a pas de prix, c'est-à-dire sa propre vie. Dans *Ruy Blas*, Don Salluste est avaricieux, faux et lâche. Face à la générosité d'âme d'un Ruy Blas, sa profession de foi est claire :

> « Les intérêts publics ? Songez d'abord aux vôtres.
> Le salut de l'Espagne est un mot creux que d'autres
> Feront sonner, mon cher, tout aussi bien que vous.
> La popularité ? C'est la gloire en gros sous. »

Par « popularité » et « gros sous » il faut comprendre corruption de la gloire. La fausse gloire se paie avec de vrais gros sous. Durant la Fronde, le duc de Beaufort était célèbre pour sa grossièreté et sa démagogie envers la populace parisienne ; cette dernière ne s'y trompa pas et le surnomma *le roi des Halles*. Bossuet comparait vaine gloire et prostitution. « Excepté la gloire, que ne peux-tu pas procurer ? » demandait Chateaubriand à cet argent qu'il méprisa tant. En France, le rapprochement entre la gloire et l'argent ne peut être que métaphorique car le rapport de l'un à l'autre est net, catégorique : s'il est possible de *gagner de l'argent en acquérant de la gloire*, on ne peut pas *acquérir de la gloire en gagnant de l'argent*. Au pays du culte de la bravoure, les sous acquis sans risque sont une impiété et un mot dans la langue française traduit cet état d'esprit : *boutiquier.* Il y a cinq cents ans, le vieux Montluc comparait la loyauté du soldat à l'absence « d'arrière-boutique ». Un mot péjoratif donc, et l'Académie française l'explique : un *esprit boutiquier* est mesquin, une *nation de boutiquiers* est une nation sans idéal. Péjoratif comme peuvent l'être des *comptes d'apothicaires*, puisque apothicaire vient du bas latin *apothecarius* c'est-à-dire boutiquier... La définition est encore plus précise dans un livre de critique de mœurs, paru au milieu du XIXe siècle :

> « *Boutiquier* veut dire évidemment quelque chose de bas, d'étroit, de sec, de petit. *Boutiquier* sent l'égoïsme, l'avarice, la liarderie. *Boutiquier* se rapporte essentiellement à un commerce misérable, à un trafic sans honneur et sans gloire[1]. »

Mais pourquoi donc parler de cet esprit boutiquier ? Parce qu'il reflète un système particulier de valeurs vieux comme le monde. Il y a très longtemps déjà, Homère nous rappelait que le boutiquier ne pouvait pas être brave. Ce n'est pas dans l'ordre des choses. Lorsque Ulysse s'enfuit de chez Calypso et débarque chez les Phéaciens, il est accueilli par le roi Alcinoos qui ordonne des jeux en son honneur. Défié par un certain Euryalos, Ulysse préfère rester discret et ne veut pas concourir. Il cache si bien son identité – et sa vigueur – qu'Euryalos se moque de cet étranger qui ne ressemble pas à un athlète mais plutôt au patron d'un navire marchand uniquement préoccupé de ses gains et de sa marchandise. On commence à comprendre... rien de pire qu'un boutiquier, et

1. Auguste Luchet, *Les Mœurs d'aujourd'hui*, Coulon-Pineau libraire, 1854, p. 157-158.

qui en plus gagne sa vie sur l'eau. Après être passé par la Chine puis la Grèce, resserrons davantage le cadre de la comparaison. Il faut parler de l'esprit boutiquier car cette expression péjorative reflète la vision française d'une supériorité de la gloire militaire sur un tout autre type de gloire… que l'on trouve outre-Manche. Surcouf ne cherchait pas la gloire, mais la fortune, et c'est sa repartie qui a contribué à son mythe. Du point de vue culturel, la vitalité et la longue durée des stéréotypes entre Français et Anglais illustrent à leur manière la prééminence de la gloire des armes en France.

Point de vue français. Jacques Bonhomme contre John Bull

Culturellement, en France, faire le marchand c'est déchoir. Commercer, c'est déroger. L'argent est fait pour être dépensé et non pas accumulé. La libéralité est une qualité de grand seigneur car le vrai seigneur doit être prodigue : il dépense sans compter, s'endette, et refuse de compter ses sous. « Je n'ai jamais refusé d'argent à personne, sauf à mes créanciers », disait Alexandre Dumas. Là encore, il faut revenir au thème de l'action et à ce qui lui donne son éclat en France. Parce que les sous sont à l'argent ce que le sang est à la gloire, l'esprit de la bravoure est l'exact contraire de l'esprit boutiquier. Dumas :

> « Il y a dans ce monde deux genres de commerce : le commerce vulgaire et méprisable du boutiquier qui, à l'ombre de son enseigne, attend le chaland, sur lequel, au bout d'une heure de discussion, il gagnera un petit écu, et le commerce poétique et grandiose du marin qui […] au lieu de lutter de finesse avec l'acheteur, lutte de force avec

l'ouragan, dont chaque voyage nouveau est un nouveau combat qu'il livre à la mer et au ciel, et qui rentre dans le port pareil à un triomphateur[1]. »

Culturellement, en France, le boutiquier c'est l'Angleterre. La rivalité permanente entre la grande puissance continentale et la grande puissance maritime a été maintes fois l'occasion pour l'une de rabaisser l'autre au rang de vulgaire et méprisable boutiquière, exactement comme dans la comparaison de Dumas. C'est du dépit évidemment, un mauvais ressentiment, de la mauvaise foi ou simplement de l'anglophobie, car la puissance commerciale de l'Angleterre est incontestable. Mais peu importe : ce qui compte est le critère de comparaison invoqué pour mieux dénigrer l'esprit boutiquier. Dans sa valeur symbolique, l'expression montre ainsi que le cœur parle plus fort que la raison dans cette rivalité immémoriale. On sourit quand le dictionnaire de l'Académie donne l'exemple de la *nation de boutiquiers* sans donner plus de précision. Il n'y a pas de nation citée. Délicate attention, car c'est contre l'Angleterre que l'expression fut utilisée pendant tout le XIXe siècle et jusqu'au début du XXe, en littérature ou dans la presse, surtout lors des grandes périodes d'affrontement ou de crise. Ce fut Napoléon qui popularisa l'expression. Les guerres napoléoniennes étaient surtout une guerre contre l'Angleterre, l'âme autant que la banque des coalisés. L'Empereur affectait de considérer Blücher comme un général de partisans, Wellington comme un général de cipayes, et appelait les Anglais « une nation de boutiquiers, incapables de grandes choses[2] ». Bel éloge, dont l'esprit se

1. Alexandre Dumas, *Cécile*, Michel Lévy, 1848, p. 308.
2. *Mémoires du maréchal de Grouchy*, tome IV, E. Dentu libraire-éditeur, 1874, p. 487.

retrouve aussi chez Tolstoï au tout début de *La Guerre et la Paix*. Dans un salon de la haute société russe on discute de la valeur de l'alliance avec l'Angleterre, contre la France. Un des invités s'emporte et fustige l'esprit « mercantile » de l'Angleterre qui ne peut comprendre les nobles motivations du tsar, lequel « ne veut rien pour lui-même et veut tout pour le bien du monde ». Même Chateaubriand ne peut s'empêcher de comparer les soldats français et anglais sur le critère de l'argent ; au moment des journées de Juillet, il prenait soin de relever le fait suivant, très significatif :

> « L'ordre du jour publié le 29 au matin [29 juillet] offensa la garde : il annonçait que le roi, voulant témoigner sa satisfaction à ses braves serviteurs, leur accordait un mois et demi de paye ; inconvenance que le soldat français ressentit : c'était le mesurer à la taille de ces Anglais qui ne marchent pas ou s'insurgent s'ils n'ont pas touché leur solde. »

Au tournant du XXe siècle, l'Angleterre restait la perfide Albion pour l'opinion publique. La crise de Fachoda rappelait encore que le chemin était long avant d'aboutir à une entente cordiale, et la difficile guerre des Boers sera encore un bon prétexte pour opposer bravoure et boutique... [1].

Pour résumer cet état d'esprit, il suffit de consulter le *Grand Dictionnaire universel du XIXe siècle* de Pierre Larousse. Œuvre de vulgarisation et d'éducation, il vise à instruire en rendant accessible l'universalité d'un savoir aux innombrables branches. Il faut y lire ce passage de l'*Angleterre jugée par Jacques Bonhomme* qui conclut l'article *Angleterre*. Quatre pages sur un article de treize, écrites

1. Voir en annexe quelques articles de journaux sur le sujet

par un Jacques Bonhomme fictif qui veut dire toutes ses vérités à John Bull. Les griefs sont lourds et le tableau atroce : malthusianisme anti-pauvres, alcoolisme, misère noire, taudis londoniens, prostitution, enrôlements forcés, honteuses conquêtes coloniales qui « s'opèrent par voie de substitution [et] non de fusion et d'assimilation ». Les raisons ? Un esprit exclusivement mercantile, nulle préoccupation de civiliser mais l'obsession de posséder et d'exploiter, toutes les questions de droit, d'humanité, de liberté, de paix et de guerre envisagées uniquement du point de vue de la Bourse... Veut-on des exemples concernant l'armée ? Chez les Anglais, le droit de porter l'épaulette d'officier se paye avec des livres sterling ; chez les Français il se paye « avec des examens et surtout des cicatrices ». Bref, il s'agit de marteler l'infériorité morale d'une Angleterre subordonnant toute sa politique à l'argent. Et évidemment, cette infériorité est manifeste devant la gloire des armes. À toi le profit, à moi la générosité ; à toi le succès dans les affaires, à moi la gloire militaire. La comparaison de Jacques Bonhomme et de John Bull est ainsi le moyen de réaffirmer que la gloire des armes est sans conteste la propriété intellectuelle de la France...

Point de vue anglais

Quelle est la vraie gloire ? Pour le Français, le profit n'en est que la fausse monnaie. Dans la Marine française, on aime dire que l'or est sur les galons et pas dans les poches. Pour l'Anglais, la vraie gloire est celle du commerce prospère pour lequel la paix est indispensable. Quand le sujet de Sa Majesté chante le *Rule Britannia,* il est fier des villes d'Angleterre qui « resplendissent du commerce », commerce qui s'étend au monde entier et au sujet duquel, dès le XVIe siècle, un explorateur anglais contemporain de Shakespeare énonçait que « celui qui commande le commerce commande la richesse du monde, et par conséquent le monde lui-même ». Une nation de boutiquiers donc ? Certes, car l'expression est beaucoup moins péjorative chez John Bull. Bien avant Napoléon, Adam Smith l'employait dans son fameux traité *De la richesse des nations* : « *nation of shopkeepers* ». L'insulte est relevée en titre de gloire. On peut lire en annexe quelques exemples de discours politiques où l'appartenance à la « nation de boutiquiers » est un motif de fierté car source d'une tout autre responsabilité morale. Citons seulement ici Duff Cooper, ancien premier lord de l'Amirauté et futur ministre du cabinet Churchill, qui déclarait à la veille de la Seconde Guerre mondiale, lors d'un dîner à Londres regroupant Anglais et Français :

> « Nos deux pays sont déterminés à défendre nos deux puissantes démocraties jusqu'à la dernière limite de nos forces. Nous n'avons jamais eu honte d'être une nation de boutiquiers. La force de notre grand pays dépend de notre commerce. Sans lui il ne survivrait pas[1]. »

Toutefois, loin des discours et de la déclamation, loin des caricatures, cette mentalité se reflète aussi dans la quotidienneté de la guerre. Il faut évoquer à ce sujet le témoignage de deux Français libres lors du Blitz en Angleterre. Significative est l'anecdote quand elle est consignée par des étrangers frappés de voir des comportements auxquels ils ne sont pas habitués. Ces petits faits

1. Dîner offert par les Amis des Champs-Élysées le 23 mars 1939, in *Journal des débats politiques et littéraires*, 24 mars 1939.

de tous les jours dénotent un rapport différent à l'argent, où, malgré les bombes qui tombent du ciel, le *business as usual* continue de prévaloir (comme l'humour *so british*). Ainsi l'ancien ministre et académicien Jacques Soustelle se souvenait d'un coiffeur qui avait affiché sur sa devanture éventrée : *opener than usual.* André Jubelin, lui, avait rallié les Forces navales françaises libres au début de 1941. Détaché auprès de la Royal Air Force, il participe à la Bataille d'Angleterre. Un matin, après un vol de nuit, il rentre angoissé à la base : par une fausse manœuvre, il a largué ses bombes près de l'église d'un petit bourg du Devon. Deux jours plus tard, bonne nouvelle : seule une vache a été tuée, lui apprend le commandant de la base… mais le curé a porté plainte et l'*Air commodore* qui a reçu la réclamation a noté sur cette dernière :

> « Pourquoi ce diable de Français n'a-t-il pas tué le curé au lieu de tuer la vache ? Elle n'aurait pas réclamé, elle, des dommages-intérêts. »

Et quand plus tard les sécurités de verrouillage de son siège de pilote ne seront pas vérifiées, le mécanicien anglais fautif écopera d'un mois de prison et surtout de cinq livres d'amende. Commentaire de Jubelin :

> « La notion d'amende, si étrangère à l'esprit français dans un cas analogue, est ici chose courante. C'est la sanction la plus efficace paraît-il[1]. »

1. Amiral Jubelin, *Marin de métier, pilote de fortune*, Éditions France-Empire, 1964, p. 87 et 119.

CHAPITRE 3

D'autres formes de gloire, bien françaises...

> « Avec un peuple aussi remuant, aussi actif, aussi rempli de vaine gloire que les Français... »
>
> Walter Scott.

Boutique et marchandises, bravoure et logistique

Dans son *Histoire de la langue française*, Ferdinand Brunot explique que le terme *approvisionneur* apparut au XVIIIe siècle : « c'était un métier sans gloire, presque sans honneur »... Image ô combien vraie pour Castries ! Lui qui avait traversé l'Atlantique pour aller chercher les dangers se vit assigner un jour une mission d'escorte. Il en fut dépité. « De tous les genres de service auxquels sont assujettis les officiers de la marine, le plus ingrat de tous, le plus pénible et sans contredit le plus ennuyeux est celui d'escorte des bâtiments marchands », avoue-t-il. Autrement dit, malheur à celui qui se voit attribuer cette tâche : il n'y a aucune gloire à en tirer. Nulle action possible, si ce n'est se traîner lamentablement sur l'eau autour du convoi, en attendant que l'ennemi daigne s'approcher. C'est comme chasser le loup en restant au milieu des moutons, ou chasser à courre avec un pur-sang attelé à un char à bœufs... Le ton est honnête, Castries a parfaitement conscience de la nécessité de l'escorte. Il le reconnaît et l'explique, mais on sent bien la déception. La frontière n'est pas très nette entre la boutique et les marchandises et, à la guerre, entre les marchandises et l'approvisionnement. Après tout, *l'intendance suivra*: l'expression résume le trait culturel, très français, d'une forme de dédain vis-à-vis de ce qui ne relève pas directement de l'action. Dans la vieille Royale, les officiers d'épée ne tenaient pas en haute estime ceux de la plume, c'est-à-dire les commissaires, chargés de l'approvisionnement. La distinction se voyait dans l'uniforme: les officiers *rouges* étaient ceux du Grand Corps, issus de la noblesse; les officiers *bleus* étaient les autres, issus du commerce ou de la course. Scipion de Castries n'a pas de mots assez durs contre Pierre de Boynes, ministre de la Marine de Louis XV (fils d'un caissier de la banque Law!). Ce ministre est l'ennemi déclaré du corps qu'il est censé administrer; d'ailleurs son propre frère est l'intendant de marine à Toulon et privilégie sans vergogne le corps des commissaires dont il fait partie, explique-t-il. Quelle est donc la principale faute que Castries reproche au ministre?

> « Il avait assimilé les intendants, les commissaires généraux et les simples commissaires aux lieutenants généraux, chefs d'escadre et capitaines de vaisseau[1]. »

L'exemple de Castries et de la Royale n'est pas isolé. La Seconde Guerre mondiale, parce qu'elle est une guerre éminemment moderne, industrielle et totale, où les armées alliées combattirent sous commandement unique, a mis en évidence une différence fondamentale

1. Scipion de Castries, *op. cit.*, p. 42.

de culture stratégique entre Français et Américains. Pendant le conflit, l'armée américaine conditionna son aide à la France Combattante à la création d'unités de soutien logistique. Pour quelle raison ? Le général de Gaulle l'explique dans ses *Mémoires*. Pour les Américains, les unités combattantes devaient s'appuyer sur des unités de soutien richement pourvues. Si les Français voulaient des armes et des équipements, le principe devait s'appliquer. Ils durent donc mettre en place leurs propres unités logistiques. La 2e DB avant de passer en Angleterre dut ainsi subir un examen poussé de la part d'une *French Training Section* chargée de vérifier le bon entretien et la bonne maîtrise du matériel cédé. Mais comment créer ces unités de soutien ? En puisant dans l'existant, c'est-à-dire dans les unités de combat. Las ! L'aveu du général de Gaulle vaut mieux que de longs discours :

> « Il en résultait [...] chez les Français le crève-cœur d'être amenés à dissoudre de beaux régiments pour en faire des fractions auxiliaires [1]. »

Il en fut de même pour l'armée commandée par de Lattre et qui devait débarquer en Provence. Elle manquait notamment de spécialistes dont l'Afrique du Nord était assez pauvre mais qui étaient nombreux parmi les évadés de France. Comme le raconte de Lattre, ces 20 000 évadés faisaient valoir qu'ils s'étaient échappés « pour combattre et non pour occuper un emploi dans un service [2] ».

1. Charles de Gaulle, *Mémoires de guerre*, tome II *: L'unité : 1942-1944*, Plon, 1956, p. 291.
2. Maréchal de Lattre de Tassigny, *op. cit.*, p. 28-33.

Deux ans avant *Overlord*, le plan initial de débarquement en Europe s'appelait *Sledgehammer* (massue, marteau de forgeron). Il n'eut pas lieu car trop prématuré (remplacé par le débarquement en Afrique du Nord), mais le débarquement de Provence au nom de code *Anvil*, c'est-à-dire *enclume*, en rappelle le souvenir... Les noms sont révélateurs car leur image (très « approche directe ») illustre la pensée stratégique américaine. Dans son *Traité de stratégie*, le professeur Hervé Coutau-Bégarie explique ainsi que pour des raisons historiques (l'expérience traumatisante de la guerre de Sécession) et matérielles (une puissance industrielle qui offre l'incomparable avantage de la masse), les Américains privilégient la préparation sur l'exécution et préfèrent le recours au feu plutôt que la manœuvre et le choc. C'est grâce à une coordination soignée et des moyens en nombre que le plan déviera le moins : « Il en résulte un style moins flamboyant que celui des Français, mais terriblement efficace[1]. » *Flamboyant* : n'oublions pas que la gloire se cache derrière ce genre de mot. Les rapports noués avec des armées de culture différente, la préparation et la conduite d'opérations d'envergure telles que les débarquements de Normandie et de Provence, permettent de résumer des siècles de pensée militaire française. C'est à quoi s'emploie Langlade, dans un style moins policé et beaucoup plus rentre-dedans que de Gaulle. Il constatait que les officiers américains à la tête des différents services de la logistique étaient triés sur le volet et choisis parmi l'élite des cadres (n'oublions pas qu'Eisenhower était logisticien !), contrairement à ceux de l'armée française :

1. Hervé Coutau-Bégarie, *Traité de stratégie*, Economica, 1999, p. 467-468.

« Il y aurait beaucoup à réfléchir et il y aura beaucoup à faire pour convaincre les futurs cadres de l'armée française et plus encore, les anciens, de cette révolution totale [...]. Il est étrange de constater à quel point un pays qui a connu d'éclatants succès militaires, mais subi aussi en proportions égales sinon supérieures des désastres inouïs, a pu conserver d'admiration béate pour le tacticien et le stratège, et de mépris à peine déguisé pour le technicien et pour les services de l'armée[1]. »

Les bouchons-gras

La bravoure, placée si haut dans l'échelle des valeurs militaires, ne peut que regarder de haut tous les petits barreaux qui la soutiennent. La « logistique » en fut un. Il en fut aussi un autre, très propre à la Marine : les machines. La scène se passe en 1852. L'amiral de la Susse commande alors l'escadre de la Méditerranée. Réunit un soir, pour dîner, les commandants des bâtiments placés sous ses ordres. C'est l'époque où le *Napoléon* récemment mis à l'eau effectuait ses essais à la mer ; il était alors le premier navire de guerre doté d'une propulsion à hélice. Quelqu'un à table se hasarde à suggérer que la vapeur est appelée à jouer un grand rôle à la mer. Réplique dédaigneuse de l'amiral : « Non mais ! Nous voyez-vous commandant des charbonniers ? C'est trop drôle[2] ! » La marine du Second Empire et de la IIIe République vit ainsi le succès d'un surnom dont furent affublés les mécaniciens : *bouchons-gras*. Le mot de l'amiral de la Susse illustre la considération dont jouiront ceux qui

1. Paul de Langlade, *op. cit.*, p. 56-57.

2. *Le Temps*, 24 octobre 1888. Article relatif au livre de A. Boucher, *La Marine et les progrès modernes*.

désormais vivront à fond de cale. On peut lire en annexe un témoignage à ce sujet ainsi qu'un article paru en 1899 dans le *Petit Journal*; en première page figure un long plaidoyer pour les « bouchons-gras » (c'est le titre de l'article) dont le métier n'est pas assez reconnu. Les ingénieurs mécaniciens étaient alors officiers *de la* marine. Il faudra attendre 1966 pour qu'ils rejoignent le corps des officiers *de* marine (loi du 5 juillet 1966). Le prestige d'une petite préposition…

Mais le culte de la bravoure nous instruit également sur les faiblesses humaines quand il devient outrancier ou excessif. Il s'appelle alors fanfaronnade, vaine gloire, gloriole. Comme il est facile de se laisser aveugler par son éclat et sa pompe, surtout pour des yeux français ! Jacques Bonhomme nous le montre. Il n'y a qu'en France où l'on a vu des navires de guerre – cotre, lougre, patrouilleur ou goélette – s'appeler le *Fanfaron* ou la *Gloriole*[1]. Profondément ancrées dans l'imaginaire, ces mentalités sont aussi mises en évidence par la rivalité entre la France et l'Angleterre.

Le soldat fanfaron et la gloire joyeuse

> « Le coq français est le coq de la gloire,
> Par les revers il n'est point abattu ;
> Il chante fort lorsqu'il a la victoire,
> Encor plus fort lorsqu'il est bien battu. »
>
> Charles Favart, auteur
> de pièces de théâtre, 1762.

À la guerre, quel pourrait être le summum de la fanfaronnade ? C'est le moment d'évoquer Shakespeare et

1. Pierre Le Conte, *Répertoire des navires de guerre français*, chez l'auteur, 1932. Ouvrage honoré d'une souscription du ministère de la Marine.

son *Henry V* auquel nous reviendrons plusieurs fois. Le grand poète anglais est sans concession quand il met en scène les armées ennemies prêtes à s'affronter dans la plaine d'Azincourt. Côté anglais, le roi Henry se prépare à combattre. Bon roi et bon général, il reconnaît le champ de bataille, inspecte et harangue ses troupes, prie. Côté adverse, les préoccupations sont tout autres… Les Français parlent de leurs armures, de leurs chevaux, de leurs maîtresses et jouent aux dés ceux d'en face (leurs futurs prisonniers, évidemment). Le ravitaillement? Fi! Il faut le partager avec l'Anglais pour que le combat soit égal! « Si nous leur envoyions des dîners et des équipements neufs? Si nous donnions de l'avoine à leurs chevaux affamés avant de les combattre? » propose le Dauphin à ses barons…

Le soldat fanfaron est certes une figure universelle, qu'on a appelé *capitan*, *matamore* ou *rodomont* et que Plaute avait déjà mis en scène (*miles gloriosus*), mais il faut bien convenir qu'il a une fâcheuse tendance à parler français. « Nous aimons les fanfarons [nous les Français] à un point extrême et nous nous donnons à eux de si bon cœur que nous ne tardons pas à nous en mordre les doigts ensuite. La source de ce défaut est un grand besoin d'action et une grande paresse de réflexion », écrivait Alfred de Vigny. Décidément quand il faut parler des Français, toujours *l'action*, toujours le *bon cœur*… Les exemples sont légion mais si l'on revient à la Seconde Guerre mondiale, il y en a quand même un qui fut relevé par les Américains. Il est intéressant de remarquer que l'*US Intelligence* avait pris soin de faire figurer sur la fiche du général Giraud le dernier message qu'il envoya avant d'être capturé par les Allemands, à la mi-mai 1940: « Entouré d'une centaine de chars ennemis. Je les détruis pièce après pièce[1]. »

Avec une telle description des Français faite par Shakespeare ou complaisamment relevée par le renseignement américain faut-il s'étonner que les mots *braggart* (vantard, fanfaron) ou *vainglorious* (traduction inutile) proviennent du français ? Le général Giraud est un vrai cas d'école. Un temps rival de de Gaulle lorsqu'ils présidèrent tous deux le comité français de libération nationale, il était incontestablement un vrai soldat. Portant beau avec de magnifiques moustaches, c'était un homme d'action, un chef aimant le panache et les traditions. Il se rendit célèbre au début de la guerre avec son évasion spectaculaire de la prison de Koenigstein (il s'était déjà évadé en 1914, alors simple capitaine). Commandant en chef de l'armée française en 1943, il organisa la libération de la Corse. Sa personnalité a été diversement jugée et même un peu moquée dans l'entourage de Leclerc, comme lorsqu'un soir de janvier 1944 on caricatura un projet qu'aurait eu Giraud de débarquer tout seul à Golfe-Juan, comme l'Empereur, avec juste quelques vagues compagnies venues de Corse… Quant au général de Larminat (des Forces françaises libres), il disait de lui qu'il « était tellement homme d'action que la vie humaine, à commencer par la sienne, ne comptait pas ». C'est un point de vue partiel, et certainement partial, mais qui a le mérite de bien illustrer les propos de Vigny. Forcément, Giraud devait avoir un avis *flamboyant* sur la logistique et la bravoure. Un jour où Larminat lui expliquait la logique américaine consistant à équiper les

1. « Surrounded by a hundred enemy tanks. I am destroying them in detail. » Rick Atkinson, *An army at dawn, the war in North Africa, 1942-1943*, Picador, Henry Holt and Company, New York, 2020, p. 64 (prix Pulitzer).

divisions françaises en proportion des soutiens dédiés et lui citait l'exemple d'un *Monte Machin quelconque en Italie* où les Américains avaient dû renforcer l'artillerie, Giraud rétorqua : « Ils me font rigoler vos Américains. Un bon bataillon de tirailleurs, et je vous l'aurais enlevé sans autre histoire, leur Monte machin[1]. »

C'est une réplique qui a du cœur. Exactement comme Don Diègue qui estimait qu'on est « toujours prêt quand on a du courage » ou comme Gaucher de Châtillon, vieux connétable oublié mais tout de même connétable de six rois de France successifs et qui affirmait que quiconque avait « bon cœur à la bataille trouvait le temps toujours convenable ». C'était quelques années avant la pluie et la boue de Crécy... La recherche de l'exploit et l'affirmation de soi deviennent des défauts quand ils sont sanctionnés par la défaite ; mais ces défauts si nuisibles au groupe sont trouvés plaisants dans l'individu. Dans une histoire de France qui prime tant l'individualité, on aime donc ces défauts de toute façon, qu'on les défende ou qu'on les moque. On en fait des chansons, des mots historiques, des morales de fables et tout cela alimente notre fonds culturel. Qui n'aime pas dire qu'à cœur vaillant rien n'est impossible, puisque impossible n'est pas français ?

La primauté du cœur sur la raison explique ainsi de nombreuses défaites autant qu'elle les pardonne. En France, combien de maréchaux pour combien de victoires ? Il n'est pas sûr que le nombre de maréchaux français soit proportionnel au nombre de victoires rapporté au nombre de batailles. À propos de la défaite glorieuse si chère à la tradition française, on rappellera que Machiavel

1. Edgard de Larminat, *Chroniques irrévérencieuses*, Plon, 1962, p. 326-327.

disait déjà des Français qu'ils racontaient leurs défaites comme si c'étaient des victoires...[1]. Si *Va-de-bon-cœur* représente l'idéal type du soldat français alliant courage et gaieté de cœur, il faut bien avouer que son nom rejoint aussi alors la grande série des *Tranche-Montagne* (Fanfan la Tulipe), *Perce-Bedaine* et *Casse-Trogne* (Cyrano de Bergerac) où la bravoure se fait fanfaronnade[2]. Sur ces deux-là, les cadets de Gascogne chantaient justement dans la pièce de Rostand que « de gloire leur âme est ivrogne ! ». La gloire joyeuse et qui se boit est une déclinaison du thème de la fanfaronnade. *Le vin est tiré, il faut le boire*; *Mettre de l'eau dans son vin*, etc. Parce que le vin fait partie du patrimoine des Français au point d'avoir une valeur proverbiale, parce que boire du bon vin est un art de vivre et un symbole de fête, on ne s'étonnera donc pas qu'il serve aussi à parler de la gloire française, mais d'une gloire festive, joyeuse et sûre d'elle-même, allant jusqu'à la fanfaronnade. À propos des journées de 1830 – les fameuses Trois Glorieuses –, Chateaubriand notait que « l'étourderie française, moqueuse, insouciante, intrépide, était montée au cerveau de tous » parce que la gloire « a pour notre nation la légèreté du vin de Champagne ». Pour ces raisons, un des traits culturels de la légèreté française est sa durable présence dans les chants de soldat. Vin et bonne humeur y vont de pair. Dans *M'sieu de Turenne*, au XVIIIe siècle, *le vin d'Alsace pétille mieux lorsqu'il est versé par madame la gloire et que s'y mêle un flot de sang joyeux*. Après la défaite de 1870, dans *Le Vin de la Revanche*, le vin est rangé par futailles jusqu'à ce que les soldats ramènent la victoire; à ce moment alors

1. J.A.C. Buchon, *Œuvres complètes de N. Machiavelli*, tome Ier, chapitre XI « Caractère des Français », Buchon, 1842, p. 299.

2. Gilles Malvaux, *op. cit.*

on leur dira *videz mes tonneaux pour payer votre gloire*. Et pendant la Grande Guerre Théodore Botrel composa *Rosalie, chanson à la gloire de la terrible petite baïonnette française*. Pourquoi appeler la baïonnette *Rosalie*? Parce qu'elle prend un teint vermillon quand elle dit bonjour à l'ennemi, c'est-à-dire quand elle lui traverse le ventre. Et que demande-t-on à Rosalie? *Verse à la France, verse à boire! de la gloire à pleins bidons!*

Être à la bataille ou ne pas y être? Au moment d'aborder le rôle fondamental du poète en tant que dispensateur de gloire, rendons justice à Shakespeare d'avoir écrit sur Azincourt une tirade mémorable. En ce 25 octobre 1415, Henry V, roi d'Angleterre, exhorte ses compagnons à bien se battre. Mais surtout il leur promet la gloire du seul fait de se battre en ce *St. Crispin's Day*:

> « Ce jour est appelé la fête de saint Crépin: celui qui aura survécu à cette journée et sera rentré chez lui sain et sauf, se redressera sur ses talons chaque fois qu'on parlera de ce jour, et se grandira au seul nom de saint Crépin. Celui qui aura vu cette journée et atteint un grand âge, chaque année, à la veille de cette fête, traitera ses amis et dira: C'est demain la Saint-Crépin! Alors, il retroussera sa manche et montrera ses cicatrices. Le vieillard oublie; mais il aura tout oublié qu'il se rappellera encore avec emphase ses exploits dans cette journée [...]. Et les gentilshommes aujourd'hui dans leur lit en Angleterre regarderont comme une malédiction de ne pas s'être trouvés ici, et feront bon marché de leur noblesse, quand ils entendront parler l'un de ceux qui auront combattu avec nous au jour de la Saint-Crépin[1]! »

---

1. François-Victor Hugo (traduction), *Œuvres complètes de W. Shakespeare*, tome XII, *La Patrie, Henry V*, Librairie Pagnerre, 1873.

Toute l'économie de la gloire se trouve dans cette tirade. On y voit le poète s'emparer de la bataille, l'idéaliser et en transmettre la mémoire à la postérité. Rendre *mémorable* : telle est la profonde signification de *chanter et transmettre la gloire* sur laquelle il convient maintenant de se pencher.

CHAPITRE 4

Chanter et transmettre la gloire

> « J'ai fait illustre un nom qu'on m'a transmis sans gloire
> Qu'il soit ancien, qu'importe ? il n'aura de mémoire
> Que du jour seulement où mon front l'a porté [...]
> Si j'écris leur histoire, ils descendront de moi. »
>
> Alfred de Vigny.

Être à la bataille et espérer y acquérir de la gloire serait vain si personne n'en savait jamais rien. C'est une différence avec l'honneur, qui relève de l'intime et de la conscience personnelle. Il faut bien convenir que, mathématiquement, l'oubli est la triste réalité qui attend le lot commun de la multitude. Comme le dit Montaigne :

> « En toute une bataille où dix mille hommes sont estropiés ou tués, il n'en est pas quinze de quoi l'on parle [...]. De tant de miliasses de vaillans hommes qui sont morts depuis quinze cens ans en France, les armes en la main, il n'y en a pas cent qui soyent venus à nostre cognoissance [...]. Nous n'avons pas la millième partie des écrits anciens ; c'est la fortune qui leur donne vie, ou plus courte ou plus longue, selon sa faveur[1]. »

1. Cité par Georges Tronquart, « Montaigne et la gloire », in *Bulletin de l'Association Guillaume Budé*, n° 2, juin 1960, p. 265-271.

Si la bataille est la condition nécessaire à la gloire, elle n'est pas suffisante. En effet, la gloire n'existe que dans la mesure où elle est *chantée* et *transmise.* « La fortune qui lui donnera vie » n'existe qu'en vertu d'un *poète* et d'un *auditoire.* Ulysse n'existerait pas sans Homère ni les lecteurs de l'*Odyssée.* Robinson Crusoé devra attendre de quitter son île pour connaître la gloire. La France Libre ne serait pas allée très loin sans la BBC. Bref, il n'y pas de héros sans auditoire, comme disait Malraux. C'est la définition très classique, cicéronienne, du « *fama cum laude*[1] » qui a besoin d'un poète pour naître et de la considération publique pour vivre.

Le rôle du poète : chanter la gloire, une formule pour l'immortalité

L'*Iliade*, l'*Odyssée* et l'*Énéide* sont une suite de *chants,* l'histoire de Roland est une *chanson*, le principe de la gloire est d'être *chantée.* C'est le rôle du poète. Par son art, il donne vie à la gloire. Si l'un use de la plume ou de la lyre, si un autre préfère le pinceau ou le ciseau à pierre, tous *chantent* la gloire au sens poétique du terme. L'expression n'est pas fortuite car on se doute bien qu'un chant éveille le sens du beau davantage qu'un monologue. On dit d'ailleurs que chanter, c'est *prier deux fois*, et c'est très justement qu'on appelle *cantate* ce genre de poème mis en musique et faisant le récit d'une action « galante ou héroïque » (l'*Encyclopédie*). Bien plus, dire *je chante* a même depuis des siècles un sens très symbolique. Cette expression peut sembler anodine mais elle ne

1. Olivier Chaline, « Port-Royal et la gloire », in *Histoire, économie et société*, 2001, 20e année, n° 2. *La gloire à l'époque moderne*, Varia, p. 163-175.

l'est pas. Dans cette confrérie d'hommes dont l'art immémorial consiste à œuvrer à la gloire d'autres hommes, elle a en réalité valeur de parole d'initié. *Je chante* : une parole devenue célébrissime depuis que Virgile l'a employée à la toute première ligne de son *Énéide* : « *Arma virumque cano*, je chante les combats et ce héros »... Le chroniqueur du XIIIe siècle Guillaume le Breton s'en inspire dans sa *Philippide* dédiée à Louis VIII, le fils de Philippe Auguste, pour raconter Bouvines. On la retrouve dans la *Jérusalem délivrée* du Tasse, épopée des Croisades (« je chante les pieuses batailles et le grand capitaine qui délivra le tombeau sacré du Christ »), dans le *Roland furieux* de l'Arioste, épopée de Roland (« je chante les dames, les chevaliers, les armes, les amours, les courtoisies, les audacieuses entreprises...), dans les *Lusiades* de Camõens, épopée de Vasco de Gama, dans *La Henriade* de Voltaire, épopée d'Henri IV :

> « Je chante ce héros qui régna sur la France
> et par droit de conquête, et par droit de naissance »,

ou encore chez Lamartine, sur Clovis :

> « Je chante ce héros qui des bords de la Seine
> Le premier devant lui chassa l'aigle romaine,
> Délivra la patrie, et fonda dans Paris
> La sainte foi du Christ et l'empire des Lys. »

Aragon est probablement le dernier poète français à l'utiliser dans *Les Yeux d'Elsa,* son recueil de poèmes écrits pendant l'Occupation. En rappelant comme une évidence un certain Blondel à qui tous les Français doivent ressembler (ce Blondel ne serait-il pas l'auteur de la *Complaincte des bons Français ?*), l'ode à la femme aimée devient aussi ode à la France et à la résistance contre l'ennemi, où Aragon s'étend sur les principes de la poésie :

> « Je chante l'homme et ses armes... » et en ce sens oui, je chante, et je suis prêt à reprendre pour notre temps et mon pays ce programme par quoi débute l'épopée romaine, et je n'ai forgé mon langage pour rien d'autre, de longue date, pour rien d'autre préparé cet instrument tranchant. [...] Un grand tournoi est ouvert, où je suis prêt à couronner le vainqueur, car, dans la poésie française, le vainqueur, c'est toujours la France[1]. »

Je chante : ainsi se définit la raison d'être du poète. L'influence de l'*Éneide* a été prépondérante sur la littérature héroïque européenne. Le premier vers de l'épopée du héros troyen est devenu une convention de genre, le *je chante* étant à l'épopée ce que le *il était une fois* est au conte, une formule consacrée permettant à tout poète de l'héroïsme d'être reconnu non pas à sa signature mais à ces premiers mots, *je chante*, sortant de sa bouche. La simplicité de la formule fait sa puissance. La mission que se fixe le poète est si évidente qu'elle s'impose d'elle-même. Dire *je chante* relève de la profession de foi : *j'affirme qu'il y a un héros, je vais vous raconter ses hauts faits, et la postérité les reconnaîtra*. Pourquoi la cigale et la fourmi, le corbeau ou le renard sont-ils si connus ? Parce que La Fontaine jugeait qu'ils le méritaient : « Je chante les héros dont Ésope est le père », dit-il en préambule de ses Fables. Et c'est sans ambiguïté que tel opéra célèbre la bataille de Fontenoy :

1. Louis Aragon, *Les Yeux d'Elsa*, Seghers, 1942, 2004, p. 28.

« Je chante les héros, je célèbre leur gloire :
C'est par mes soins que leurs faits généreux
Sont consacrés au Temple de Mémoire. »

Le procédé invite à tourner la tête vers le poète. *Oyez, oyez, braves gens, prêtez l'oreille, écoutez, quelque chose de beau arrive.* L'esprit de la formule est universel. Ce *je chante* est à la gloire ce que le roulement de tambour est à l'annonce d'une grande nouvelle, ce que la perspective est à la peinture ou ce que l'ogive est à l'architecture gothique. D'emblée, on sait que l'on se trouve devant quelque chose de grand, qui nous dépasse. De Gaulle était un homme de lettres et on imagine le soin qu'il a dû prendre pour trouver, ciseler, la première phrase qui commencera ses *Mémoires de guerre*. Dès la toute première ligne, on devine d'emblée qu'il va parler de la France en grand et en beau : « Toute ma vie je me suis fait une certaine idée de la France. » Ce sera l'épopée de la France Libre, un *je chante* destiné à une « princesse des contes ou une madone aux fresques des murs ».

Aujourd'hui, une frégate de la marine française porte le nom de *Forbin,* officier de marine du temps de Louis XIV. Ses faits d'armes furent suffisamment éloquents pour que de nombreux bâtiments de guerre portent son nom. Il a laissé des mémoires, où il prend le lecteur à témoin :

> « Comme la plupart de ceux qui donnent leurs mémoires au public ne proposent guère que leur propre gloire, il n'est pas surprenant que la vérité ait ordinairement fort peu de part dans leurs ouvrages. »

Le soldat peut être son propre poète mais dire *je chante* pour soi-même demeure risqué. Le propre de la gloire est de reposer sur des témoins, garants de son existence. Cela dit, cette identification du soldat au poète est intéressante en soi, surtout en France. Elle souligne en effet une autre caractéristique française de la gloire, celle où le même bras tient aussi bien l'épée que la plume. C'est le vieux thème de *la plume et de l'épée*, que Roosevelt d'ailleurs connaissait très bien. Dans son discours à la Sorbonne dont on a parlé plus haut, il disait que la plus importante leçon de la France aux autres peuples résultait de son histoire même : une « remarquable maîtrise dans la science des armes » accompagnant un « haut développement artistique et littéraire ». Il n'y a qu'à compter le nombre de maréchaux, généraux ou amiraux de l'Académie française. Par ailleurs, que sont exactement des mémoires ? Pas des autobiographies ni de simples souvenirs, mais un genre littéraire particulier dont le principe n'est pas tant de raconter sa vie que de rapporter les événements auxquels on a été confronté. Or le genre des mémoires a toujours été reconnu comme typiquement français. Dans son *Génie du christianisme*, Chateaubriand n'y va pas par quatre chemins pour le faire comprendre avec ce chapitre intitulé comme allant de soi : « Pourquoi les Français n'ont que des mémoires. » Si les Français n'ont que des mémoires, c'est parce que leur plume sert à ouvrir des théâtres, à projeter les feux sur eux et leur époque, et à expliquer la marche de l'histoire à leur public. *À telle bataille j'étais présent… je vis et j'entendis… je conseillai au roi… on ne voulut pas m'écouter…* L'âge d'or des mémoires est celui du Grand Siècle où l'on compte quatre-vingts titres pour le XVIe siècle et deux cent soixante pour le XVIIe[1]; pour Jean Tulard, il s'agirait plutôt du XIXe siècle : « Nulle époque n'a suscité la publication d'un nombre aussi élevé de mémoires que le Consulat et l'Empire[2]. » Laissons le débat aux experts et contentons-nous de voir que, de Joinville à de Gaulle, les mémorialistes sont innombrables. Tel Gaston Paleswki, compagnon de la Libération et président du conseil constitutionnel, dont les mémoires posthumes en 1988 s'intitulaient… *Mémoires d'action.*

Des mots pour la postérité : le rôle politique du poète

Sur le site de l'École militaire, juste à côté des bâtiments de l'École de guerre, se trouve la place Morland, du nom de ce général d'Empire tué à Austerlitz. Son nom est gravé sur l'Arc de triomphe, son buste figure dans la galerie des Batailles à Versailles et un boulevard porte son nom. Mais laissons parler Marbot :

> « L'Empereur, toujours attentif à ce qui pouvait exciter l'émulation parmi les troupes, décida que le corps du général Morland serait placé dans un monument qu'il se proposait d'ériger au centre de l'esplanade des Invalides, à Paris. Les médecins, n'ayant sur le champ de bataille ni le temps ni les ingrédients pour embaumer le corps du général, l'enfermèrent dans un tonneau de rhum, qui fut transporté à Paris ; mais les événements qui se succédèrent ayant retardé la construction du monument destiné au général Morland, le tonneau dans lequel on l'avait placé se

1. Précision de Jean Lafond dans sa préface des *Mémoires* de La Rochefoucauld, Gallimard, 2006.

2. Jean Tulard, *Nouvelle bibliographie critique des mémoires sur l'époque napoléonienne écrits ou traduits en français*, Genève, Droz, 1991, Hautes études médiévales et modernes, p. 67.

trouvait encore dans l'une des salles de l'École de médecine lorsque Napoléon perdit l'Empire en 1814. Peu de temps après, le tonneau s'étant brisé par vétusté, on fut très étonné de voir que le rhum avait fait pousser les moustaches du général d'une façon si extraordinaire qu'elles tombaient plus bas que la ceinture. Le corps était parfaitement conservé, mais la famille fut obligée d'intenter un procès pour en obtenir la restitution d'un savant qui en avait fait un objet de curiosité. Aimez donc la gloire, et allez-vous faire tuer pour qu'un olibrius de naturaliste vous place ensuite dans sa bibliothèque, entre une corne de rhinocéros et un crocodile empaillé[1] ! »

Le poète ne fait pas des mathématiques, mais des vers. Il ne dissèque pas, il décore. Son langage n'est pas celui des équations ; il chante car il parle au cœur et pas à la raison. Par nature donc, la gloire est idéalisée. Il lui donne ses lauriers en la magnifiant, telle que la jeunesse peut l'idéaliser par exemple. Vigny se demandait ce qu'était une grande vie, sinon une pensée de jeunesse réalisée à l'âge mûr. À quinze ans, le jeune Charles de Gaulle écrivit un texte d'imagination où l'Europe déclarait la guerre à la France et où commandait un certain *général de Gaulle*. La pensée de jeunesse de l'écolier de 1905 préfigure le *Vous avez de la chance !* du chef de 1944. La gloire des armes idéalisée suppose encore une mort idéalisée. « Ma mort était ma gloire, et le destin m'en prive », s'exclame Cornélie dans *La Mort de Pompée* (Corneille). La bonne mort du soldat, la mort glorieuse, est celle reçue au combat. C'est ainsi que rêvait de mourir Charles de Gaulle, quand il avait dix-huit ans :

1. *Mémoires du général baron de Marbot*, p. 283-284, Mercure de France, « Le Temps retrouvé », 1983.

« Quand je voudrai mourir, j'aimerais que ce soit
Sur un champ de bataille ; alors qu'on porte en soi
L'âme encor tout enveloppée
Du tumulte enivrant que souffle le combat,
Et du rude frisson qui donne à qui se bat
Le choc mâle et clair de l'épée [...]
J'aimerais que ce soit, pour mourir sans regret,
Un soir où je verrais la Gloire à mon chevet
Me montrer la Patrie en fête[1]. »

Est poète celui qui sait choisir les mots car, bien choisis, ils tintent aux oreilles et résonnent dans le cœur. Il suffit de lire les citations militaires pour le constater : les actes valeureux se racontent avec un vocabulaire, un style propre. Le soldat défend sa patrie, pas un cadastre ; il tombe au champ d'honneur, pas sur des coordonnées GPS ; sa vie sous les armes fut un engagement, pas un contrat de travail ; son épitaphe est solennelle (« mort pour la France »), pas administrative (« décédé pour l'Hexagone »). Mais bien qu'un style théâtral ou poétique exprime le mieux la gloire, il ne suffit pas ; il faut encore que la cause soit juste pour que la mort soit belle. À cet effet, la mise en scène est tout aussi importante. Une mort est glorieuse quand elle est édifiante. Roland, blessé, se retire sous un pin et, seul avec son épée, prie, pense à *doulce France*, puis expire. Bayard, blessé à mort sous un chêne, fait la leçon au connétable de Bourbon qui a trahi son roi et son pays. Cambronne en fait une autre au général Maitland. La mort rêvée du jeune Charles de Gaulle est belle car mourir le soir, avant le repos de la nuit, signifie avoir pu combattre toute la journée. Mourir

1. Charles de Gaulle, *Lettres, notes et carnets, 1905-1941*, Robert Laffont, 2010, p. 50-51.

le matin signifierait un combat trop court, ou, pire, point de combat du tout, réveillé vulgairement au bivouac par l'ennemi… Toute cette esthétique glorieuse se résume chez le plus français des héros, à savoir Cyrano qui voudrait mourir « un soir sous un ciel rose, sur un gazon de gloire et loin d'un lit de fièvres ».

Ce *lit de fièvres* est une autre convention de genre. Malheur, comme dit Henry V dans Shakespeare, à celui qui finit dans un *lit de fièvres* plutôt qu'au *lit d'honneur*. Ce fut presque le cas de Marbot quand il faillit mourir à cause d'une mauvaise fièvre attrapée au siège de Ciudad-Rodrigo, en Espagne. Quel désespoir pour lui quand l'armée le laissa en arrière !

> « La mort des champs de bataille me paraissait douce auprès de celle qui m'attendait, et je regrettais de n'y être pas tombé en soldat ! Tandis que mourir de la fièvre, dans un lit, lorsqu'on combattait auprès de moi, me paraissait une chose horrible et presque honteuse[1] ! »

Le lit de fièvres est peut-être un malheur pour le soldat, mais le poète peut l'en affranchir. Aujourd'hui, le *Chevalier-Paul* est la frégate jumelle du *Forbin*, toutes deux destinées à escorter le porte-avions *Charles-de-Gaulle*. Comme le comte de Forbin, ce chevalier Paul était officier de marine sous Louis XIV. Grand marin et grand chef de guerre, il ne laissa pas de mémoires et mourut malade dans son lit. Seulement sa réputation et sa bravoure étaient telles qu'un poète anonyme ne put admettre que la fièvre aurait le dernier mot. Il laissa à la postérité l'épitaphe suivante :

---

1. *Mémoires du général baron de Marbot*, tome II, Mercure de France, 1983, p. 81.

« Passant qui va si lentement,
Regarde cette sépulture,
Et considère une aventure
Digne de ton étonnement ;
Celui qui naquit pour combattre
Et qui vivait dans le combat,
Eau, feu, fer ne purent l'abattre :
Une fièvre lente l'abat[1]. »

Ornant le réel ou bien le mettant à nu, le pouvoir du poète est immense en décidant de ce qui est beau ou laid. Il devient même redoutable quand il s'agit de flétrir une action. Un vers, une caricature, un mot d'esprit deviennent impitoyables pour mettre à jour un manquement à l'honneur ou une lâcheté. Le rire est l'envers de la gloire et Roland l'a bien en tête quand il exhorte Olivier à bien se battre : « Il ne faut pas qu'on chante sur nous de méchantes chansons. » Dans son poème *Aymerillot,* Victor Hugo met justement en scène Charlemagne et ses barons revenant d'Espagne. L'armée s'arrête devant Narbonne. Charlemagne veut prendre la ville. Tour à tour, il demande l'avis de chacun de ses barons. Tous refusent d'entreprendre le siège. Ils ne veulent plus se battre. La colère de Charlemagne, humiliant ses barons, procède exactement de la même logique que la harangue de Henry V :

« Je ne veux plus de vous ! Retournez chez vos femmes !
Allez vivre cachés, prudents, contents, infâmes ! [...]
Pour moi, j'assiégerai Narbonne à moi tout seul [...]
Quand vous vous chaufferez les pieds à vos chenets,
Tournant le dos aux jours de guerres et d'alarmes,

1. Henri Oddo, *Le Chevalier Paul*, Libraire H. Le Soudier, 1896, p. 215-216.

Si l'on vous dit, songeant à tous vos grands faits d'armes
Qui remplirent longtemps la terre de terreur :
Mais où donc avez-vous quitté votre empereur ?
Vous répondrez, baissant les yeux vers la muraille :
Nous nous sommes enfuis le jour d'une bataille,
Si vite et si tremblants et d'un pas si pressé
Que nous ne savons plus où nous l'avons laissé ! »

Il faut ainsi reconnaître que les trois cent trente et un maréchaux de France n'ont pas tous été des Roland. Un ne s'est même jamais battu : le maréchal d'Ancre. Un autre trahit celui qui le fit maréchal : Marmont, duc de Raguse, pour qui les railleurs inventèrent la *ragusade* comme synonyme de lâcheté. Certains n'ont pas remporté les victoires escomptées malgré leur bâton. Quand le héros ne lui convient pas, le poète ne chante plus mais chansonne. Les chansons qui couraient le pavé parisien sur Villeroi justifient les craintes de Roland relativement à la postérité :

« Quand Charles VII, contre l'Anglais,
N'avait plus d'espérance,
De Jeanne d'Arc Dieu fit le choix,
Pour délivrer la France.
Ne t'embarrasse pas grand roi !
Cent fois plus sûre qu'elle,
Dans le fourreau de Villeroy
Il est une pucelle[1]. »

Quant à Napoléon, citons pour le plaisir cet obscur poète qui se moquait des conquêtes sans fin de l'Empereur :

---

1. Alexandre Dumas, *Chroniques de la Régence*, Vuibert, septembre 2013, p. 68.

« Je chante ce héros dont la haute fortune
Ayant conquis la terre ira prendre la lune ;
Et de là, s'élançant par-delà Sirius,
S'élèvera si haut qu'on ne le verra plus. »

Le quatrain était prémonitoire de Sainte-Hélène mais il ne faut pas trop en forcer le sens. Monté très haut, Napoléon à sa chute fut exilé très loin mais sa mort dans une île désolée de l'Atlantique contribua à son mythe, le *Mémorial de Sainte-Hélène* donnant au souvenir de ses actions une vigueur jamais démentie depuis. L'antithèse de la mort glorieuse revient plutôt à un illustre inconnu qui fut tout de même le père d'un roi de France. Son épitaphe recueille la palme de la méchanceté. Antoine de Bourbon fut blessé mortellement à Rouen, lors du siège de la ville. Il n'était pas en train de se battre lorsque, dans le fossé, il reçut un coup d'arquebuse dans l'épaule :

« Amis François, le prince ici gisant,
Vécut sans gloire, et mourut en pissant[1]. »

Qui se souvient du père d'Henri IV ?

Parce qu'il chante la gloire, le poète a un rôle politique essentiel. Gloire et mémoire ne vont pas l'une sans l'autre et seul le poète les fait rimer ensemble. En immortalisant l'événement et ses acteurs, ou en les condamnant au ridicule ou à l'oubli, il est indispensable pour en forger la mémoire. Tous les Français ont en tête l'image de Bonaparte traversant le pont d'Arcole. Le tableau de Gros exposé au château de Versailles est vu chaque année par des milliers de visiteurs. Il a sa place dans les manuels

1. Voltaire, *La Henriade, poème, avec les notes et variantes, suivi de l'Essai sur la poésie épique*, 1816.

scolaires. La scène est reprise également sur l'Arc de triomphe. « C'était un chant de l'*Iliade* », aimait dire l'Empereur au souvenir de cette action, rapporte Chateaubriand. Cependant, si l'événement appartient à la légende napoléonienne, sa mémoire diffère sensiblement chez les coalisés. Tolstoï dans *La Guerre et la Paix* la résume plutôt à « la mare d'Arcole », où Bonaparte chut piteusement… La raillerie du vieux prince Bolkonski fait mal à la fierté française :

> « Voilà comment les Français acquièrent la gloire […] il a donné l'ordre d'écrire dans les bulletins qu'il était allé sur le pont, le drapeau à la main[1]. »

La traversée du pont d'Arcole, une action glorieuse ou ridicule ? A-t-elle un sens ou n'est-elle qu'un vulgaire épisode ne méritant ni peinture ni sculpture ? L'Histoire devrait le dire. Mais justement l'Histoire, pour s'en tenir à la définition de l'Académie, est le récit des actions ou des événements *dignes de mémoire* dans le passé d'un peuple. On se souvient toujours mieux d'une chanson que d'une leçon ; est *digne de mémoire* ce que chante le poète plutôt que ce que dit l'historien. L'un déterre les événements et en nettoie toutes les facettes ; il les observe et cherche la vérité. L'autre préfère leur donner un sens par la manière même de les éclairer : choisissant l'événement à mettre en lumière, il rejette de facto dans l'ombre les facettes destinées à être oubliées.

La distinction entre *mémoire* et *histoire* est fondamentale mais il faut garder à l'esprit la dépendance de l'une par rapport à l'autre. N'oublions pas que Clio est née de

1. Léon Tolstoï, *La Guerre et la Paix*, traduction de Bernard Kreise, éditions du Seuil, Sacharov Publishers, 1999, p. 632-633.

Mnémosyne : l'Histoire est fille de la Mémoire. De ce point de vue, voilà établie la prééminence du poète qui en disant *je chante* contribue à conduire les hommes. C'est une supériorité d'ordre politique. Combien de mots historiques n'ont jamais été prononcés ! Et pourtant ils sont là, et d'autres viendront encore. La force de cette supériorité ne peut que s'accroître avec le temps. Avec son coup d'œil pénétrant, Chateaubriand analysait la fin de Napoléon à Sainte-Hélène sous l'angle de l'histoire et de la mémoire : « Son histoire est finie et son épopée commence [...]. Bonaparte n'est plus le vrai Bonaparte c'est une figure légendaire composée des lubies du poète, des devis du soldat et des contes du peuple [...] ce héros fantastique restera le personnage réel ; les autres portraits disparaîtront. » Le sentiment national portugais doit beaucoup aux *Lusiades* de Camõens et l'unité nationale anglaise doit davantage à Shakespeare et son *Henry V* que la bataille d'Azincourt elle-même, dont la gloire est née un siècle plus tard, à partir du jour où la pièce a été jouée. Le succès de l'expression *band of brothers* rappelle ainsi la puissance d'un fait historique érigé au rang de mythe capable d'imprégner la mémoire d'une nation. L'exemple doit nous faire comprendre que l'importance d'être à la bataille ne vaut pas seulement pour le soldat, car la mémoire de l'événement a une portée qui le dépasse lorsque le poète s'en saisit. Ce rôle éminemment politique sera amplement détaillé en deuxième partie ; voyons auparavant la logique de la transmission de la gloire.

Transmettre la gloire. La gloire se transmet comme un flambeau

La gloire prétend à l'immortalité car elle s'adresse à un public qui se renouvelle sans cesse. Elle vit grâce à la succession des générations qui se l'approprient et en gardent la mémoire. Le *Tour de France par deux enfants* contient une anecdote instructive à ce sujet. Immense succès à sa parution au début du XXe siècle, il fut lu par la France entière et tous les écoliers y apprenaient leur histoire et leur géographie. L'arrivée de Julien et André à Rouen est l'occasion d'évoquer le grand Corneille qui y habitait une petite maison avec son frère. Ils occupaient chacun un étage et leurs cabinets de travail respectifs communiquaient au moyen d'une petite trappe.

> « Lorsque Pierre Corneille était embarrassé pour trouver une rime, il ouvrait la trappe et demandait l'aide de son frère Thomas. Celui-ci lui criait d'en haut les mots qui riment ensemble, comme *victoire, gloire, mémoire*, et Pierre choisissait[1]. »

Un poète, un public, et la matière pour retenir *victoire, gloire, mémoire* : la logique de transmission de la gloire est très proche de celle véhiculée par le souvenir de la première grande victoire française dans la mémoire nationale.

> « L'an du Seigneur 1214, le sixième des calendes d'août, quelque chose digne de mémoire est arrivé au pont de Bouvines, aux confins du Tournaisis. »

---

1. G. Bruno, *Le Tour de France par deux enfants*, Librairie Belin, 1907, p. 243.

Ainsi commence un récit contemporain de la bataille de Bouvines. En parlant de Bouvines comme d'un événement *digne de mémoire*, l'auteur, anonyme, fait de l'histoire selon l'exacte définition de l'Académie. Bouvines est une de ces « journées qui ont fait la France » comme le rappelle le livre de Georges Duby. L'auteur y explique que le mot de Bouvines, jusqu'à une période récente, « n'avait cessé de retentir dans les quartiers de chevau-légers, dans les bivouacs de la Grande Armée, emblème d'escadrons, mot de passe chuchoté par des sentinelles, nom de victoire prenant place, de génération en génération, entre Tolbiac et Marignan, au fil d'une longue litanie propitiatoire, exaltante, rassurante, consolante[1] ». L'image est saisissante de réalisme. La gloire n'est-elle pas comme ce mot de Bouvines ? Mot de passe, elle est aussi un nom à part entière qui se transmet par tradition. La coque des navires est le panthéon des grands marins, des grandes batailles, et même de la gloire au sens propre. Aujourd'hui le patrouilleur *La Glorieuse* navigue dans le Pacifique depuis son port d'attache de Nouméa, mais depuis le XVIIe siècle, plus vingt navires de guerre se sont appelés *La Gloire*, *Le Glorieux* ou *La Glorieuse*. Et en 2024 entrera en service le sous-marin britannique *HMS Agincourt,* sixième navire de guerre à porter le nom de ce village du nord de la France...

Flambeau pris au champ de bataille, la gloire est allumée par le poète puis transmise et entretenue régulièrement par le public auquel elle s'adresse. La gloire des batailles passées a valeur d'exemple pour les batailles à venir. On a parlé de *Henry V*. À la veille du Débarquement, le général lord Ismay, chef du cabinet militaire de

1. Georges Duby, *Le Dimanche de Bouvines*, Gallimard, 1985, p. 15.

Churchill, expliquait que l'état d'esprit de Montgomery était résolument optimiste. *Overlord* était une opération de guerre parfaitement normale, destinée à réussir, et si quiconque devait en douter, Montgomery aurait préféré que l'hésitant cédât sa place. « Cela me rappelait le discours du roi Henry avant Azincourt dans le *Henry V* de Shakespeare : " Que celui qui n'a pas le cœur à la bataille s'en aille ; on lui donnera un passeport et de l'argent pour son retour "[1]. »

Dans l'armée, un objet par excellence matérialise la gloire : le drapeau, le pavillon, l'étendard. « D'une gloire immortelle vous avez paré vos drapeaux », déclare Foch aux armées le lendemain de l'armistice. Napoléon parle de même à Austerlitz car la rhétorique du drapeau n'est autre que celle de la gloire, brillante et immortelle. Comme elle, il s'arbore en permanence et se transmet régulièrement. « Le drapeau est un emblème qui symbolise à la fois la patrie et la personnalité morale de la formation à laquelle il est attribué ; il est le témoin de sa gloire et de ses traditions », lit-on dans un texte réglementaire[2].

Au retour de la campagne d'Italie, Bonaparte fut reçu triomphalement par le Directoire. En ce 10 décembre 1797, dans la grande cour du palais du Luxembourg, devant les ministres, les corps constitués de l'État, en présence des ambassadeurs de presque toute l'Europe,

---

1. « OVERLORD was in fact a perfectly normal operation of war which was bound to succeed. If there was anyone who had doubts, [Montgomery] would prefer his room to his company. It reminded me of King Henry's speech before Agincourt in Shakespeare's *Henry V*: " … he which hath no stomach to this fight, Let him depart ; his passport shall be made, And crowns for convoy put into his purse ". » *The Memoires of General the Lord Ismay*, William Heinemann Ltd., 1960, p. 351.

2. Circulaire n° 249/DEF/CEMM relative à la symbolique militaire, 13 mai 2004.

en présence d'une foule immense qui voulait voir ce fameux *Buonaparte* dont on parlait tant mais dont personne ne connaissait la figure, le jeune général en chef de l'armée d'Italie (vingt-sept ans !) était présenté solennellement aux cinq directeurs (Talleyrand prononça l'éloge). Bonaparte leur remettait officiellement le traité de Campo-Formio que l'empereur d'Autriche venait de ratifier. La guerre avec l'Autriche prenait fin. Les directeurs lui donnèrent l'accolade puis furent présentés à leur tour les généraux Joubert et Andréossy qui portaient le drapeau dit *de l'armée d'Italie*. S'il fallait identifier, dans l'histoire du drapeau français, un drapeau qui matérialisât particulièrement la gloire, on pourrait penser à celui-ci. Bonaparte l'avait envoyé au Directoire quelques semaines auparavant. Ce drapeau serait désormais suspendu sous les voûtes de la salle des séances du Directoire. On y lisait, brodé en fil d'or, le résumé d'un an de campagne :

> « 150 000 prisonniers. 170 drapeaux. 17 000 chevaux. 550 pièces de canons. 600 pièces de campagne. 5 équipages de pont. 9 vaisseaux de 64 canons. 12 frégates de 32. 12 corvettes. 18 galères.
>
> Armistice avec le roi de Sardaigne. Convention avec Gênes. Armistice avec le duc de Parmes. Armistice avec le roi de Naples. Armistice avec le Pape. Préliminaires de Leoben. Convention de Montebello avec la République de Gênes. Traité de paix avec l'empereur à Campo-Formio.
>
> Donné la liberté aux peuples de Bologne, Ferrare, Modène, Massa-Carrara, de la Romagne, de la Lombardie, de Brescia, de Bergame, de Mantoue, de Crème, d'une partie du Véronnais, de Chiavène, Bormio, de la Valteline ; au peuple de Gênes, aux fiefs impériaux, aux peuples des départements de Corcyre, de la mer Égée et d'Ithaque.

Envoyé à Paris tous les chefs-d'œuvre de Michel-Ange, du Guerchin, du Titien, de Paul Véronèse, Corrège, Albane, les Carrache, Raphaël et Léonard de Vinci. »

On peut respirer !

Le drapeau est effectivement un témoin car il parle aux soldats. Si dans ses plis figurent les noms de bataille et les mots HONNEUR et PATRIE, le mot GLOIRE n'a pas besoin d'y être écrit. Il ne l'est pas dans le drapeau de l'armée d'Italie et il n'est pas nécessaire. Sur un drapeau en réalité, la gloire saute aux yeux dans la trame du fil, sur la hampe, dans les franges dorées, et jusque dans les trous. Qu'est-ce qu'un drapeau qui n'a pas été à la bataille ? Un drapeau tout neuf, propre et bien plié. Un drapeau vierge de combats. Seule la bataille lui offre des souillures glorieuses. Déchiré, un tel drapeau fait la gloire du capitaine ; mais lorsque le capitaine n'est plus et que les ans ont passé, le drapeau demeure encore et ses déchirures deviennent un exemple. Pour Rivarol, le drapeau « tire son lustre de ses lambeaux déchirés », pour Chateaubriand un drapeau déchiré et criblé de balles est semblable à l'oriflamme de saint Denis « usée par la gloire ». Et on retrouve encore le cri du cœur du soldat dans la bouche du vieux La Fayette, pendant les émeutes de 1832 :

« Mes enfants, plus un drapeau est troué, plus il est glorieux ! Trouvez-moi un endroit où l'on puisse mettre une chaise, et je m'y ferai tuer[1] ! »

Le drapeau se respecte et se défend. Le cérémonial qui l'entoure est empreint d'une certaine religiosité dont

1. Alexandre Dumas, *Mes Mémoires*, tome X, Calmann-Lévy, 1884, p. 12.

la liturgie militaire sert à mettre en avant le caractère sacré. Sur le pont d'un bateau, on se découvre quand le pavillon est hissé le matin et affalé le soir. Dans un régiment, le drapeau est conservé dans une salle d'honneur; quand il sort, c'est pour la cérémonie de la *présentation au drapeau*. L'expression a un sens : le drapeau n'est pas présenté à la recrue, c'est la recrue qui est présentée au drapeau, de la même manière que la jeunesse bien élevée dit bonjour en premier à l'honorable vieillesse. On salue le drapeau. On lui donne une garde, toujours en gants blancs. Il y a l'honneur du drapeau et l'honneur du pavillon. En 1704, pendant la guerre de Succession d'Espagne, la France perdait la bataille de Blenheim; le régiment de Navarre enterra ses drapeaux pour éviter qu'ils ne soient saisis par l'ennemi.

Un siècle plus tard, le 31 mars 1814, se terminait la campagne de France avec l'entrée dans Paris des armées prussienne et russe; la France était vaincue mais les coalisés firent chou blanc quand ils voulurent récupérer les drapeaux entreposés aux Invalides; ils avaient été livrés aux flammes dans la nuit du 30 au 31 sur ordre du gouverneur, le maréchal Sérurier. Tous ces trophées pris à l'ennemi depuis Louis XIV constituaient le glorieux héritage commis à la garde des pensionnaires des Invalides; et pour être sûr qu'il ne reste rien de ces quelque 1 500 drapeaux et étendards, les cendres furent jetées dans la Seine. Lorsqu'il s'évada de France en 1943, le capitaine Robert de Neuchèze emporta avec lui, roulé autour de son corps, l'étendard de son régiment, le 2e régiment de dragons, un des plus vieux régiments de France et le seul d'entre tous à posséder, depuis, la médaille des évadés. On enterre le drapeau, on le cloue au mât, ou on le brûle plutôt que de le laisser saisir par l'ennemi. Pourquoi ? Parce que si l'ennemi s'en saisissait, tout le capital de gloire de l'étoffe lui reviendrait. « Monsieur, vous possédez notre drapeau avec les victoires qui y sont écrites, et leurs gloires vous échoient ! » dirait-on dans un style très Fontenoy. Cette considération est extrêmement importante et nous y reviendrons quand nous parlerons de la France après Sedan.

La gloire est appelée à durer. La gloire source d'unité

L'armée est une institution où se succèdent des générations de soldats, de marins ou d'aviateurs. La gloire est un ciment appelé à durer de la même manière que le drapeau manifeste un lien tangible entre ces générations. Expression d'« une idée flottant dans un étendard » (J. Clarétie), la gloire est encore un ciment car elle édifie aussi les générations par son exemple. Le souvenir de Bouvines n'est pas qu'un mot prenant valeur de symbole. C'est aussi une œuvre matérielle, concrète, visible par tous et pas seulement du soldat. Georges Duby nous apprend que la première commémoration militaire française gravée sur une pierre pourrait être celle de Bouvines. En 1250, sur la porte Saint-Nicolas de la ville d'Arras, fut rimé en quarante-deux vers le souvenir de trois cents chevaliers capturés ou tués trente-six ans auparavant par les troupes du seigneur d'Arras. Mais cette mention publique précisait encore qu'un autre roi de France avait battu non loin de là un autre Othon, à la fin du Xe siècle. Il faut lire Duby en ayant la « gloire » en tête :

> « Monument commémoratif, bulletin de victoire [...] l'inscription d'Arras s'offrait à la vue de tous ceux qui sor-

taient de la ville pour aller vers le nord. Aux confins du domaine capétien, face à la Flandre, face à l'Empire, elle érigeait comme un trophée. Elle entendait fixer pour la postérité, afin que fût d'âge en âge ravivé le sentiment d'une communauté d'intérêts et de vaillance, le souvenir encore frais dans ces parages d'un exploit déjà vieux. Mais elle allait plus loin. Elle insérait délibérement le triomphe de Bouvines dans le fil d'un long courant de gloire militaire, réunissant en une même célébration, par-delà deux cent cinquante années, et grâce à l'homonymie des deux chefs ennemis terrassés, deux victoires royales, et que déjà, sans conteste, chacun regardait comme celles d'une nation. Gravé dans le plus solide, l'imputrescible, comme les épitaphes, le poème prétendrait durer jusqu'à la fin des temps : jamais l'événement ne tomberait dans l'oubli[1]. »

Le ciment est appelé à durer. La pierre taillée racontera constamment la gloire française en la mettant en scène pour le peuple français. La plus emblématique est probablement l'Arc de triomphe. Par sa majesté, il représente la gloire qui se contemple. Pour Victor Hugo, il est le monument « qui éveille le plus splendidement l'idée de la gloire » ; quant à Péguy, il distinguait les « quatre grands dieux Termes de la gloire de Paris » que sont l'Arc de triomphe, les Invalides, le Panthéon et Notre-Dame.

Mais il n'y a pas que Paris. Les trente-six mille communes de France ont toutes un monument aux morts, et celui de Bouvines rappelle, gravé dans la pierre, que *la bataille de la Marne, c'est Bouvines renouvelé à sept cents ans de distance*. Dans bien des villes et villages le piéton peut apercevoir sur les murs des maisons ou des immeubles des plaques commençant par *Ici est tombé* ou *Dans cette maison a vécu*. Entre Verdun et Bar-le-Duc, l'automobi-

1. Georges Duby, *op. cit.*, p. 16-17.

liste croise des bornes rappelant la *Voie sacrée*; depuis Sainte-Mère-Église jusqu'au Luxembourg, d'autres rappelant la *Voie de la Liberté*; et depuis Saint-Martin-de-Varreville jusqu'en Alsace, celles de la *Voie de la 2e DB.* De la Provence à l'Alsace, de vieux chars sont devenus citadins afin de rappeler les combats que dut livrer la 1re armée française en 1944 et 1945 : le *Jeanne-d'Arc* à Marseille, le *Duguay-Trouin* à Dijon, l'*Austerlitz* à Mulhouse. Empruntant la route nationale 85 et apercevant les nombreuses stèles qui jalonnent cette dernière, le vacancier apprend qu'il emprunte la *route Napoléon*, celle que suivit l'Empereur après son débarquement à Golfe-Juan en 1815… à quelques heures de route à peine d'un village que connaissait bien un compagnon d'Henri IV puisque ce village s'appelle *Crillon-le-Brave*.

L'historien Pierre Chaunu avait établi que sous les pieds des Français le sol de France contenait proportionnellement le plus grand nombre de morts ; on peut compléter en ajoutant que son sol est celui accueillant le plus grand nombre de monuments, stèles et plaques commémoratives. Il y eut ceux des rois, puis ceux des soldats. Ces souvenirs de pierre, de fonte ou de laiton n'ont cessé d'être édifiés, occupant le paysage des villes et des campagnes, des routes et des chemins. Il a d'ailleurs fallu légiférer pour réglementer leur profusion, et à ce sujet le code général des impôts n'est certainement pas une œuvre de poète. Spontanément, personne n'a envie d'apprendre par cœur que « sont exonérés des droits de mutation à titre gratuit les dons et legs aux établissements publics en tant qu'ils sont affectés, par la volonté expresse du donateur ou du testateur, à l'érection de monuments aux morts de la guerre ou à la gloire de nos armes et des armées alliées ».

Pourtant, ce code évoque la gloire de *nos* armes. En donnant un peu d'âme à cette prose bien aride, la présence agréablement surprenante d'un adjectif possessif montre en soi que le rôle politique de la gloire est au service de l'unité. Se répétant de place en place, tout ce patrimoine glorieux appartient à toute la géographie française. Se répétant d'âge en âge, il manifeste par sa vastité et son foisonnement une indiscutable continuité historique. Sa matérialisation concrète est destinée à durer et il fallait à ce patrimoine répété dans le temps et dans l'espace un poète au style répétitif pour faire comprendre que ces milliers de monuments et souvenirs sont un rappel autant qu'un appel à l'unité. Mieux que personne, il revient à Péguy d'exprimer, dans ce style bien à lui, le pouvoir unificateur de la gloire :

> « Maison des anciens ; maisons des morts glorieux ; [...] les quatre points cardinaux de la gloire de Paris ; et par cette perpétuelle représentation capitale de Paris, par cette représentation éternellement éminente, en même temps et inséparablement les quatre points cardinaux de toute la gloire de toute la France ; mémoire de pierre taillée ; [...] mémoire monumentale française [...] ; monuments monarchiques et perpétuellement démocratiques, et aujourd'hui proprement républicains [...] ; monuments monarchiques, monuments royaux, monuments religieux, monuments de l'ancien régime et de tout régime nouveau, monument impérial, partout et toujours non pas seulement monuments populaires, mais monuments peuple[1]. »

Parce qu'elle relève de l'histoire et de la mémoire, mais surtout de cette dernière, parce qu'elle rappelle des

---

1. Charles Péguy, *Notre Patrie*, dans *Œuvres complètes*, œuvres de prose, tome II, Éditions de la Nouvelle Revue française, 1916, p. 293-294.

batailles, des luttes, des heurs et des malheurs, la gloire célèbre donc un héritage commun. Elle se manifeste en un patrimoine où chacun se reconnaît. Illustration concrète du prestige, elle invite à l'idéal et manifeste l'idée d'une transcendance. Elle est le lien, matériel et immatériel, d'une multitude de générations en France. Voilà pourquoi Renan ne pouvait pas ne pas l'évoquer dans sa définition de la nation. Un passé héroïque, des grands hommes et la gloire participent au capital social sur lequel repose l'idée nationale disait-il.

Si la gloire est un lieu de mémoire par excellence – comme le relevait Pierre Nora dans *Les Lieux de mémoire* –, elle a aussi une histoire. La gloire au XIIe siècle ne recouvre pas exactement la même réalité qu'au XXe siècle. Pour comprendre cette évolution, modernisons le mot en le considérant comme un *indicateur.* Associer *gloire* et *indicateur* peut paraître une faute de goût, mais l'anachronisme ressenti confirme d'autant plus l'intérêt à regarder en quoi la gloire a évolué. On l'a dit : le mot est si répandu dans l'*Histoire de la langue française* qu'il peut faire office de point de mesure pour décrire l'évolution de la langue. Ainsi, lorsque au début du XVIIe siècle, un poète critique le vers de Ronsard *le Ciel voulut que ceste gloire j'eusse*, c'est parce que l'usage de placer le complément d'objet direct avant le verbe disparaît définitivement à cette époque : « il doit aller ainsi en bon langage : *le Ciel voulut que j'eusse ceste gloire* », soutient le critique[1]. Outre la grammaire, la phonétique, avec un exemple joliment pittoresque. C'est au moment de la Révolution que fut reconnue formellement la substitution de la prononciation *oa* à *oe.* Quel

1. Ferdinand Brunot, *Histoire de la langue française des origines à 1900*, tome III, *La formation de la langue classique 1600-1660*, deuxième partie, Armand Colin, 1911, p. 671.

meilleur exemple que la *gloire* pour l'illustrer ? Faut-il prononcer *victoère* et *gloère* ou bien *victoire* et *gloire ?* Un exercice pratique suffit pour se décider, et l'académicien Domergue invite à répéter plusieurs fois la rime des deux mots :

> « Je proposai cet essai à mon collègue Grétri… le roulement, recommencé trois fois, donna trois fois le résultat suivant : *victoa..a..a..a..a..are, gloa..a..a..a..a..are.* Essayez maintenant le roulement sur *è* : *victoè..è..è..è..è..ère, gloè..è..è..è..ère.* L'oreille indignée repoussera ce son mesquin et absolument tombé en désuétude[1]. »

La langue française mesurée par la *gloire* : si la méthode permet d'appréhender l'évolution de la langue, elle révèle ce faisant un fait capital : l'importance relative du point de mesure. Les occurrences varient en fonction de l'époque. Ainsi la répartition de la *gloire* n'est absolument pas uniforme dans cette *Histoire de la langue française*. Le mot apparaît relativement peu de fois dans les citations tirées du Moyen Âge et de la Renaissance. Il surabonde dans celles de la monarchie absolue et de l'Empire. Pourquoi ? Parce que son importance reflète l'évolution de l'État et de la société. Ainsi de ce passage éclairant sur Napoléon qui « connaissant l'empire de la phraséologie sur l'imagination française, changeait d'abord les mots, pour parvenir plus sûrement à changer les choses. Les mots de patrie et de liberté, naguère si prodigués, disparaissaient peu à peu

1. Urbain Domergue, *Manuel des étrangers amateurs de la langue françoise ; ouvrage utile aux François eux-mêmes*, Imprimerie Guilleminet, 1805, p. 443-444. Cité par F. Brunot, *ibid.*, tome X, *La Langue classique dans la tourmente*, première partie, Armand Colin, 1939, p. 95.

des manifestes officiels pour faire place à ceux de fidélité, de gloire et d'honneur[1] ».

Il est vrai que cette méthode d'analyse ne prétend pas à la rigueur scientifique. L'échantillon est vaste, mais est-il représentatif? La mesure est-elle précise? À vrai dire peu importe. Le marin sait que la navigation à la sonde n'a pas la précision et l'exactitude du GPS mais qu'elle suffit à avancer en sécurité. L'important ici est l'appréciation globale du relief de la gloire, et notamment de la gloire des armes, sur le fond de l'histoire de France.

---

1. Pierre Lanfrey, *Histoire de Napoléon Ier*, tome II, Charpentier, 1869, p. 202-203. Cité par F. Brunot, *op. cit.*, tome IX, *La Révolution et l'Empire*, deuxième partie, Armand Colin, 1937, p. 662.

Deuxième partie

L'HISTOIRE FRANÇAISE DE LA GLOIRE

CHAPITRE 5

La gloire réservée à Dieu : l'âge des cathédrales

La « gloire » : les guillemets sous-entendent ce que la notion peut avoir de mouvant. C'est qu'en effet, la notion de « gloire » se révèle un bon témoin pour comprendre l'histoire des idées et de la société. Un témoin dit ce qu'il voit ; la « gloire » nous dira à quelle époque elle appartient car sa perception varie suivant les grandes périodes considérées. Évidemment, ces époques ne sont pas nettement tranchées. Les différentes notions de « gloire » peuvent se superposer, rester distinctes ou bien se confondre. Il faut considérer son évolution dans l'histoire longue. Ainsi faut-il raisonnablement attendre l'imprimerie pour parler de gloire littéraire ; la gloire scientifique ne pourra exister véritablement qu'après la révolution cartésienne ; la gloire politique qu'après la Révolution française. Mais la gloire des armes, elle, se perd dans la nuit des temps. En France, son évolution accompagne l'Histoire. À ses caractéristiques immuables de nature esthétique, vues précédemment, se superposent en effet des tropismes particuliers orientés par l'évolution générale de la société et de ses idées de Dieu, de l'État, de la Nation. La gloire des armes est fondamentalement liée à l'État et à la construction de la nation car elle est la gloire de *l'action au service d'une idée ou d'une politique.* Témoin plastique qui s'adapte à l'histoire des idées et de la société, la gloire militaire suit l'histoire de l'État et de la nation.

La gloire a d'abord été rendue à Dieu avant qu'elle ne soit partagée avec César, puis, plus tard, ses centurions et ses légionnaires. L'Europe, avant d'être politique, s'est appelée Chrétienté. Sur l'étendard des templiers figurait *Ne donne pas à nous Seigneur, ne donne pas à nous la gloire, mais à ton nom.* C'est le *non nobis* des psaumes. Lorsque Godefroy de Bouillon s'empara de la ville sainte, il refusa d'être appelé roi de Jérusalem et prit le titre volontairement modeste d'*avoué du Saint-Sépulcre*. Il ne voulait pas recevoir une couronne de roi là où Jésus-Christ reçut une couronne d'épines. De la même manière, lorsque les Français furent vaincus à Azincourt, Henry V déclarait par la voix de Shakespeare « que la peine de mort soit proclamée dans notre armée contre quiconque se vantera de cette victoire et retirera à Dieu une gloire qui est à lui seul[1] ».

Il ne s'agit pas de développer ici la notion judéo-chrétienne de « gloire », mais d'en rappeler le lien, originel et fondamental, avec Dieu. La gloire est à lui seul. Ni visible, ni mesurable, c'est en elle qu'il se manifeste. Le terme se retrouve dans la liturgie et la prière ; la doxologie est littéralement une *parole de gloire*. Il se trouve aussi dans l'architecture. Ainsi de la *poutre de gloire* traversant la nef de l'église et décorée d'un Christ ou d'une croix. Le temps des cathédrales est celui du style gothique où la gloire de Dieu était à chercher dans la hauteur et la lumière. Ce style, connu des contemporains sous le nom *d'œuvre française*, sera ainsi *rayonnant* puis *flamboyant*...

---

1. François-Victor Hugo (traduction), *Œuvres complètes de W. Shakespeare*, tome XII, *La Patrie, Henry V*, Librairie Pagnerre, 1873.

Mais le temps des cathédrales fut aussi celui de la réaffirmation du spirituel sur le temporel. Loin est le temps où les Mérovingiens se faisaient appeler *Votre gloire*. Le prestige revient à l'évêque ayant la plus belle cathédrale. Le roi n'est pas seulement le premier gentilhomme du royaume, il est aussi l'oint du Seigneur qui touche les écrouelles. Pour le chevalier, l'usage de la force fait l'objet d'un serment sur l'Évangile. Il est donc naturel que la gloire revienne à Dieu, jusque sur le champ de bataille. Procédons à une rapide observation de forme avant d'aborder le fond de la question.

Gloire et gloire dans la Chanson de Roland

Avec la *Chanson de Roland*, arrêtons-nous d'abord au mot. Gloire, louange, renommée, honneur… parmi tous les qualificatifs concourant à exprimer la *gloire*, c'est bien ce dernier qui, en lui-même, est préférentiellement réservé à Dieu. Furetière dans son dictionnaire (paru quatre ans avant le premier dictionnaire de l'Académie française) l'explique sans ambages quand il distingue la *gloire* de la *louange*. La distinction y est claire et nette : la *gloire* pour Dieu, la *louange* pour les hommes. Cette nuance est évidemment conceptuelle car les contre-exemples existent, ne serait-ce que le *sic transit gloria mundi*. Mais il faut tout de même remarquer que la théorie se vérifie dans la *Chanson de Roland*. Première œuvre littéraire française qui voit le poète chanter la gloire du chevalier, cette chanson de geste illustre la distinction entre la gloire, la vraie, celle due à Dieu, et la gloire des armes, celle du monde qui passe. Elle est un bon témoin car elle célèbre la prouesse sous le regard permanent de

Dieu. La gloire y est évidente et nourrit l'imaginaire de la guerre (des siècles plus tard le maréchal Lannes sera surnommé le *Roland de la Grande Armée)* ; mais tout évidente qu'elle soit, cette « gloire » varie quand même en fonction de sa destination. La distinction se voit en comparant les traductions modernes où le sens des nombreux termes « gloire » diffère de celui des versions authentiques en vieux français, où les « *gloria/glorius* » sont moins nombreux. Dans ces dernières, *glorius* est réservé à Dieu et à ses saints, alors que *los*, dérivé de laudes, se rapproche davantage de « louange » et s'applique aux chevaliers. La distinction se retrouve encore dans la *Philippide* de Guillaume le Breton écrite au XIIIe siècle.

Le « Te Deum »

Au-delà des mots, la gloire sur le champ de bataille appartient à Dieu car c'est en lui que la victoire trouve sa justification. À Bouvines, le chapelain de Philippe Auguste entonne le *Benedictus Dominus Deus meus*. « Dieu et mon droit », dit l'ordre de la Jarretière. Jeanne d'Arc confondait ses juges en leur rappelant cette vérité fondamentale : « Les gens d'armes batailleront, et Dieu donnera la victoire. » Comment ne pas voir une faveur du Ciel lorsque le terrain est nôtre ? Et surtout comment ne pas rendre grâce à Dieu de la victoire obtenue ? Reprenons la lecture d'*Henry V.* Juste après la victoire, le roi d'Angleterre donne ses premiers ordres : « Observons tous les rites sacrés ; qu'il soit chanté un *Non nobis* et un *Te Deum.* »

Le *Te Deum* illustre la prééminence de la gloire de Dieu sur la gloire des armes car Dieu sanctionne le bon droit. Cet hymne chrétien datant des premiers siècles et devenant, à une époque indéterminée, un rite destiné à remercier Dieu pour un heureux événement – victoire, naissance du Dauphin, guérison royale – est intimement lié à l'histoire de l'armée. Le nombre incalculable de *Te Deum* chantés en France suffirait à montrer que c'est la fille aînée de l'Église qui fut faite à coups d'épée. Damiette prise, Saint Louis « envoia querre le legat et touz les prelas de l'ost, et chanta l'en hautement *Te Deum Laudamus* », raconte Joinville. La journée du 7 mai 1429 avait été heureuse pour les Français à Orléans. Le fort des Tourelles avait été repris et vingt-quatre heures plus tard les Anglais lèveront le siège, « pour quoy tout le clergé et peuple d'Orléans chantèrent moult dévotement *Te Deum laudamus*, et firent sonner toutes les cloches de la cité [...][1] », rapporte la chronique. Sous Louis XIV, le maréchal de Luxembourg avait été surnommé le *tapissier de Notre-Dame* en raison des nombreux drapeaux qu'il avait pris à l'ennemi. C'est à Notre-Dame qu'ils étaient destinés et c'est lors des *Te Deum* qu'ils étaient remis ; ainsi des quarante-cinq drapeaux pris à Austerlitz et que Napoléon envoya à Notre-Dame pour qu'un *Te Deum* y soit chanté tous les 2 décembre.

Le *Te Deum* a disparu sans bruit et pourtant sa longévité est remarquable. On se le représente très bien appartenant à la lointaine époque de Jeanne d'Arc ou de Louis XIV alors qu'en réalité il était encore chanté du temps de nos grands-parents. Le 9 août 1944 un *Te Deum* avait lieu dans l'église de La Chapelle-Saint-Aubin, petit village de la Sarthe qui venait tout juste d'être libéré par la 2e DB. Leclerc était présent, et une plaque apposée sur

---

1. *Journal du siège d'Orléans*, publié par Paul Charpentier et Charles Cuissard, Orléans, Herluison libraire-éditeur, 1896, p. 88.

le mur de l'église en rappelle le souvenir. C'était le premier *Te Deum* sur ce coin de la France libérée. Beaucoup d'autres allaient suivre. Le 26 août 1944, au lendemain de la libération de Paris, eut lieu un *Magnificat* solennel à Notre-Dame où « selon une tradition séculaire les Français [...] rendent grâces de leur victoire au "Seigneur Dieu des armées" », raconte l'amiral Philippe de Gaulle, alors enseigne de vaisseau au régiment blindé des fusiliers-marins de la 2e DB. Marseille libérée, un *Te Deum* est chanté à Notre-Dame de la Garde le 30 août 1944, avec les drapeaux de la division Monsabert disposés autour de l'autel. Le 1er décembre 1944, *Te Deum* dans la cathédrale Saint-Christophe de Belfort, en présence du général de de Lattre, cinq jours après la libération de la ville. Un autre *Te Deum* sera chanté à Strasbourg le 11 février 1945 en présence du général de Gaulle, et le 13 mai 1945, juste après la victoire, un *Te Deum* sera encore célébré à Stuttgart, une des grandes villes allemandes occupée par l'armée française.

Une progressive sécularisation

La distinction entre gloire de Dieu et gloire des armes va cependant aller en s'affaiblissant car l'une va peu à peu hériter des prérogatives de l'autre. Il faut bien admettre que le cousinage des termes relatifs à la « gloire » est facilement incestueux et, concernant le mot en luimême, la différence de nature entre « gloire » et « louange » va progressivement devenir une différence de degré. Lorsque Furetière écrit son dictionnaire, dans la deuxième moitié du XVIIe siècle, la différence n'est plus que de degré dans l'acception courante. La première édition du dictionnaire de l'Académie française, contemporaine de celle de Furetière, explique d'ailleurs que la gloire est l'honneur ou la louange qui procède du mérite d'une personne. La gloire de Dieu est toujours citée mais il n'y a plus de différence de nature. Quant à l'*Encyclopédie*, elle dira un siècle plus tard qu'on a « osé dire la gloire de Dieu [...] ce n'est pas que l'Etre suprême puisse avoir de la gloire, mais les hommes n'ayant point d'expressions qui lui conviennent, employent pour lui celles dont ils sont le plus flattés[1] ».

La Marseillaise, *Le Chant du départ*, *Le Chant de la 2e DB*, etc.: les chants militaires connaissent bien la gloire, le mot. La sécularisation de cette dernière s'y manifeste avec évidence car très peu font référence à la gloire de Dieu. Mais rappelons-nous qu'à Coëtquidan on aime dire que « la gloire un jour descendit du Ciel ». Même si la sécularisation ne s'est pas faite en un jour, cette jolie parabole s'applique en particulier à ce genre de répertoire. Historiquement, les premiers chants militaires évoquaient la gloire dans son sens religieux. Ainsi du *Psaume des batailles* que les troupes protestantes entonnaient en marchant au combat, pendant les guerres de religion. Acception logique, puisqu'un tel usage était déterminé par une cause qui affichait un retour authentique à la foi. Ainsi des Chouans qui défendaient la foi et la monarchie contre l'impiété et la Révolution en chantant « nous n'avons qu'une gloire au monde, c'est la victoire du Seigneur » (*Les Bleus sont là*).

Dans une certaine mesure, le *Te Deum* se sécularise lui aussi. On pourrait voir l'esprit mordant d'un Voltaire

1. *Encyclopédie de Diderot et de D'Alembert. Dictionnaire raisonné des sciences, des arts et des métiers*. https://mazarinum.bibliotheque-mazarine.fr/ark:/61562/mz2099.

dans ce mot de la reine de France Marie Leczinska, apprenant la mort du très protestant maréchal de France Maurice de Saxe :

> « Quel dommage que nous ne puissions pas dire un *De profundis* pour qui nous a fait chanter tant de *Te Deum*[1] ! »

Il va survivre à la Révolution. La coutume était trop ancrée dans les mœurs militaires pour abandonner cette manifestation solennelle et grandiose dédiée à la gloire de l'armée. La piété originelle s'efface pour laisser la place à une pratique traditionnelle. On le perçoit bien dans ces propos de Bonaparte juste après la victoire de Marengo :

> « Aujourd'hui, malgré ce qu'en pourront dire nos athées de Paris, je vais en grande cérémonie au *Te Deum* que l'on chante à la métropole de Milan... J'espère que le peuple français sera content de son armée[2]. »

Tradition si forte qu'en dépit de son caractère religieux, le *Te Deum* s'accommode même de la séparation des Églises et de l'État. Le 16 novembre 1918, le *Te Deum* de la Victoire est chanté à Notre-Dame. Suivant la volonté de Clemenceau, le gouvernement n'est pas représenté mais les présidents de la République (Poincaré) et de la Chambre des députés (Deschanel) conviennent tout de même de se faire représenter par leurs femmes. Sa valeur symbolique liée au *Dieu des armées* demeure si profonde que le 19 mai 1940 le gouvernement Reynaud se rendait

---

1. « Un drame interrompu », article de Clément Janin dans *Le Figaro*, supplément littéraire, 25 juillet 1920.
2. André Castelot, *Bonaparte*, Librairie académique Perrin, 1967, p. 526.

à Notre-Dame pour invoquer la protection divine. Coiffé de sa mitre et crosse en main, devant Reynaud, Daladier, Baudoin et d'autres ministres, Mgr Beaussart demandait en chaire la victoire à Dieu et invoquait les saints de France pour que la France et ses alliés puissent venir « chanter dans ce temple national le *Te Deum* de la victoire[1] ». Il sera effectivement chanté, mais cinq ans plus tard. Le 9 mai 1945 avait lieu le *Te Deum* de la victoire à Notre-Dame. Le général de Gaulle était présent. Comme il le dit lui-même, il était à la place que la tradition lui avait assignée, « envahi des mêmes sentiments qui avaient exalté nos pères chaque fois que la gloire couronnait la patrie ».

Tous ces exemples témoignent de la longue existence du *Te Deum* en France, très ancien rite chrétien et guerrier devenant progressivement une tradition militaire imprégnée de son héritage catholique. Comment en expliquer la longévité ? De Damiette et Orléans au Moyen Âge jusqu'à Notre-Dame au XXe siècle, il faut prendre en compte un facteur essentiel dans l'histoire de France : l'État. La gloire du Dieu des batailles se sécularise dans le sens où elle accompagne aussi la construction de l'État. Le *Te Deum* devient un moyen d'asseoir son prestige et de légitimer sa puissance. Il est indissociable de l'État. Un décret de Napoléon illustre l'autonomisation de la gloire militaire vis-à-vis de la gloire de Dieu. La conception politique que l'Empereur se fait du catholicisme saute aux yeux dans le décret du 19 février 1806 concernant « la fête de Saint-Napoléon et celle du rétablissement de la religion catholique en France ». Deux *Te Deum* officiels sont alors institués au calendrier. Avec le premier, la poli-

1. Article de Paul Lesourd, *Le Figaro* du 20 mai 1944.

tique sert la religion : un *Te Deum* doit avoir lieu chaque 15 août, fête de Saint-Napoléon et celle du rétablissement de la religion catholique en France, jour de l'Assomption. Avec le deuxième, la religion catholique passe au second plan et sert la politique, c'est-à-dire la gloire militaire :

> « La fête de l'anniversaire de notre couronnement et celle de la bataille d'Austerlitz seront célébrées le premier dimanche du mois de décembre, dans toute l'étendue de l'Empire.
>
> Les autorités, civiles et judiciaires, y assisteront.
>
> Il sera prononcé dans les églises, dans les temples, et par un ministre du culte, un discours sur la gloire des armées françaises, et sur l'étendue du devoir imposé à chaque citoyen de consacrer sa vie à son prince et à la patrie.
>
> Après ce discours, un *Te Deum* sera chanté en action de grâces[1]. »

Ces *Te Deum* sont chantés dans toute la France, pas seulement sur le champ de bataille ou à Notre-Dame, pour que tous les Français les entendent. Mais Napoléon n'invente rien. Dans une perspective politique de renforcement du pouvoir royal, le *Te Deum* était déjà passé, plus de deux cents ans auparavant, du champ de bataille à toutes les paroisses de France. Si en 1429 il n'est chanté qu'à Orléans, deux siècles plus tard sur le champ de bataille de Rocroi le grand Condé « rend au Dieu des armées la gloire qu'il lui envoyait [puis] toute la France suivit », rappelle Bossuet dans l'oraison funèbre du grand capitaine. *Toute la France suivit* : la précision est capitale. Comme l'explique l'historien Joël Cornette, le *Te Deum*

1. Décret impérial concernant la fête de Saint-Napoléon et celle du rétablissement de la religion catholique en France, 19 février 1806.

est alors devenu un « facteur d'unité et d'unanimité » en permettant de manifester, partout et au même moment, la puissance royale sur toute l'étendue du royaume[1]. Le *Te Deum* fait figure de compte rendu de bataille. Le curé en chaire lit une lettre donnant quelques informations rudimentaires mais concrètes sur la bataille. Qui a été battu, où, dans quelles circonstances. Ce glorieux compte rendu va également circuler, sous la forme d'un petit récit, de village en village via les colporteurs ou en ville, à la boutique du libraire[2]. Exactement comme le mot de passe de Bouvines, finalement…

---

1. Joël Cornette, *Le Roi de guerre, essai sur la souveraineté dans la France du Grand Siècle*, Payot & Rivages, 2010, p. 267-274.

2. *Ibid.*, p. 271.

CHAPITRE 6

La gloire pour le chef : l'âge de l'État

Lorsque la gloire descendit du Ciel, le premier homme qu'elle rencontra fut le roi de France. Elle s'y arrêta. Dans l'ordo du sacre des rois de France, le geste de l'évêque de Reims s'accompagne de la parole suivante : « Que Dieu te couronne de la couronne de gloire[1]... » Tout est en place pour l'affirmation progressive de la puissance royale, c'est-à-dire de l'État. Par le sacre, le roi n'est plus seulement le premier gentilhomme du royaume, le premier des douze pairs. Le rôle politique de l'onction est loin d'être négligeable. L'oint du Seigneur est une personne sacrée dont la légitimité n'est plus discutable. Tant qu'il ne fut pas couronné à Reims, Jeanne d'Arc donna à Charles VII le titre de dauphin. Et ce fut bien plus la valeur politique du sacre de Reims que la victoire militaire d'Orléans qui devait mettre, en quelques années, un terme à une guerre franco-anglaise commencée cent ans plus tôt... Jusqu'à la monarchie absolue, l'histoire politique de la France est celle de l'affirmation progressive du roi sur les barons et de l'État sur

1. Ordo d'Hincmar, cité par Marc Bloch, dans *Les Rois thaumaturges*, Gallimard, 1983, p. 73.

la féodalité. La France fut faite à coups d'épée ? Ces coups ont été donnés à l'extérieur et à l'intérieur. Or, pas de bataille sans argent, pas d'argent sans impôt, pas de recours à l'impôt sans société organisée. Depuis l'actuelle Île-de-France, l'État se développa tôt car il fallait organiser et conduire la guerre. L'actuel Conseil d'État s'appelait il y a fort longtemps le Conseil du roi ; en forçant à peine le trait, disons que le roi était alors l'État.

Pour aborder la place de la gloire dans la conception moderne de l'État, le discours d'ouverture des États généraux de 1484 fournit une bonne entrée en matière. Le choix de cette période n'est pas fortuit ; l'État ne le sait pas encore mais l'Histoire l'attend en cette fin de XVe siècle. La Renaissance arrive à grands pas. Le début de l'époque moderne est aussi le début de l'État moderne. Ses penseurs, Bodin, Hobbes, Machiavel, etc., écriront bientôt à son sujet. Quel est le contexte en cette fin de XVe siècle ? Louis XI vient de mourir et deux partis s'affrontent : celui d'Anne de Beaujeu à qui la régence, c'est-à-dire la continuité de l'État, devrait revenir, et celui de Louis d'Orléans, énième représentant d'une féodalité dont la force est uniquement centrifuge. En ce 14 janvier 1484, le chancelier de France prononce le discours d'ouverture dans la grande salle de l'archevêché de Tours. Cette parole est officielle ; on pourrait la comparer à un discours de politique générale où le souverain s'adresse à son peuple par personne interposée.

> « Lorsque tous furent assis et que le héraut eut crié *Silence !* le chancelier, tourné vers le roi, obtint la permission de parler, et bientôt commença ainsi[1]. »

---

1. A. Bernier, *Journal des États généraux de France tenus à Tours en 1484 sous le règne de Charles VIII*, Imprimerie royale, 1835.

Devant les deux cent cinquante députés des trois ordres, le chancelier explique les raisons de la convocation des États par le roi. Le discours doit frapper car son enjeu est la continuation de la politique centralisatrice de Louis XI. Pourquoi donc les députés ont-ils répondu présent, pourquoi ont-ils affronté la fatigue de la route? Le chancelier l'explique: parce que le roi a voulu que s'accroisse l'affection réciproque entre lui et ses sujets, sujets venant visiter « non un simple particulier mais un roi [...] en qui seul résident le salut et la gloire de l'État[1] ». *Le roi en qui seul résident le salut et la gloire de l'État*: à l'aube de l'époque moderne, ces paroles pourraient être de Corneille ou de Racine. Elles sont modernes car la gloire revient au roi, non en tant que personne, mais en tant que chef de l'État. « Non un simple particulier, mais un roi », précise le chancelier. Célébrer la gloire du roi vise à conforter la puissance de l'État. Vis-à-vis des voisins, elle en accroît le prestige. Vis-à-vis du peuple, elle en assoit l'autorité. La gloire pérennise en quelque sorte l'autorité de « l'éternel hier », pour reprendre l'expression du sociologue Weber sur la source de la légitimité monarchique. Ces États généraux iront dans le sens de l'histoire en donnant gain de cause à Anne de Beaujeu. L'Anglais et le Bourguignon ne menacent plus l'unité du royaume, l'action à l'étranger est possible, les guerres d'Italie marqueront bientôt le début de la Renaissance en France. Les temps sont finis où un Louis XI vivait barricadé dans sa grosse tour carrée à Loches. Dorénavant, les châteaux mettront en scène le prestige royal. Les fenêtres vont se multiplier et la lumière entrer à flot, comme pour les cathédrales... Versailles en sera le glorieux aboutissement.

1. *Ibid.*, p. 43

La gloire et la « bonne mort » au combat : mourir pour Dieu, mourir pour son pays, l'impôt du sang

En 1643 paraissait un *Discours de la gloire de la France* qui se voulait prophétique. Y était annoncé que le siècle du Dauphin (le futur Louis XIV, qui n'avait alors que cinq ans) serait « LE SIÈCLE D'OR ET SON RÈGNE LE RÈGNE DE LA PLUS GRANDE FORTUNE ET DE LA PLUS GRANDE GLOIRE DE LA FRANCE[1] ». L'auteur est un obscur chanoine de la cathédrale de Montpellier. Sa flatterie est absolument banale mais son propos est tout de même très juste car il reflète un vaste mouvement de fond : l'institutionnalisation de la gloire. Avec l'État moderne, la gloire est due au roi. Elle devient le domaine réservé du monarque. Louis XIV représente l'idéal-type du souverain soucieux de sa gloire au sein d'une société où la mystique de l'État fait du roi le protecteur du peuple dans un monde pensé comme la « guerre de tous contre tous » (Hobbes). Parce que la guerre y occupe une place centrale, Joël Cornette emploie l'expression *roi de guerre* pour qualifier le modèle de gouvernement de Louis XIV, puisque « c'est par la guerre que se manifestait spectaculairement le pouvoir de puissance et de mort de l'État[2] ». Que voit-on d'ailleurs dans la galerie des Glaces ? Essentiellement des peintures ayant la guerre pour sujet. Il y a en particulier une scène peinte par Lebrun en 1661. Elle représente le roi « gouvernant par lui-même ». Louis XIV est au centre, entouré d'allégories. On voit la Victoire, peinte près de Mars, jeune femme portant une lance et dont le regard est tourné vers le roi. À côté figure la

1. P. Gariel, *Discours de la gloire de la France, sur l'estat present des affaires*, 1643.

2. J. Cornette, *op. cit.*, 4e de couverture.

Gloire, tournée vers le roi : portant une ceinture d'or et entourée d'un halo, elle lui tend une couronne à bout de bras. L'inscription actuelle, datant du XVIIIe siècle, est « LE ROY GOUVERNE PAR LUI-MÊME ». Mais en 1685 figurait : « LOUIS LE GRAND DANS LA FLEUR DE LA JEUNESSE, PREND EN MAIN LE TIMON DE L'ÉTAT, ET RENONÇANT AU REPOS ET AUX PLAISIRS, SE DONNE TOUT ENTIER À L'AMOUR DE LA VÉRITABLE GLOIRE [1]. »

Dans ce lieu symbole de la monarchie absolue, ces peintures illustrent *glorieusement* l'aboutissement d'un lent mais constant affermissement de l'État où le roi finit par détenir *effectivement* le « monopole de la violence légitime » (Weber). La modernité est toute contenue dans cet *effectivement*. Ce monopole au Moyen Âge n'existait pas dans les faits. Les quarante jours de présence à l'ost dus par le ban et l'arrière-ban limitaient singulièrement les campagnes militaires, sans compter l'enchevêtrement des liens féodaux et la non-permanence de l'impôt... Il ne s'agit pas ici d'expliquer les mécanismes ayant conduit à l'absolutisation du pouvoir. Notons cependant une cause technique et militaire ayant concouru au renforcement du pouvoir royal : l'usage de la poudre. Sur les canons de Louis XIV était gravé *ultima ratio regis.* « Le dernier argument des rois » est bien un argument royal. Seul un roi pouvait disposer des finances suffisantes pour acheter des canons et fortifier des villes en mesure de résister aux canons. La féodalité ne peut résister à cette évolution. En un sens, la poudre est à l'État moderne naissant ce que les technologies souveraines sont aux grandes puissances aujourd'hui. L'affermissement de l'État se manifeste en particulier dans son pouvoir d'or-

1. www.galeriedesglaces-versailles.fr.

donner et de justifier la mort au combat. Cette évolution des idées concerne bien sûr la gloire. Bossuet écrivait à propos de l'amour de la patrie qu'il y a « des occasions où la gloire de mourir courageusement vaut mieux que la victoire. La gloire soutient la guerre. Ceux qui savent mourir pour leur pays à une mort assurée, y laissent une réputation de valeur qui étonne l'ennemi, et par ce moyen ils sont plus utiles à leur patrie que s'ils demeuraient en vie[1] ». Ces propos n'étaient pas destinés à n'importe qui car ils étaient adressés au Dauphin, dans un livre traitant de politique, pour préparer le royal élève que Louis XIV avait confié à Bossuet. Des propos que toute la société, au sens d'alors, écoutait au théâtre comme dans *Horace,* où :

> « Mourir pour la patrie est un si digne sort,
> Qu'on briguerait en foule une pareille mort. »

Au Moyen Âge, cette conception de la mort glorieuse sur un champ de bataille était totalement différente. À moins de mourir pour Dieu, la mort au combat n'est pas une vertu en soi. Le primat de l'idéal chevaleresque est de ne pas fuir. On pense à Étienne de Blois, ce seigneur connu pour avoir abandonné le siège d'Antioche lors de la première Croisade, avant même d'arriver à Jérusalem. De retour en France, il fut tellement humilié par sa femme (une fille de Guillaume le Conquérant, bon sang ne saurait mentir !) qu'il finit par retourner en Terre sainte honorer son vœu de croisade… et y être tué. Froissart, le grand chroniqueur du XIVe siècle, expliquait que les chevaliers de l'Étoile juraient de ne jamais fuir en

1. Bossuet, *Politique tirée des propres paroles de l'Écriture sainte*, ouvrage posthume, 1709. Cité par J. Cornette, p. 369.

bataille plus loin de quatre arpents mais préféraient plutôt *mourir ou être pris* : la formule du serment de l'ordre de l'Étoile montre que la mort et la capture sont considérées d'importance égale. L'honneur est sauf du moment que l'on s'est bien battu. Rappelons encore Blondel pour qui le vrai chevalier « de bataille ne s'en fuy dont serait blamé et haï ». L'essentiel est de montrer sa vaillance, de prouver sa fidélité et d'acquérir *honneur et chevance* par *belle apertises d'armes,* car la bataille est aussi l'occasion d'obtenir de bonnes rançons des chevaliers capturés. Régine Pernoud évoquait ainsi la bataille des Andelys en 1119 où l'on comptait trois morts sur neuf cents combattants...[1]. La mort au combat est même considérée comme un risque pour son âme. Roland, sentant la mort venir, bat sa coulpe. Saint Louis enjoint son fils de souffrir qu'on lui coupe les jambes et les bras plutôt que de faire consciemment un péché mortel. De la même manière, Jeanne d'Arc craignait par-dessus tout que ses soldats ne meurent en état de péché mortel. Un proverbe du XIVe siècle affirme même que *mieux vaut mourir en son lit et connaître son péché que mourir en guerre pour gloire*[2] ! Mais la guerre de Cent Ans va marquer une rupture. Ce long conflit, en touchant plusieurs générations, amorce l'idée d'un sentiment national. Dans sa complainte, Blondel rappelle justement, comme une évidence, que le chevalier « ne doit point craindre à mourir en bataillant pour son païs » et évoque le meilleur modèle qui soit, le « bon Bertran plain de vaillance » (Du Guesclin) qui « se disposa assez souvent a mourir pour deffendre France ».

---

1. Régine Pernoud, *Lumière du Moyen Âge*.

2. Symphorien Champier, *Les Proverbes des princes*, Lyon, 1502 (Res Ye 853), cité par Colette Beaune, *Naissance de la nation France*, Gallimard, 1985, p. 331.

Tournée vers Dieu au Moyen Âge, la « bonne mort » au combat se déplace progressivement vers le service du roi et de la France à la fin du Moyen Âge. Si Bayard est considéré comme le plus grand des chevaliers français, c'est aussi un des derniers représentants de la chevalerie. Sa mort édifiante le 30 avril 1524 nous montre que la sécularisation de cette « bonne mort » au combat est effective à la Renaissance. Blessé d'un coup d'arquebuse au cours d'une de ces nombreuses guerres que la France menait alors en Italie, Bayard attend la mort au pied d'un arbre. Les troupes françaises viennent de s'éloigner, les troupes espagnoles se rapprochent. Dans ce coin du Piémont que se disputent François Ier et Charles Quint, la scène est l'occasion de voir se dérouler de vieux usages chevaleresques avec Bayard prenant son épée par la poignée pour embrasser sa croix de fortune et implorer miséricorde, ou encore avec ce lieutenant de Charles Quint, le marquis de Pescaire, venant s'incliner devant un digne adversaire pour lui témoigner son admiration. Mais la scène présente aussi un caractère moderne quand vient à son tour le connétable de Bourbon – qui a trahi François Ier et sert désormais Charles Quint – pour manifester sa pitié envers le chevalier sans peur et sans reproche. Bourbon ne l'est pas, lui, sans reproche, et Bayard l'admoneste sans concession :

> « Monsieur, il n'y a point de pitié en moy, car je meurs en homme de bien, mais j'ay pitié de vous, de vous veoir servir contre vostre prince, et vostre patrie et votre serment. »

Quelques années plus tard le maréchal de Monluc adoptera comme devise *mon âme à Dieu, mon épée au Roi* et Ronsard écrira un poème prenant l'exact contre-pied du proverbe cité quelques lignes plus haut. S'adressant à la Mort, il lui demandera la faveur de mourir utilement, c'est-à-dire pour Dieu ou pour le roi (et non pas dans un lit) :

> « Quand mon heure viendra, Déesse, je te prie
> Ne me laisse long temps languir en maladie
> Tourmenté dans un lict : mais puis qu'il faut mourir,
> Donne moy que soudain je te puisse encourir,
> Ou pour l'honneur de Dieu, ou pour servir mon Prince,
> Navré d'un grand'playe au bord de ma province. »

Cette devise et ce poème sont des petits exemples qui méritent d'être mis en parallèle avec la création des premiers régiments, mouvement de fond plus large qui voit les rois de France du XVIe siècle instituer des unités destinées à remplacer de manière pérenne les vieilles *bandes* du Moyen Âge (telles les vieilles *bandes de Picardie*), unités désormais organisées, disciplinées et dont le commandement est confié à des tiers qu'on appelle *colonels* et qui, comme Bayard, ne sont pas censés tourner casaque. On comptera ainsi deux régiments d'infanterie sous Charles IX, douze à la mort d'Henri IV, puis trente et un sous Louis XIII[1]. La naissance de l'État moderne s'accompagne de la modernisation de la « bonne mort » au combat. Cette bonne mort ne peut plus être que celle au service du roi, et l'expression française *impôt du sang* est emblématique de cette évolution. À qui paye-t-on l'impôt ? À l'État. L'interdiction du duel procède de la logique politique qui priorise le bien de l'État. C'est le nœud de

1. Adrien Pascal, *Histoire de l'armée et de tous les régiments depuis les premiers temps de la monarchie française jusqu'à nos jours*, tome Ier, Dutertre libraire-éditeur, 1860, p. 430.

l'intrigue dans le *Marion de Lorme* de Victor Hugo. Le marquis de Saverny s'est battu en duel (il est même fier d'affirmer que « son sang est sa seule monnaie »). Saverny s'imagine avoir le droit de dépenser son sang comme bon lui semble. Que nenni ! Nous sommes en 1638, Richelieu a obtenu de Louis XIII que le duel soit puni de la peine de mort. Saverny sera décapité car l'État moderne, bon gestionnaire, ne peut admettre de gaspillage. Cette monnaie ne peut être dépensée qu'aux frontières, pour le service du roi, et non pas dans le Pré-aux-Clercs pour satisfaire une querelle privée. Rappelons qu'un siècle auparavant, un roi de France était spectateur d'un duel judiciaire que la postérité retient comme le « coup de Jarnac ». On mesure l'évolution… Richelieu incarne l'interdiction du duel. L'exécution de Montmorency-Bouteville, vrai duelliste lui, illustre ainsi la mise au pas de la noblesse qui rechigne à obéir. Ce fier bretteur se battit en duel là où le symbole n'était pas à négliger : place Royale. La bravade était manifeste, l'autorité de l'État était en jeu. Richelieu fit décapiter ce représentant de la meilleure noblesse de France. Une génération plus tard cette dernière accourait à Versailles et pouvait regarder, peinte par Lebrun dans la galerie des Glaces, LA FUREUR DES DUELS ARRÊTÉE.

D'une gloire guerrière à une gloire militaire : théorie et pratique

Détenir le monopole de la violence légitime implique que le roi en recueille, légitimement, la gloire. Évidemment, les ressorts individuels ne changent pas car l'être humain est ce qu'il est. Outre le gain et les honneurs, chacun recherche sa gloire personnelle, quitte à raconter soi-même ses exploits comme disait très justement Forbin. Mais de la même manière que le cadre philosophique de la bonne mort au combat a évolué, la rhétorique de la gloire évolue également. On se bat désormais pour la *gloire des armes du roi*. Cette expression caractéristique revient sans cesse dans la masse des mémoires du Grand Siècle. Ceux de Forbin contiennent des passages savoureux, où il doit souvent justifier sa conduite devant un ministre de la Marine ingrat ou mal informé à son égard :

> « Vous venez de distribuer plusieurs grâces dans la marine : pour quel crime ai-je mérité qu'on m'oubliât ? Je viens de bien servir le roi ; j'ai exposé mille fois ma vie pour la gloire des armes de Sa Majesté : après cela n'étois-je pas en droit d'attendre qu'on songeroit à moi, et que je retirois quelque fruit de tant de fatigues, et de tous les dangers que j'ai courus ? »

Et on ne peut passer sous silence cet aveu de Duguay-Trouin, enthousiaste à l'idée de l'expédition de Rio de Janeiro (à laquelle on peut le noter participèrent le *Glorieux* et la *Glorieuse*) : « Toutes ces circonstances, jointes à l'espoir d'un butin immense, et surtout à l'honneur qu'on pouvait acquérir dans une entreprise si difficile, firent naître dans mon cœur le désir d'aller porter la gloire des armes du roi jusque dans ces climats éloignés. »

On voit dans ces témoignages que les motivations de chacun, bien humaines, répondent aussi à une sorte de bien commun appelé ici *les armes du roi*. La gloire n'est plus seulement un mouvement personnel du cœur particulièrement propre à l'éthique chevaleresque. Elle est aussi théorisée, pensée, intériorisée au profit du roi et de l'État. Ériger la *gloire des armes du roi* comme principe supérieur induit des conséquences profondes sur le lien entre le roi de guerre et ceux qui la font pour lui. Lorsque son fils le comte de Gisors reçut le commandement du régiment de Champagne, le maréchal de Belle-Isle (qui était le petit-fils de Fouquet) lui écrivit pour lui rappeler les vertus d'un bon chef. Conseils d'un ancien à un plus jeune, ses considérations sur le devoir d'un colonel sont éloquentes : « Voici enfin mon dernier précepte : souvenez-vous sans cesse que ce n'est point pour vous que vous avez été fait colonel, mais pour le bien du service et l'avantage du régiment qui vous est confié ; que la gloire de l'État soit donc votre grande occupation[1]. »

La hiérarchisation de la gloire reflète en réalité celle d'une société guerrière qui s'imprègne peu à peu de la culture de l'intérêt supérieur. On l'a vu plus haut avec Castries quand ce dernier devait escorter des bâtiments marchands ; son instinct guerrier était naturellement refréné par la discipline militaire. Un siècle plus tôt, Louvois avait œuvré pendant ses trente ans de ministère à imprimer un esprit de subordination dans l'armée : la gloire se modernise car de *guerrière* elle devient *militaire* et en cela elle traduit la militarisation de la fonction guerrière. Voilà pour la théorie. Voyons maintenant la pratique, avec un bel exemple maritime. En mai 1692 eut lieu au large du Cotentin la bataille de la Hougue. Elle opposa la flotte française commandée par Tourville à une flotte anglo-hollandaise, et il faut dire que le rapport de force était écrasant en défaveur des Français : 44 vaisseaux contre 98, 3000 canons contre 7000. Tourville n'est pas favorable pour livrer le combat, mais les direc-

1. Lettre reproduite dans *L'Exercice du commandement dans l'Armée de terre*, État-major de l'Armée de terre, mai 2016.

tives du ministre sont sans équivoque : « Vous fâcherez le roi si vous différez votre appareillage d'une seule marée [1]. » Le roi avait même écrit de sa main : « J'ajoute ce mot de ma main à cette instruction pour vous dire que ce qu'elle contient est ma volonté et que je veux qu'on l'observe ponctuellement [2]. »

Cette manière de s'immiscer dans la bataille a dû bien remuer Tourville, car la confiance du roi est loin d'être manifeste... La tradition retient l'image d'un Tourville réunissant ses commandants en conseil de guerre à bord du *Soleil-Royal.* Les perspectives ne sont pas heureuses. La flotte adverse est largement supérieure en nombre et en armement. Tourville demande s'il faut combattre. Réponse unanime : il faut éviter le combat. Mais il y a l'ordre de la Cour, et surtout la note écrite de la propre main du roi. On combattra. Et de manière intelligente, pendant douze heures, sans perdre un seul vaisseau. Jean de la Varende décrit la ferveur des équipages au moment où la bataille va s'engager. La marque royale est hissée à bord du *Soleil-Royal.* La scène est pittoresque, certainement très romancée, mais a le mérite de faire comprendre que même absent, le roi reste présent :

> « Elle avait coûté 14 000 écus, ne devait apparaître qu'avec le roi. Quand elle battit, une immense clameur monta de la flotte ; les hommes sentirent qu'avec le *Soleil-Royal* ils allaient périr pour la France et pour son dieu. Tourville calma son chef de pavillon, il toucha contre lui

1. Maréchal Alphonse Juin, *Trois siècles d'obéissance militaire*, L'esprit du livre éditions, 2009, p. 20.

2. Cité par Rémi Monaque, *Une histoire de la marine de guerre française*, Perrin, 2016, p. 74.

la dépêche : “*C’est réglementaire, Monsieur, le roi est à bord*”[1]. »

À la nuit tombée, pas un seul vaisseau français n’aura été coulé. Ce seront malheureusement les mauvaises conditions météorologiques les jours suivants qui auront raison d’une partie de la flotte française, épuisée et souffrant de grosses avaries. Que faut-il retenir de cette bataille ? D’abord la conclusion d’Alfred Mahan, l’un des plus grands théoriciens de la guerre navale, pour qui les Français montrèrent ce jour-là « la plus forte preuve de bravoure et d’esprit militaire jamais donnée jusque-là par aucune marine[2] ». Ensuite les mots de Louis XIV à Tourville. Quand ce dernier revint à Versailles à l’issue de la campagne, il fut reçu par le roi avec des mots autrement plus obligeants que les directives ordonnant l’appareillage. Le Roi Soleil était très content : « Nous avons été battus, mais vous avez acquis de la gloire et pour vous et pour toute la nation[3]. »

Le roi, source de toute grâce et de toute gloire

Le roi connaissait peu la mer. Il embarquait rarement à bord de ses bâtiments et ne voyait jamais de combat naval dont il ne pouvait comprendre les subtilités. L’exemple de la Hougue illustre la méconnaissance des choses de la mer par le pouvoir. Il n’y a pas de société de Cour au milieu de l’océan, et l’officier de marine, la cam-

1. Jean de la Varende, *Des marins, de l’honneur et des dames*, Plon, 1970, p. 75.

2. A.T. Mahan, *The Influence of Sea Power upon History, 1660-1783*, Dover Publications, INC. New York, 1987, p. 189-191.

3. Voltaire, *Œuvres complètes*, tome XXIX, Hachette, 1894, p. 105-106.

pagne terminée, prend donc le chemin de Versailles dans l'espoir de parler au roi. Il rend compte de ses batailles, explique ses difficultés et fait valoir ses mérites. On vient de le voir avec Tourville. Forbin affronta sans cesse la désinformation et la malveillance. Duguay-Trouin fut certainement le plus heureux des hommes le jour où, reçu par Louis XIV, il raconta un de ses combats :

> « – J'ordonnai à la *Gloire* de me suivre.
> – Et elle vous fut fidèle ! »

Le roi, dispensateur de grâces, accorde d'un mot ou d'un hochement de tête la fortune et la gloire à qui se bat bien pour la gloire de ses armes. Obtenir la reconnaissance royale, être inscrit sur l'état des pensions, gagner une faveur nourrit le désir de se distinguer. Toutefois la gloire du roi est bien plus que la somme des gloires de chacun. Si elle s'entretient chaque jour à Versailles, elle se construit notamment sur les champs de bataille où le roi se rend lui-même. Lorsque Louis XIV partit au siège de Mons en 1691, Mme de Maintenon demanda à Louvois s'il répondait de la vie du roi. Réponse du ministre : « Non, mais je réponds de sa gloire. »

Si Versailles a pour fonction de manifester la gloire du roi, le champ de bataille demeure indispensable au roi de guerre pour la mettre régulièrement en action. Un théâtre s'y prête plus que tout autre : celui de la guerre de siège, « [qui] permet, plus encore que la bataille rangée, de faire jouer les principaux ressorts de la représentation de l'autorité[1] ». Louis XIV sera ainsi présent à dix-neuf sièges sur les quarante-deux dirigés par Vauban[2]. Pour le roi,

1. J. Cornette, *op. cit.*, p. 304.
2. *Ibid.*

c'est l'occasion d'inspecter des troupes, les tranchées, d'ordonner l'assaut. Il tourne à son profit une mauvaise habitude du maréchalat qui prévoit le commandement tournant. Il désigne qui commande. Pour chacun, c'est l'occasion de prouver *de visu* sa valeur devant le roi. Au siège de Namur en 1692, Louis XIV commanda pour la dernière fois en personne. Ce fut une victoire, d'autant plus éclatante que la ville avait la réputation de n'avoir jamais été prise. Même César y avait renoncé[1]. Saint-Simon, présent, raconte que le roi réussissait à faire faire l'impossible tant le désir de lui plaire était extrême. Les mêmes ressorts de pouvoir sont décrits par Tolstoï dans *Guerre et Paix*, avec le jeune Rostov qui cherche le tsar partout sur le champ de bataille dans l'espoir de lui montrer ses blessures, allant même jusqu'à rêver de lui sauver la vie…

Être sur la brèche, faire les quatre cents coups, monter au créneau, battre la chamade… ces expressions sont typiquement françaises. La mise en proverbe de cette bonne vieille approche directe nous rappelle que la guerre de siège a été une forme de combat typique des temps passés. Mais l'ancienneté des expressions nous fait aussi comprendre que la guerre de siège (ou la prise d'une ville) sont des événements que la postérité retient particulièrement. Que l'on se rappelle Brennus et son *vae victis*, Charlemagne, Narbonne et Victor Hugo, ou bien encore Jeanne d'Arc: quand on évoque la Pucelle, on pense plus naturellement à la libération d'Orléans qu'au couronnement de Reims. Et c'est Strasbourg qui fait l'objet du serment de Koufra, pas la forêt vosgienne ou la plaine d'Alsace. C'est parce que Paris est un symbole

1. J. Cornette, *op. cit.*, p. 307.

éminemment politique que de Gaulle réussit à infléchir Eisenhower : du point de vue du stratège, libérer Paris offrait plus d'inconvénients que d'avantages. Politique et postérité : Louis XIV à la guerre n'était pas seulement entouré de ses soldats et maréchaux. À l'occasion de la prise de Gand, Mme de Sévigné se moquait des pauvres Racine et Boileau qui suivaient le roi à pied, à cheval, dans la boue jusqu'aux oreilles… Les poètes sont aussi présents à la bataille, car la gloire du roi l'exige.

Le poète et le roi : la gloire des lettres et la gloire des armes

« Il faut plutôt subjuguer l'ennemi sans donner bataille… la pire des politiques consiste à attaquer les cités », énonçait Sun Tzu. S'il allait au théâtre écouter du Corneille ou du Racine, il serait surpris de constater que *batailles* et *murailles* riment systématiquement ensemble. Et s'il se promenait dans la galerie des Glaces, ce serait bien pire, il serait horrifié. Levant les yeux, il verrait d'immenses tableaux représentant LA PRISE DE LA VILLE ET DE LA CITADELLE DE GAND EN SIX JOURS ; LE ROY DONNE SES ORDRES POUR ATTAQUER EN MESME TEMPS QUATRE DES PLUS FORTES PLACES DE LA HOLLANDE ; LE ROY PREND MAASTRICHT EN TREIZE JOURS…

L'histoire est écrite par les vainqueurs mais aussi par les poètes. Parce qu'il ne raisonne pas en stratège, le poète a une place essentielle dans le service de l'État en célébrant la gloire de ce dernier. Malherbe était bien naïf quand il affirmait qu'un bon poète n'était pas plus utile à l'État qu'un bon joueur de quilles. Louis XIV ne l'entendait pas ainsi quand il nommait Racine et Boileau comme historiographes, ni Napoléon III quand il bannissait Victor Hugo. La mémoire d'un événement relève toujours d'un choix, bien souvent politique. Ainsi, lorsque Kipling affirme qu'il « importe autant à un soldat mort d'avoir été tué dans une escarmouche de frontière qu'à Waterloo[1] », il a mathématiquement raison mais poétiquement, et politiquement, tort. En bonne fille, Clio doit honorer Mnémosyne et c'est ainsi que, grâce à Victor Hugo, le mot de Cambronne historiquement non avéré s'est si bien gravé dans la mémoire nationale… On comprend bien ce rôle du poète quand on l'oppose à son exact contraire, le fou. Le fou incarne la personne privée du Prince. Il est chargé de lui rappeler la réalité des rapports humains. Marais, le bouffon de Louis XIII, remplissait ce rôle à merveille quand il interpellait son souverain :

> « – Sire, il y a deux choses dans votre métier dont je ne me pourrais accommoder.
> – Quoi donc ?
> – De manger tout seul et de chier en compagnie. »

Moins gauloisement, on préfère dire qu'il n'y a pas de grand homme pour son domestique. Le rôle du poète est justement de construire pour le public la figure du grand homme. « Pour chanter un Auguste, il faut être un Virgile », disait Boileau. Le poète doit construire la personne publique du Prince, chargée de l'identifier à sa fonction. Boileau à Louis XIV :

> « Grand roi, cesse de vaincre, ou je cesse d'écrire.
> […]
> Ton courage, affamé de péril et de gloire,

1. Cité dans Charles de Gaulle, *Lettres, notes et carnets, 1905-1941*, p. 665.

Court d'exploits en exploits, de victoire en victoire.
Souvent ce qu'un seul jour te voit exécuter
Nous laisse pour un an d'actions à conter. »

L'Académie française eut un rôle essentiel dans cette économie de la gloire où les armes et les lettres sont indispensables l'une à l'autre. Mais parce que nous sommes en France, l'État demeure en coulisse. Il est intéressé à la gloire. C'est lui qui crée l'Académie en vue de « la gloire et l'embellissement de la France », comme le précisent les lettres patentes de 1635. Le chef de l'État en est le protecteur. Il approuve l'élection de chaque nouveau membre. On reviendra sur l'Académie en quatrième partie ; retenons pour l'instant que son institution témoigne en creux d'une nette séparation entre la prétention à la gloire des armes et à celle des lettres. De ces dernières, l'une revient au roi mais pas l'autre. Le sang de la noblesse appartient au roi, mais pas la langue française. Il est protecteur de l'Académie, pas membre : « Sire, rien n'est impossible à Votre Majesté ; elle a voulu faire de mauvais vers et elle y a réussi », disait Bossuet à Louis XIV. Le même reprenait le Dauphin : « Sire, vous méprisez la grammaire, un jour vous mépriserez la raison. » Et cinquante ans auparavant, Malherbe sermonnait Henri IV : « Quelque absolu que vous soyez, vous ne sauriez, Sire, ni abolir ni établir un mot, si l'usage ne l'autorise. » Belle liberté de parole ! Bref, le roi, fût-il de droit divin, doit admettre que sa royauté ne s'appliquera pas au royaume des lettres. Richelieu pouvait être tout-puissant, sa supériorité s'arrêtait au seuil du théâtre, et la querelle du *Cid* en témoigne. Mais contrairement aux lettres où le roi ne peut prétendre à une quelconque supériorité, la guerre est le domaine régalien par excellence. La gloire des armes est due à lui seul, et à personne d'autre. L'idée affleure dans *Le Cid* : « Quoi qu'on fasse d'illustre et de considérable/Jamais à son sujet un roi n'est redevable » et devient parfaitement clair dans *Suréna,* la dernière pièce de Corneille. Suréna est un général brillant dont les victoires ont sauvé l'État du roi Orode. Mais la gloire du général vainqueur porte ombrage à son royal obligé. Suréna a le choix : épouser la fille d'Orode, assurant ainsi ce dernier de son loyalisme, ou bien périr. Mais Suréna aime Eurydice, à qui il dévoile la pensée d'Orode :

> « Mon crime véritable est d'avoir aujourd'hui
> Plus de nom que mon roi, plus de vertu que lui ;
> [...]
> Mon visage l'offense, et ma gloire le blesse [1]. »

Plus loin, le nœud de l'intrigue se révèle : « Mon vrai crime est ma gloire. » Gare à qui prétendrait rivaliser avec Louis XIV ! *Suréna* a été jouée quelques années après l'arrestation de Fouquet. Le surintendant des finances avait construit Vaux-le-Vicomte, embauché Le Nôtre et entretenait des poètes. Louis XIV l'enfermera dans une forteresse, reprendra Le Nôtre à son service, construira Versailles et désignera Racine et Boileau comme historiographes.

Napoléon et la gloire

Quand on parle de gloire militaire et d'État moderne, on ne peut pas ne pas évoquer Napoléon. Cambacérès disait de lui qu'il « avait l'air de se promener au milieu de

---

1. Corneille, *Suréna,* acte V, scène 2.

sa gloire[1] ». Hors contexte, l'impression vaut aussi pour Louis XIV. L'un et l'autre sont les figures les plus glorieuses de l'histoire de France : il n'est que de voir, à l'étranger, les rayonnages des librairies et bibliothèques dédiés à l'histoire de France. L'histoire récente est celle du XXe siècle avec de Gaulle ; la vieille histoire se résume à Napoléon et Louis XIV. Observation encore vraie touristiquement avec Versailles et les Invalides. Dans l'imaginaire commun de notre histoire, peu d'épisodes ont été qualifiés d'épopée : très loin de nous, Roland ; très proche de nous, la France Libre. Entre les deux, *l'épopée napoléonienne*. Certes, la rupture avec l'Ancien Régime induit des conséquences profondes sur la notion. Elles seront abordées plus loin. Contentons-nous de relever les grandes similitudes entre les gloires napoléonienne et louis-quatorzième. Le roi et l'empereur sont indissociables par la guerre et la gloire. Tous deux ont des poètes, graveurs, peintres et dithyrambes qui s'affairent à Versailles ou aux Tuileries. Dans son livre *Quand les enfants parlaient de gloire*, Jean-Paul Bertaud décrit Napoléon en « empereur de guerre », en référence explicite au « roi de guerre ». C'est souligner la similitude des ressorts sur lesquels la gloire militaire s'exprime dans un État moderne, fortement centralisé, dont le chef envisage la gloire comme un bien objectif. Si l'un est à la tête du corps mystique du royaume, l'autre est à la tête de la nation française. À tous deux peut s'appliquer ce qu'a analysé Tolstoï dans *La Guerre et la Paix* sur la vénération qu'un chef pouvait susciter dans une société consciente d'elle-même, qu'elle s'appelle royaume, patrie ou nation :

1. Michèle Ressi, *op. cit.*, p. 288.

« [Le jeune Rostov] était réellement amoureux du tsar, amoureux de la gloire des armées russes [...] moins solennellement, sans doute, les neuf dixièmes des hommes de l'armée russe étaient amoureux de leur tsar et de la gloire des armées russes, à cette époque[1]. »

Enfin, Napoléon se rapproche encore de Louis XIV par une autre similitude indéniablement française : le classicisme dans la mise en scène de la grandeur. Ce point sera abordé en dernière partie.

La gloire de l'État, un bien objectif

Gloire et *État* : deux mots qui surabondent dans les pièces de Racine et de Corneille. C'est dire l'importance de ces notions dans la philosophie politique de l'ère westphalienne. La gloire est due au roi dans la mesure où ce dernier doit viser la gloire de son État. Boileau : « Un grand prince, lorsqu'il est une fois sur le trône, ne doit plus agir par des mouvements particuliers, ni avoir d'autre vue que la gloire et le bien général de son État[2]. » La gloire de l'État ? Oui, car sous la monarchie absolue la gloire est pensée, théorisée, érigée comme un bien objectif vers lequel doivent tendre les efforts du souverain. C'est un objet politique, un peu comme pourrait l'être la *transparence* aujourd'hui : un gage de bonne santé, de respectabilité, et *in fine* un moyen d'accroître son influence. Abraham de Wicquefort, un diplomate du XVIIe siècle connu pour avoir théorisé la diplomatie, expliquait ainsi que le rôle d'un ambassadeur est de rechercher partout

1. Léon Tolstoï, *op. cit.*, p. 463.

2. Boileau, préface de 1701 à *Satires, Épîtres, Art poétique*, Gallimard, 1985, p. 50.

« la gloire et l'avantage de son maître[1] ». Le lecteur curieux pourra se renseigner sur la fameuse *affaire du sofa* qui fit passer de bien mauvais moments à un ambassadeur de Louis XIV et empoisonna les relations de la France et de la Sublime Porte. En 1745, l'académicien Sacy publiait un *Traité de la gloire*, sorte de traité de science politique où se trouve expliqué que le roi doit avoir le souci de sa gloire en tant qu'elle est un bien pour l'État. Sacy démontre que la gloire est le plus estimable et le plus utile de tous les biens mais aussi le plus difficile à acquérir et le plus facile à perdre. La gloire seule perfectionne les vertus, les sciences, les arts, elle seule permet d'être « puissant et respecté au-dehors, laborieux et tranquille au-dedans ».

De cette gloire de l'État, évoquons un dernier point. M. de Sacy écrivait à l'époque où la puissance commerciale de l'Angleterre allait bientôt atteindre son apogée. Il a conscience des bienfaits du doux commerce dont parlera bientôt Montesquieu, et trente ans avant Adam Smith il fait l'éloge de cette activité qui « rapproche les pays, met en communauté de biens tous les peuples et n'en fait qu'une seule famille, ramène l'abondance et la joie ». Ces avantages doivent être promus estime-t-il. Seulement, ses commentaires sur la manière dont le commerce est perçu en France nous montrent une fois de plus que la gloire des armes est bien la propriété intellectuelle de la France :

> « Mais comment (dites-vous) allier et réunir les idées de commerce et de gloire ? S'attacher au commerce, c'est courir après le profit ; aimer la gloire, c'est n'être touché que de

1. *L'Ambassadeur et ses fonctions, par monsieur de Wicquefort*, seconde partie, à Cologne, chez Pierre Marteau, 1715, p. 77.

> l'honneur : qu'y a-t-il de plus incompatible ? [...] Accoutumé dès l'enfance à regarder le commerce comme une occupation sordide et mercenaire, vous n'y pouvez concevoir nul mélange de gloire. Mais détachez-vous un moment de vos préjugés et transportez-vous dans quelqu'un de ces États où l'on estime et l'honore ; donnez-vous le temps d'écouter et de peser leurs raisons : décidez après cela qui de vous ou d'eux pense le plus sagement[1]. »

Le désir naturel qui porte chacun à désirer la gloire est un ressort que l'État moderne encourage, car objectivement bon pour lui. On se souvient du hochet avec lequel Napoléon menait les hommes. Dans son *Traité de la gloire*, M. de Sacy dit de même. Parce qu'aucune vertu morale n'est gratuite, il faut trouver un équivalent à donner à ceux qui sacrifient leur vie pour le salut de leur pays : « Vous leur offrez la gloire, et ils en sont charmés. Quel bonheur pour la société que d'avoir une monnaie qui lui coûte si peu et qui lui rende tant[2] ! » Bien que M. de Sacy soit académicien, sa réflexion ici n'est pas celle d'un poète mais plutôt celle d'un conseiller du Prince, au sens de Machiavel. Cependant une nuance est à préciser. Son livre date de 1745 ; ses idées aussi. Parmi ceux qui donnent leur vie, tous n'ont pas un égal accès à la gloire. M. de Sacy explique que le plus petit particulier peut certes obtenir l'estime du public, mais ce public demeure petit car proportionné à la condition de cet homme. À petite condition ne peut correspondre que petite gloire. La gloire d'un Va-de-bon-cœur n'a pas le même éclat que celle d'un maréchal. La fin du siècle fera voler en éclat ces considérations.

1. Louis de Sacy, *Traité de la gloire*, 1745, p. 100.
2. Louis de Sacy, *op. cit.*, p. 114.

La nation se saisit à son tour de la gloire. En proclamant l'égalité de l'impôt du sang, le peuple entier aura droit à la monnaie de la gloire, d'autant plus qu'elle coûte peu mais qu'elle rend beaucoup.

CHAPITRE 7

La gloire pour tous : l'âge de la nation

À propos de l'apparition de la poudre sur le champ de bataille, Chateaubriand écrivait que « l'égalité des périls allait permettre à la gloire d'inscrire le peuple français dans ses propres fastes ». En 1789, la poudre révolutionnaire apporte l'égalité des droits en sus de celle des périls. La Révolution démocratise la gloire. L'Empire anoblit le soldat du rang. À partir de 1789, pour le peuple français, le jour de gloire est arrivé. Et s'il est vrai que l'usage de la poudre a contribué au renforcement de l'État au détriment de la féodalité, la poudre révolutionnaire, en accordant la gloire à l'obscur soldat, contribue à l'édification de la nation.

La gloire du soldat…

En consacrant l'idée de nation, en offrant à chacun de s'arracher au déterminisme social, la Révolution apporte la modernité politique à l'État moderne. La nation française ne connaît plus que des citoyens français, appelés à défendre la Patrie d'autant que la Révolution a besoin de bras aux frontières. La loi Jourdan du

5 septembre 1798 institue la conscription et le service militaire obligatoire où désormais « tout Français est soldat et se doit à la défense de la patrie ». La Révolution offre donc au soldat, c'est-à-dire à tout Français, de voir *au-delà des limites de sa condition* (pour reprendre l'expression de Sacy). Lorsque la Convention décrète le 27 août 1793 que la récompense des hauts faits du soldat sera son avancement en grade, elle ne fait qu'appliquer à l'armée le principe de distinction sociale fondée sur l'utilité commune[1]. Ainsi Hoche-il est général à vingt-quatre ans. Murat est fils d'aubergiste, Lannes est fils de cultivateur, plus tard un pêcheur catalan deviendra comte de Morcerf, Joffre fils d'un tonnelier de Rivesaltes sera maréchal de France, et Bigeard parti du rang finira ministre. Mais il faut bien convenir que l'avancement au mérite n'est finalement qu'une déclinaison évidente, normale, de l'idéal révolutionnaire. Quelle en est sa déclinaison éclatante? La gloire reconnue au simple soldat. Les temps sont finis où tel lieutenant général déclarait (en 1750) que le soldat est « l'instrument journalier de la gloire des généraux[2] ». La gloire aussi fait sa révolution. Sa nuit du 4 août pourrait être le 19 juillet 1794, lorsque Barère montait à la tribune pour *révolutionner la gloire* :

> « Loin de nous les temps d'insolence et d'orgueil, où des généraux et des officiers faisaient servir tant de légions, tant de braves soldats à échafauder leur renommée ; il faut aussi révolutionner la gloire et la renverser comme la fortune sur les nombreux bataillons, sur les modestes citoyens qui combattent tous les jours pour la République [...][3]. »

1. Hervé Drévillon, « Qu'est-ce que l'honneur? », in revue *Inflexions*, n° 27, *L'honneur*, La Documentation française, 2014, p. 27.

2. Discours de réception à l'Académie française du comte de Bissy.

3. Révolutionner la gloire : expression de Barère citée par Hervé

La gloire descend donc dans les rangs. L'histoire du modeste citoyen Jean-Roch Coignet est emblématique de ces soldats à la provenance obscure mais à la postérité établie. Une promotion de l'École militaire interarmes porte aujourd'hui son nom, nom que de Gaulle reprenait déjà dans son dialogue du *Flambeau* (voir l'extrait en épigraphe). Sur sa maison natale, toujours debout, figure une plaque rappelant sa naissance. Il faut dire que le grenadier Coignet laissa des mémoires dont la lecture facile fait revivre l'épopée napoléonienne. C'est un vrai grognard, rustique et truculent, venu du fin fond de la Bourgogne et qui à Austerlitz explique que son état d'esprit est celui de toute la Grande Armée : « Nous étions là vingt-cinq mille bonnets à poil, et des gaillards qui avaient soif de gloire autant que leur grand capitaine[1]. » Retiré du service, il sera fier d'affirmer que son cheval de bataille est, comme lui, couvert de gloire. Et le jour de son enterrement, on chanta :

> « [qu']il fut du temps des soldats d'Italie,
> Héros sans pain, déguenillés, fameux,
> Que ces trois mots : Gloire, Honneur et Patrie !
> Enivraient tous comme un vin généreux[2] ! »

Né en 1776 dans un village de l'Yonne au pied du Morvan, le jeune Jean-Roch Coignet est un enfant maltraité par sa marâtre et qui finit par s'enfuir, à huit ans, de la maison familiale. Il se loue comme chien de berger,

---

Drevillon. Citation plus complète dans *La Campagne de 1794-1795 dans les Pays-Bas*, capitaine Louis Jouan, sous la direction de la Section historique de l'état-major de l'armée, Imprimerie L. Fournier, 1915, p. 65.

1. Jean-Roch Coignet, *Souvenirs d'un vieux grognard*, Tallandier, 1912, p. 85.

2. *Ibid.*, préface de François Castanié.

garde les bœufs, dort dans les bois l'été, bat dans la grange l'hiver. Enfance misérable, avant d'être recueilli, à douze ans, par un brave éleveur de chevaux. Le 6 fructidor an VII (23 août 1799), deux gendarmes se présentent à la ferme. Il faut rejoindre l'armée. Jean-Roch Coignet est devenu un conscrit. Pendant deux mois, à Fontainebleau, il apprend à être grenadier : « Deux fois par jour, nous faisions l'exercice, tous les dix jours nous célébrions le décadi. Là, il fallait chanter des *Te Deum* et crier *Vive la République !* » Il participera à toutes les campagnes du Consulat et de l'Empire. Sa première bataille est celle de Montebello, où il reçoit un *fusil d'honneur* pour sa conduite au feu :

> « [Mon capitaine] causa quelque temps avec Berthier et le Premier Consul. On me fit approcher. Bonaparte vint vers moi et me prit par l'oreille. Je croyais que c'était pour me gronder : pas du tout, c'était par amitié.
>
> – Combien as-tu de service ? me dit-il.
>
> – Général, c'est le premier jour que je vais au feu.
>
> – Ah ! c'est bien débuté. Berthier, marque-lui un fusil d'honneur. Tu es trop jeune, ajouta-t-il, pour entrer dans ma Garde, il faut pour cela quatre campagnes. Berthier, marque-le sur le livre des notes et, dès qu'il aura le temps de service requis, tu le feras entrer dans ma Garde[1]. »

La Constitution de l'an VIII (1799) prévoyait que des récompenses seraient décernées aux soldats ayant rendu des « services éclatants en combattant pour la République ». Le fusil d'honneur de Jean-Roch Coignet est cette déclinaison *éclatante* de l'idéal révolutionnaire, déclinaison *d'or ou d'argent* car un arrêté signé Bonaparte (Premier consul) et Berthier (ministre de la Guerre) déterminait

1. *Ibid.*, p. 22.

précisément le mode d'attribution de ces récompenses devenues des armes *d'honneur*: fusil, carabine, baguette de tambour, trompette. Ces armes devenaient *personnelles*: l'arrêté précisait qu'elles porteraient une inscription contenant le nom du militaire et son fait d'armes. Il faut cependant voir qu'à cette date, si le soldat mal nourri, mal chaussé et mal payé peut au moins espérer l'or et l'argent de la gloire, le civil ne peut encore y prétendre. D'où l'idée de Bonaparte d'instituer une Légion d'honneur pour récompenser tout autant la bravoure militaire que le mérite civil. En 1804, Coignet est dans la Garde comme Bonaparte le lui a promis. Il appartient à la première promotion de la Légion d'honneur et reçoit même la croix des propres mains du Consul, lors d'une cérémonie aux Invalides. Lui, le simple Jean-Roch Coignet, le Morvandiau qui ne sait toujours pas lire, devient l'égal des plus grands:

> « J'entendis appeler Jean-Roch Coignet; j'étais dans la deuxième galerie de la Garde, je passai devant mes camarades. J'arrivai au parterre et, traversant tout le corps des officiers, je me présentai au pied du trône. Murat et Beauharnais se tenaient là debout. Murat avait dans ses mains une grande nacelle pleine de croix, dont les cordons rouges pendaient au-dehors. Beauharnais avait une pelote garnie d'épingles. Ce dernier, qui n'avait encore vu que de grands dignitaires et des officiers supérieurs, sachant aussi que beaucoup d'officiers n'étaient pas encore décorés, s'étonna d'apercevoir tout à coup un simple soldat.
>
> – Halte-là, dit-il, on ne passe pas.
>
> Mais Murat lui répondit:
>
> – Mon prince, tous les dignitaires sont déjà décorés, et tous les dignitaires sont égaux entre eux. Il est appelé, il peut passer[1]. »

---

1. Jean-Roch Coignet, *op. cit.*, p. 63.

… gérée par l'État…

Si Napoléon a pu étancher la soif de gloire du soldat, on peut aussi noter qu'il s'est montré également un gestionnaire avisé de la gloire. En effet, l'institution de ces récompenses dites d'*honneur* répondait également au besoin de ne pas automatiser l'avancement pour acte de bravoure. De l'arrêté en question jusqu'à celui instituant la Légion d'honneur, 1854 armes d'honneur furent données[1]. La raison est simple : récompenser systématiquement un fait d'armes par un galon n'était pas satisfaisant car la seule bravoure n'est pas une qualité suffisante pour commander des hommes. Latrille, chef de brigade à l'armée d'Italie, louait ainsi l'administration de Bonaparte qui sut reconnaître qu'il « était donc nécessaire de créer une monnaie nouvelle qui, encourageant les belles actions, fît qu'elles ne devinssent point onéreuses à l'État[2] ». *Brave comme un boulet dont il a l'intelligence* : ce vieux dicton militaire résume assez bien la question… Marbot nous raconte ainsi dans ses *Mémoires* le peu de capacité du général Macard, très brave (et qui aimait charger torse nu, montrant un torse « aussi velu que celui d'un ours », ce qui avait pour effet de tétaniser l'ennemi), mais que le manque complet d'instruction rendait inapte aux postes élevés.

Il faut noter que cette monnaie nouvelle est une récompense d'*honneur.* Est souligné ainsi le caractère éminemment personnel de l'honneur. Le fusil d'honneur de Coignet n'appartient qu'à lui – d'ailleurs son nom y

---

1. *Répertoire général alphabétique du droit français*, tome XXVI, publié par MM. A. Carpentier et G. Frèrejouan du Saint, sous la direction de Éd. Fuzier-Herman, 1898, p. 5.

2. Latrille, *Considérations sur la guerre*, Magimel, 1804, p. 201. Expliqué et cité par Hervé Drévillon, « Qu'est-ce que l'honneur ? », *Inflexions*, n° 27, 2014.

est gravé – et la croix que lui remet Napoléon ne s'attache que sur sa poitrine. Épinglée sur l'uniforme ou arborée devant ses compagnons, la Légion d'honneur ou l'arme d'honneur constituent pour le soldat une reconnaissance formelle allant bien au-delà de la simple promotion. En effet, si ces récompenses *d'honneur* sont individuelles, la gloire qui s'y rattache l'est beaucoup moins. Elle vise autant à récompenser son récipiendaire qu'à édifier son auditoire. L'exemple d'un autre soldat, Bretèche, est caractéristique de ce lien fondamental entre la bataille, le poète et l'auditoire. Le 5 mars 1793 la Convention publiait le décret suivant :

> « Article 1er. – À la séance de demain, Bretèche sera présenté à la Convention nationale par le ministre de la Guerre ; *le président l'appellera dans le sein de l'assemblée.*
>
> Art. 2. – Le président de la Convention nationale posera, sur la tête de Bretèche, la couronne de chêne ; il lui donnera le baiser et l'armera du sabre.
>
> Art. 3. – Sur la lame du sabre seront gravés ces mots : *La République française à Bretèche.*
>
> Art. 4. – Le présent décret sera lu publiquement à la tête de tous les corps de l'armée[1]. »

Présent à Jemmapes, le soldat Bretèche s'y distingue : quarante et une blessures reçues. Mais qui peut le savoir ? Et dans quel intérêt ? L'inconnu Bretèche trouve un poète en la personne du député du département de Seine-et-Oise : Marie-Joseph Chénier, frère d'André Chénier… C'est lui qui le tire du néant :

1. Lievyns, Verdot, Bégat, *Fastes de la Légion d'honneur, biographie de tous les décorés, accompagnée de l'histoire législative et réglementaire de l'ordre*, tome II, 1844, p. 499.

« Citoyens, il semblait difficile que parmi les vainqueurs de Jemmapes [...] on pût trouver un citoyen placé dans une telle position qu'il ait dû naturellement fixer les regards de la Convention nationale et se faire distinguer de tant de héros. Il en existe un cependant, et Bretèche est cet homme-là [...].

Il faut qu'un témoignage imposant de la reconnaissance publique serve d'exemple et d'encouragement éternel [...].

Vous n'avilirez point le sang d'un patriote jusqu'à le payer avec de l'or. La reconnaissance nationale est le véritable prix des belles actions : laissons les trésors aux tyrans ; la gloire est la monnaie des républiques[1]. »

Dans la foulée de ce discours (où l'on appréciera de retrouver un thème intemporel de la gloire française), la Convention rendit séance tenante son décret. L'auditoire sera tous les corps de l'armée qui écouteront la lecture du décret. Par « révolutionner la gloire » il faut aussi entendre que la gloire du soldat français serve à l'héroïsation de tous les citoyens français, pour le bien de la nation française.

... pour le bien de la nation

Goethe avait accompagné l'armée prussienne en 1792. La prise de Verdun le marqua en particulier par l'esprit de sacrifice de deux soldats français, prêt à se tuer par idéal révolutionnaire. Le premier était le commandant de la place, qui, contraint de capituler, se suicida pour donner un exemple de dévouement patriotique. Le lendemain, lors de l'investissement de la ville par les Prussiens, un grenadier français leur tira un coup de fusil.

1. *Ibid.*, p. 498.

Arrêté, il préféra se jeter dans la Meuse plutôt que d'être exécuté. Goethe ne peut s'empêcher d'admirer la force de cette révolution pour lequel deux soldats sont prêts à se donner la mort. Face à l'Europe coalisée, la Révolution a besoin de bras. Ils ne désarmeront plus jusqu'en 1815, nourris par la conscription et nourrissant l'idéal révolutionnaire. On lit ainsi dans les séances préparatoires au vote de la loi Jourdan que l'armée française « est composée de tous les citoyens français que le besoin d'être libres, l'amour de la Patrie, le désir de la gloire ont précipités sur la frontière [...] [1] ». Cet idéal est puissant : qui ne voit que les propos de Jourdan, tenus au Conseil des Cinq-Cents la veille de la bataille des Pyramides, pourraient tout aussi bien s'appliquer à l'état d'esprit des Français à l'été 1914 ? Et de même, quarante-cinq ans auparavant, pendant le siège de Paris, Victor Hugo jugeait digne de noter dans son journal personnel le mot d'un soldat qui disait à sa mère vouloir « se couvrir de terre ou de gloire ». Le même genre de mot que Coignet, quand il promettait aux siens « de revenir avec un fusil d'argent ou d'être tué » au moment de partir à l'armée.

L'idéal révolutionnaire suscite des héros et la Révolution a besoin de héros. En toute logique, elle mandate donc le poète pour chanter la gloire du citoyen mort pour la patrie. Ainsi du jeune Bara, tambour de quatorze ans dont la légende dit qu'il tomba en criant *Vive la République* alors que des Vendéens lui demandaient de crier *Vive le roi*. Chénier lui consacre un couplet dans le *Chant du départ* et David l'immortalise dans *La Mort du jeune*

1. Séance du 20 juillet 1798. Arch. nat., C* I 120, *Procès-verbaux du Conseil des Cinq-Cents, séance du 2 thermidor an VI* cité dans *Défendre la France : Les Français, la guerre et le service militaire, de la guerre de Sept Ans à Verdun*, Annie Crépin, 2005. Presses universitaires de Rennes.

Bara. Autre légende, celle du vaisseau le *Vengeur* coulé par les Anglais et dont l'équipage préféra sombrer en chantant *La Marseillaise* ou crier *Vive la République* : le décret du 21 messidor an II décide qu'un morceau du *Vengeur* sera suspendu à la voûte du Panthéon et que les noms de l'équipage seront inscrits sur une colonne. L'usage des colonnes plaît d'ailleurs assez car le modèle romain est dans le goût de la Révolution ; quelques années plus tard le Premier consul Bonaparte signera un arrêté ordonnant que chaque département élève une colonne à la mémoire « des braves morts pour la défense de la patrie et de la liberté » (arrêté du 20 mars 1800). Il fallait être mort pour avoir droit à son nom sur le monument ou bien avoir gagné un sabre ou fusil d'honneur. Les vicissitudes de l'époque n'aideront pas à concrétiser ces projets onéreux, mais il convient de garder à l'esprit que la colonne du département de la Seine sera elle bien construite, sur la place Vendôme, à partir de 1806 ; nous y reviendrons dans la partie suivante…

La gloire descendue dans les rangs se saisit donc des soldats ou des marins pour les emmener dans sa demeure. C'est ainsi que Paris a compté deux *Temples de la Gloire* : l'expression a aussi bien servi à nommer le Panthéon que ce qui deviendrait l'actuelle église de la Madeleine. Le 2 décembre 1806, pendant la campagne de Prusse, Napoléon signait à son quartier général le décret de Posen. Était stipulé qu'un monument dédié à la Grande Armée serait établi sur l'emplacement de la Madeleine et que seraient inscrits sur des tables de marbre les noms de ceux présents à Ulm, Austerlitz et Iéna ; sur des tables d'or massif les noms de ceux morts sur les champs de bataille ; sur des tables d'argent les noms de ceux que chaque département avait fournis à la Grande Armée.

Personne n'était oublié et chaque soldat connaîtrait la gloire. La date du décret est en elle-même un symbole. Un an après son couronnement, deux ans après Austerlitz, Napoléon est au faîte de sa gloire avec une victoire à Iéna fraîche de quelques mois. Mais quelques années plus tard, les malheureuses guerres d'Espagne et de Russie le pousseront à donner à l'Église ce temple de la gloire qui deviendra plus tard l'église de la Madeleine[1]...

Cependant, il faut bien voir que la gloire des héros républicains doit rayonner au-delà de la capitale. Ce côté jacobin est une autre caractéristique française de la gloire. Paris est sa source. L'État est à Paris, l'État fait la nation, Paris fait la nation. Le décret concernant Bretèche stipule que le décret sera lu « à la tête de tous les corps de l'armée ». Mais Bretèche n'est qu'un exemple parmi des centaines d'autres. Une autre décision de la Convention est la diffusion à la France entière d'un *Recueil des actions héroïques et civiques des républicains français*[2] (Bara y figure, par exemple). Le décret du 10 nivôse an II ordonne que ces recueils soient envoyés aux municipalités, aux armées et à toutes les écoles de la République où les instituteurs les liront aux élèves. Par l'entremise de ce genre de publications, lues et commentées sur les places publiques, dans les écoles, à l'armée, toute la France écoute ainsi les

1. Voir Léonce Raffin, curé de la Madeleine, *La Madeleine, son histoire et ses œuvres d'art*, 1950, p. 16-17. L'auteur explique que les vicissitudes de la fin de règne montreront à Napoléon qu'il était plus opportun de donner au culte catholique le temple de la gloire. « Il disait à Montalivet en 1813 : "Que ferons-nous du temple de la Gloire ? Nos grandes idées sur tout cela sont bien changées... C'est aux prêtres qu'il faut donner nos temples à garder ; ils s'entendent mieux que nous à faire des cérémonies et à conserver un culte. Que le Temple de la Gloire soit désormais une église : c'est le moyen d'achever et conserver ce monument". »

2. Voir Jean-Clément Martin, « La Révolution française et la fabrique des héros », article paru dans la revue *Inflexions* n° 16, *Que sont les héros devenus ?* La Documentation française, 2011, p. 115.

actions méritantes de tous ses enfants. La somme de toutes ces gloires individuelles alimente ce capital dont parle Renan, capital destiné à tous et suscitant des actions glorieuses par leur valeur exemplaire. La gloire édifie la nation.

Il convient encore de préciser que ces louanges publiques, très plébéiennes par nature, soulignent un autre phénomène, plus large, que 1789 a largement amplifié : la disparition de l'oraison funèbre au profit de l'éloge. En quelques mots, disons que l'oraison funèbre s'adresse à la naissance et l'éloge au mérite ; l'une considère la mort comme un rappel de Dieu à l'homme de sa condition de poussière alors que l'autre y voit l'occasion de célébrer les œuvres du mort ayant servi utilement aux vivants. Le décret de Posen spécifiait ainsi que tous les ans, aux anniversaires d'Austerlitz et Iéna, le monument serait illuminé et qu'il serait fait un éloge de ceux « qui périrent sur le champ de bataille de ces journées mémorables ». Il faut savoir s'étonner de choses qui semblent naturelles aujourd'hui. L'éloge, officiel ou pas, que le chef militaire lit à l'occasion d'un soldat mort au feu vient de ce renversement opéré il y a plus de deux siècles. Et quand le 2 décembre 2019, dans la cour des Invalides, le président de la République prononce l'éloge de treize soldats morts pour la France au Sahel, il se place dans la conception républicaine de la canonisation des *morts pour la France*.

Au Moyen Âge, les héros issus du peuple se comptent sur les doigts de la main : le Grand Ferré, Jeanne d'Arc, Jeanne Hachette. À l'époque moderne, le soldat commence à avoir un nom mais n'a pas encore de visage et pas de poète pour raconter ses exploits : *Va-de-bon-cœur*. Avec la Révolution, tout change : les marins du *Vengeur*, les soldats de l'an II, les grognards de Napoléon, le dernier carré de la garde à Waterloo sont les premiers gens de peu qui peuvent inscrire leur nom dans l'histoire de France. À partir de 1789, la mémoire nationale ne sera plus seulement peuplée de rois, de saints ou de grands capitaines. Le Panthéon accueille les grands hommes de la patrie reconnaissante. Dans les villes et villages se dressent des statues de grands chefs. Les rues portent le nom de soldats tombés pour la patrie. À plus grande échelle, comme dit Hugo, « l'ossuaire devient nation ». Cela s'est passé au XIXe siècle, qui, de tous les siècles en France, pourrait être considéré comme *le siècle de la gloire*.

Troisième partie

LE SIÈCLE DE LA GLOIRE

« Nous donc fils de ce siècle aux vastes entreprises
[...]
Nous désirons qu'on ait présent à la mémoire
Que nos pères étaient des conquérants de gloire. »

Victor Hugo.

« La gloire des armes, la gloire des lettres, la gloire des sciences, la gloire des arts, la gloire de l'industrie, la gloire de l'éloquence, la gloire des conquêtes, nous ont été prodiguées, nous le sont encore... »

Académie française, *Discours sur les prix de vertu*, séance du 24 août 1854.

CHAPITRE 8

La gloire, ferment de la nation

Au petit matin de cette pluvieuse journée du 20 septembre 1792, en Argonne, les Prussiens sont confiants. Ils foulent le sol de France et les chances de la guerre semblent de leur côté. Longwy et Verdun viennent de capituler et sont maintenant derrière eux; la route de Paris s'ouvre devant eux, non loin d'un moulin près duquel on peut apercevoir les troupes françaises. On est d'ailleurs un peu méprisant dans les rangs prussiens; ces troupes françaises mal habillées ne sont que de la « faïence bleue » (facile à casser) et l'on ne parle, nous dit Goethe alors présent, que « de les embrocher et de les manger ». Le démenti va être douloureux. Kellermann brandissant son chapeau à la pointe de son sabre en criant *Vive la nation !*, l'armée lui répondant avec le même enthousiasme, des volontaires inexpérimentés tenant bon pendant une dizaine d'heures face aux troupes prussiennes bien disciplinées : Valmy est l'événement qui symbolise la nation en armes s'opposant à l'invasion étrangère. Son retentissement sera énorme, à commencer par le lendemain quand la République sera proclamée. Le témoignage du poète allemand présent dans les rangs ennemis contribuera à en forger le mythe. Goethe faisait partie de la suite du duc de Weimar et il racontera plus tard que le soir de la rencontre, côté prussien, « on ne se regardait pas, ou, si cela arrivait, c'était pour jurer ou maudire ». La nuit venue, autour du feu, on l'interpella pour lui demander ce qu'il pensait de cette funeste journée. La réponse est célébrissime : « De ce lieu et de ce jour date une nouvelle époque dans l'histoire du monde, et vous pourrez dire : j'y étais[1]. » Il fut le poète qui pressentit la naissance du siècle de la gloire. L'état d'esprit des Français lui donnait à réfléchir. Déjà à Verdun quinze jours auparavant, la mort du commandant Beaurepaire et le geste du soldat qui s'était jeté dans la Meuse l'avaient frappé. Il y voyait « un acte héroïque qui disait beaucoup pour l'avenir ». Cet avenir qu'il entrevoyait faisait pressentir des temps mouvementés qui ne se limiteront pas aux guerres de la Révolution et de l'Empire. Il s'agit tout de même d'un avenir qui surgit de mille ans de monarchie et qui donnera naissance, en à peine quatre générations, à l'époque contemporaine. Rétrospectivement, on mesure l'ampleur des bouleversements qui ont affecté la société française. Dans ce chaudron d'effervescence intellectuelle, politique et scientifique, de passions cuites et recuites, de régimes politiques qui se suivent sans se ressembler, un élément bouillonne et surnage. C'est un ferment autant qu'un lien. On peut considérer sans nul doute que la période qui court de 1789 à 1914 a été *le siècle de la gloire* dans l'histoire de France, car c'est le siècle de l'action promise à toute une nation.

1. Goethe, *Campagne de France*, traduction par Jacques Porchat, Hachette, 1891, p. 64.

Alexandre Dumas ou le peuple et la gloire

« Vous avez laissé le pays manquer d'action [...] la France est une nation qui s'ennuie », s'exclame Lamartine à la tribune en 1839. La phrase est célèbre, mais Lamartine ne s'était pas réveillé un beau matin en décidant tout seul de réclamer de l'action. Son cri du cœur n'était pas une voix isolée. On le retrouve chez Victor Hugo qui, en 1847, notait dans son journal personnel : « Il faut à ce peuple de la gloire. Quand il n'a pas de Marengo ni d'Austerlitz, il veut et il aime les Dumas et les Lamartine. Cela est lumineux et les yeux y courent. »

De l'action, de la gloire, pourvu que je puisse dire *je chante* ! Le même écho transmis par nos deux poètes oblige à se poser la question. Pourquoi diable faut-il de la gloire au peuple français, pourquoi diable lui faut-il des Dumas et des Lamartine ? Hugo affirme, Lamartine aide à comprendre, et Dumas a la réponse. Il est la réponse. Comme Hugo, il repose au Panthéon. Comme Hugo, il est né alors que ce siècle avait deux ans. Écrivain et dramaturge prolifique, voyageur infatigable, homme d'action mû par les grands principes de 1789, Dumas eut plus que la France entière pour auditoire. Ses œuvres comme sa vie sont une authentique illustration du siècle de la gloire. Dans ses romans et ses pièces de théâtre, les héros sont de grands seigneurs comme de petites gens. Les personnages qu'il met en scène – 37 267[1] ! – s'apparentent aussi bien à des Roland qu'à des Coignet, à des Turenne qu'à des Va-de-bon-cœur. Tous les Français rêvent d'être Edmond Dantès ou d'Artagnan, tous

1. Chiffre cité par Alain Decaux, président d'honneur de la Société des amis d'Alexandre Dumas, lors de son discours le jour de la panthéonisation d'Alexandre Dumas, consultable sur http://www.dumaspere.com.

peuvent s'imaginer prendre d'assaut des forteresses, comploter ou faire triompher le bon droit, beaucoup peuvent se reconnaître en Ange Pitou, Chicot ou Planchet. Le personnage est comme ses héros : entier, porté par l'action et l'idéal. Adolescent, Louis XVIII étant roi de France et la Restauration le nouveau régime politique, il choisit de s'appeler Dumas et non Davy de la Pailleterie. Il prend fait et cause pour la révolution de Juillet, où il est présent à côté de La Fayette quand ce dernier déclare, impuissant, qu'il n'y plus de poudre dans Paris. Plus de poudre pour faire la révolution ! Qu'à cela ne tienne, Dumas ira en chercher à Soissons. Il y gagne ce compliment de Louis-Philippe : « Monsieur Dumas, vous venez de faire votre plus beau drame ! » Tout le monde l'entend ou le lit. Il triomphe au théâtre. Il tient la France en haleine grâce au roman-feuilleton. Peu respectueux de véracité historique, il aimait dire que l'histoire est un clou auquel il accroche ses romans. C'est à sa manière un poète de l'histoire de France. À quoi est dû son immense succès ? André Maurois l'explique :

> « Sa morale et sa philosophie étaient celles, non des Français les plus réfléchis, mais de la masse de ses lecteurs [c'est-à-dire du Français « classique », pour revenir à Beaufre]. La morale de Dumas, c'est l'amour de la gloire et un certain « sens commun » non dépourvu de cynisme. En quoi il combine le Français des chansons de geste avec le Français des fabliaux, mélange qui n'est pas toute la France, mais qui en est une notable partie[1]. »

De Dumas, la postérité a davantage retenu ses romans historiques que ses pièces de théâtre. C'est qu'il

1. André Maurois, *Les Trois Dumas*, Hachette, 1957.

était un maître du roman historique et le succès de ce genre littéraire est à replacer dans le contexte plus large de la redécouverte de l'histoire au XIXe siècle. Les matériaux abondent et ne demandent d'ailleurs qu'à être exploités. L'École des chartes est créée en 1816, la fonction d'inspecteur des monuments historiques date de 1830, la Société de l'Histoire de France naît en 1833. On se passionne pour la lecture des mémoires, le Moyen Âge fait irruption au théâtre, l'histoire en tant que telle devient une science. Parmi les historiens qui renouvelèrent les études historiques figure en bonne place Augustin Thierry. En ressuscitant le personnage de Jacques Bonhomme, il s'était fixé pour tâche de rendre l'histoire de France *populaire*, dans les deux sens du terme :

> « La vraie histoire nationale, celle qui mériterait de devenir populaire, est encore ensevelie dans la poussière des chroniques contemporaines ; personne ne songe à l'en tirer, et l'on réimprime encore les compilations inexactes, sans vérité et sans couleur, que, faute de mieux, nous décorons du titre d'Histoire de France. Dans ces récits, vaguement pompeux, où un petit nombre de personnages privilégiés occupent seuls la scène historique, et où la masse entière de la nation disparaît derrière les manteaux de cour, nous ne trouvons ni une instruction grave, ni des leçons qui s'adressent à nous, ni cet intérêt de sympathie qui attache en général les hommes au sort de qui leur ressemble [...]. Nos provinces, nos villes, tout ce que chacun de nous comprend dans ses affections sous le nom de patrie, devrait nous être représenté à chaque siècle de son existence, et au lieu de cela, nous ne rencontrons que les annales domestiques de la famille qui gouverne, des naissances, des mariages, des décès, des portraits, des intrigues de palais, des guerres qui se ressemblent toutes, et dont le

détail mal circonstancié est dépourvu de mouvement et de caractère pittoresque [...][1]. »

De la couleur, du pittoresque (de la *couleur locale* comme on disait alors) mais aussi de grandes leçons politiques : et redonnant au peuple sa part de gloire, en faisant revivre le *Français des fabliaux* avec le *Français des chansons de geste*, il s'agit surtout de légitimer le rôle du tiers état dans l'histoire de France. Exemple entre mille avec Bouvines, quand Augustin Thierry exhumait de vieilles chroniques pour rappeler que les milices communales s'étaient battues au premier rang contre les soldats d'Othon. Et a-t-on besoin de rappeler Michelet ? Quand il raconte Jeanne d'Arc, il se plaît à souligner non pas sa vaillance, non pas les apparitions de saint Michel et de sainte Catherine, mais son bon sens paysan, bon sens d'une « pauvre bergerette » qui ne sait ni A ni B mais qui comprend tout et déjoue les artifices, bon sens surtout d'une « fille du peuple » qui dénoue la question de la légitimité et rend la cause française invincible. « Un émigré opposait la gloire de ses ancêtres ; un paysan, qui avait gagné des batailles, répondit : *Je suis un ancêtre !* » explique-t-il ailleurs dans *Le Peuple*.

Cette nouvelle manière de considérer l'histoire s'applique au passé, mais aussi à l'avenir. Les paroles de Lamartine à la tribune en 1839 sonnent fort mais elles sonnent vrai car elles s'appliquent à tout le XIXe siècle. C'est tout le peuple français qui est intéressé à la gloire car le nouveau siècle l'invite à l'action sous toutes ses formes : la liberté, la nation, les voyages, l'esprit de conquête, le romantisme, la liberté de la presse... La

1. Augustin Thierry, *Lettres sur l'histoire de France, pour servir d'introduction à l'étude de cette histoire*, 1827, p. 4-5.

technique, la science, l'instruction poussent aux voyages, facilitent les grandes explorations et aiguisent le goût de l'aventure. Les grandes idées dans les journaux, les discours à la tribune, l'instruction dans les moindres villages suffisent à changer le monde. Partout le rôle de la France est exalté. « Il n'est presque aucune grande idée, aucun grand principe de civilisation qui, pour se répandre partout, n'ait d'abord passé par la France », écrit Guizot en 1838 dans son *Histoire de la civilisation en Europe*. Les armées de la Révolution et de l'Empire y ont largement contribué en semant les idées de 1789 sur les champs de bataille européens. Parce que ces idées portent en elles-mêmes la promesse de l'action, la gloire entre littéralement en politique. Elle se voit graver dans le marbre de deux constitutions, où elle y a valeur de programme et d'ambition nationale. Dans celle qui proclame Napoléon consul à vie, le Premier consul prête serment à la République en jurant « de ne jamais faire la guerre que pour la défense et la gloire de la République ». Dans celle qui institue l'Empire, le gouvernement de la République se voit confié à un Empereur qui jure « de gouverner dans la seule vue de l'intérêt, du bonheur et de la gloire du peuple français ». Nous verrons plus loin l'autre usage politique de la gloire dans ce siècle agité.

Dumas, mais aussi Vigny ou Garneray : la jeunesse et la gloire

L'entrée de Dumas dans la vie d'homme n'eut rien d'enthousiasmant. Arrivé à Paris, une belle écriture et une lettre de recommandation lui ouvrirent la porte d'un étroit bureau de gratte-papier au secrétariat du duc d'Orléans. En tant qu'expéditionnaire surnuméraire, il devait recopier des lettres. « Je me serais volontiers fait couper le bras droit », dira-t-il. C'est qu'il y a mieux quand on décide de quitter Villers-Cotterêts pour conquérir la capitale et surtout bien y vivre ! Dans ce nouveau siècle, une voix plus énergique que les autres s'approprie comme une évidence les mots de Lamartine. C'est la voix de la jeunesse. Une voix qui se passionne facilement, qui veut faire quelque chose qui fouette le sang et non pas qui enferme dans un bureau. Exactement comme le jeune Dumas qui démissionnera rapidement pour tenter l'aventure du théâtre – il n'a pas trente ans –, voulant « vivre de sa plume et non pas de son écriture ». Sa propre jeunesse occupe une bonne part de ses *Mémoires* et l'on voit déjà s'y manifester ce caractère entier et résolu. Il avait à peine douze ans quand il conspira pour libérer des prisonniers politiques ! Il s'agissait des deux frères Lallemand, généraux bonapartistes « portant le même uniforme que son père » et qu'il approcha dans leur prison à Soissons pour leur fournir une paire de pistolets et des louis d'or cachés dans ses poches… Sa réaction est celle d'un enfant ne connaissant que l'Empire et vénérant son père général de la Révolution, sa fougue est celle d'une génération d'écoliers qui, comme Alfred de Vigny, ne rêvait que de gloire militaire au milieu des livres et des écritoires :

> « Vers la fin de l'Empire je fus un lycéen distrait […]. Nulle méditation ne pouvait enchaîner longtemps des têtes étourdies sans cesse par les canons et les cloches des *Te Deum* ! Lorsqu'un de nos frères, sorti depuis quelques mois du collège, reparaissait en uniforme de housard et le bras en écharpe, nous rougissions de nos livres et nous les jetions à la tête des maîtres. Les maîtres mêmes ne cessaient de nous lire les bulletins de la Grande Armée, et nos

cris de *Vive l'Empereur!* interrompaient Tacite et Platon. Nos précepteurs ressemblaient à des hérauts d'armes, nos salles d'études à des casernes, nos récréations à des manœuvres, et nos examens à des revues. Il me prit alors plus que jamais un amour vraiment désordonné de la gloire des armes[1]. »

Jean-François Deniau se rappelait qu'en son temps, quand la jeunesse voulait être « maréchal de France ou pompier », le mot gloire faisait partie du vocabulaire de l'Education nationale. Qu'aurait-il dit sous l'Empire ! On imagine Vigny et ses camarades de classe rêvant de coups de sabre, de grandes chevauchées et de longues veillées au bivouac, plutôt que s'appliquant à l'arithmétique, aux compositions latines et devoirs de philosophie. « Notre but alors n'était ni une adjudance de place acquise à trente année de service, ni la charité des Invalides. C'était la gloire ! Il était vaste ce but, comme l'époque immense à laquelle vivait notre jeunesse », écrivait en 1831 un certain général de Brack dans un traité de cavalerie[2].

La mer offre aussi son lot d'aventures. Vigny en témoigne encore dans *Servitude et grandeur militaires*. Il raconte l'histoire du capitaine Renaud, « grisé dès l'enfance par Bonaparte » et qui à douze ans accompagne en Égypte son père officier, expliquant que « deux esprits enflaient les voiles de nos vaisseaux, l'esprit de gloire et l'esprit de piraterie ». Certainement pas l'esprit boutiquier... La mer est incontournable des récits de voyage qui fleurissent au XIXe siècle. Chateaubriand et Dumas écrivent ceux de la marine à voile finissante, Jules Verne écrit ceux

1. Alfred de Vigny, *Servitude et grandeur militaires*, Gallimard, 1992, p. 36.

2. Antoine-Fortuné de Brack, *Avant-postes de cavalerie légère, souvenirs*, Anselin, 1831, p. 543.

de la marine à vapeur naissante, illustrant de manière plus générale les aventures extraordinaires que permet la technique. Louis Garneray est de la génération de Chateaubriand et Dumas. Ses *Mémoires*, largement romancés, sont un véritable recueil d'aventures où la rude et belle vie de marin côtoie l'héroïsme et la bonne humeur. Il est l'interprète de la jeunesse qui regarde au large, avide d'explorer le monde, rêvant des tropiques et d'un galon de « lieutenant fier et hardi ». À dix-sept ans, il navigue avec Surcouf à bord de la *Confiance*. Il participe à la capture du *Kent* et s'enthousiasme d'un tel chef qui un autre jour cloue le bec de l'Anglais avec la gloire et la boutique. Pendant des années, il sillonne l'océan Indien. Puis un jour il est capturé par les Anglais. Ils l'enfermeront huit ans à bord d'un de leurs affreux pontons, en rade de Portsmouth. Ses talents de peintre lui permettent alors d'améliorer sa misérable condition de prisonnier. Ses toiles sont exposées aujourd'hui dans plusieurs musées de France. Pourquoi s'était-il engagé dans la Marine ?

> « Un penchant irrésistible que je ressentais pour les aventures et les voyages ; un enthousiasme pour la gloire, partagé, au reste, par la jeune génération de cette époque, enthousiasme qui me brûlait le sang et me présentait sans cesse, pendant mes journées et mes nuits, des pensées et des rêves de combat [...] [1]. »

La nostalgie de la gloire

Le volontaire qui s'engageait en 1792 était passé colonel ou général sous l'Empire ; c'était alors un colonel

1. Louis Garneray, *Corsaire de la République, voyages, aventures et combat*, I, Phébus, 1984, p. 9.

ou un général de trente ans. Le siècle de la gloire commença par être jeune puis il prit brusquement de l'âge en 1815. On s'en doute bien, le siècle de la gloire est surtout le siècle de la nostalgie napoléonienne. « Il ne peut y avoir rien de grand dans un siècle à qui Napoléon sert de préface », écrira Balzac. Lorsque Lamartine réclamait de l'action à la tribune, plus de vingt ans s'étaient écoulés depuis Waterloo. Son discours de 1839 n'était que l'énième écho d'une même nostalgie ressentie par tous ses contemporains. Dans *Le Rouge et le Noir* (1830), le livre préféré de Julien Sorel est le *Mémorial de Sainte-Hélène*. Dans *Le Médecin de campagne* (1833) Balzac met en scène un vieux paysan en train de raconter les grandes batailles qu'il a vécues avec l'Empereur. Le chapitre s'intitule *Napoléon et le peuple*: la scène se passe dans une grange, à la veillée, au milieu du foin; Goguelat, l'orateur, est un ancien fantassin à qui le village demande de « raconter l'Empereur » et « les aventures de Napoléon ». Scène pittoresque, où l'on voit le vieux soldat se lever de dessus sa botte de foin, se redresser, se faire beau, oublier la fatigue et la misère, et raconter fièrement sa jeunesse. Dans un langage plus policé que le récit du vieux Goguelat, et pour un public plus instruit, paraissaient en 1835 *Servitude et grandeur militaires* et en 1836 *La Confession d'un enfant du siècle*. Dans son livre, Vigny commence par expliquer les raisons qui le poussent à écrire. Il est déçu. L'inaction, l'ennui, les mornes tâches lui pèsent. Comme il le dit lui-même, il cherchait des événements et ceux qui survinrent n'étaient pas aussi grands qu'espérés. Il attend des batailles qui ne se montrent pas. Il n'ose quitter l'armée, de peur que sa démission ne survienne à la veille d'une campagne. Alors, après s'être trop longtemps cantonné aux parades et au Champ-de-Mars, il finit par ranger son épée trop neuve pour lui substituer une plume. Celle-ci servira. Qu'il fasse au moins œuvre utile ! Le soldat fera le poète. Il racontera la servitude mais aussi la grandeur de la vie militaire que les anciens ont connue :

> « Au moment où j'écris, un homme de vingt ans de service n'a pas vu une bataille rangée. J'ai peu d'aventures à vous raconter, mais j'en ai entendu beaucoup [...]. Car, ne comptant pour la gloire des armes ni sur le présent ni sur l'avenir, je la cherchais dans les souvenirs de mes compagnons[1]. »

Musset n'a pas porté d'uniforme mais comme Vigny il a dépeint l'état d'esprit de sa génération. On pourrait d'ailleurs s'attarder sur cette insistance à vouloir distinguer *ce siècle* des autres. Il est probablement le seul de l'histoire de France à se voir présenter si obstinément comme *ce siècle* par ses contemporains, et le sentiment de la gloire n'y est pas étranger :

> « Un seul homme était en vie alors en Europe ; le reste des êtres tâchait de se remplir les poumons de l'air qu'il avait respiré [...]. C'était l'air de ce ciel sans tache, où brillait tant de gloire, où resplendissait tant d'acier, que les enfants respiraient alors[2]. »

Cet homme, c'est celui dont on disait qu'il se promenait au milieu de sa gloire. Ce ciel, c'est celui sous lequel les grognards ont parcouru des milliers de lieues. Cet air, c'est celui qu'ils ramenaient de leurs campagnes et dont les enfants respiraient le parfum. Ces enfants, ajoute

---

1. Alfred de Vigny, *op. cit.*, p. 31 et 38.

2. Alfred de Musset, *La Confession d'un enfant du siècle*, Alphonse Lemerre éditeur, 1876, p. 3-4.

Musset, « étaient des gouttes d'un sang brûlant qui avait inondé la terre ; ils étaient nés au sein de la guerre, pour la guerre. Ils avaient rêvé pendant quinze ans des neiges de Moscou et du soleil des Pyramides ». Ils ne pourront plus être à la bataille avant le milieu du siècle, avant les guerres du Second Empire. Il y a certes la prise du Trocadéro ou la conquête de l'Algérie. Mais la guerre de Crimée vingt ans plus tard est le premier grand conflit situé en Europe depuis que les canons s'y sont tus en 1815. Comme l'écrit Alain Gouttman, un spécialiste des guerres du Second Empire, « dans un pays condamné depuis un quart de siècle aux seules préoccupations matérielles, [la guerre de Crimée] apportera la dimension héroïque si nécessaire au tempérament français. La gloire militaire, chacun en rêve encore plus ou moins confusément, dans les chaumières comme aux Tuileries[1] ». Paul de Molènes, officier sous le Second Empire, était un écrivain assez connu de son époque. Signant des articles pour la *Revue des Deux Mondes* et le *Journal des débats*, estimé de Baudelaire, parrainé par Chateaubriand, et moqué par Balzac[2], il a laissé des *Commentaires* sur la guerre de Crimée et la guerre d'Italie. Baudelaire disait justement à leurs propos qu'ils étaient « dignes de vivre dans la mémoire des poètes[3] ». Effectivement, Paul de Molènes est un poète de la gloire militaire. Il s'enthousiasme à l'idée de renouer avec les grandes heures de l'action telles que Vigny pouvait en

1. Alain Gouttman, *La Guerre de Crimée 1853-1856*, éditions Perrin, 2006, p. 114.

2. Voir Andrea Schellino, « Baudelaire et Paul de Molènes », *Revue italienne d'études françaises*, 2/2012, mis en ligne le 15 décembre 2012. http://journals.openedition.org/rief/794.

3. Ch. Baudelaire, *Œuvres complètes*, édition établie, présentée et annotée par Cl. Pichois, tome II, Gallimard, « Bibliothèque de la Pléiade », 1976, p. 215-216. Cité par Andrea Schellino, *op. cit.*

rêver. En septembre 1854, il débarque en Crimée avec sa troupe de spahis, après avoir effectué une partie du trajet sur la frégate la *Belle-Poule* (le navire qui avait servi à rapatrier les cendres de Napoléon, quinze ans auparavant). L'entrée en terre russe est un événement en soi. Le simple fait de voir un poteau chargé de l'aigle russe à l'orée d'un village lui apparaît comme une promesse de gloire. Dans l'après-midi du 19 septembre, il arrive en face des hauteurs qui dominent l'Alma. La bataille aura lieu le lendemain. Ce sera la première grande bataille française se déroulant en Europe depuis 1815. Ah, si Vigny était là ! L'armée russe est devant, sur les hauteurs, enfin visible, prête à être engagée :

> « Ce moment était encore plus solennel pour les fils d'une génération que l'on avait presque habituée à désespérer de la gloire guerrière. Cette armée qui se dressait devant nous, c'était un monde tout entier, auquel, depuis le noble et sanglant printemps de ce siècle, on défendait à notre jeunesse de songer. Derrière ces baïonnettes ennemies, il y avait pour nous comme un héritage perdu que nous allions reprendre, comme une patrie disparue où nous allions rentrer[1]. »

Ainsi que l'auteur le précise, lorsque le canon se mit à gronder, c'était la première fois que l'armée française l'entendait résonner en Europe ; la dernière fois remontait à Waterloo…

À partir du moment où Napoléon disparaît de la scène du monde, sa légende est prête à naître. La chute fracassante de juin 1815, prolongée dans le silence et la solitude d'une île de l'Atlantique Sud, va contribuer au

1. Paul de Molènes, *Les Commentaires d'un soldat*, Michel Lévy Frères, 1860, p. 50.

mythe du grand empereur. Il résonnera loin et longtemps. Napoléon meurt le 5 mai 1821 ; si l'annonce de sa disparition ne suscite pas d'émoi particulier, son souvenir en revanche va rapidement occuper toute la vie politique, toutes les réflexions et les conversations des Français. Dans son *Histoire de France*, Bainville expliquait qu'à la Restauration « la nostalgie de la gloire militaire tourmentait une partie des Français et les entraînait vers le libéralisme ». Cette nostalgie les entraînait aussi vers le théâtre qui était, plus que la presse, le meilleur endroit où l'opinion publique pouvait se manifester. Les journaux comme les théâtres étaient certes soumis à la censure, mais le journal on le lit seul chez soi, alors qu'au théâtre on siffle ou on applaudit en compagnie. On citera ainsi pour mémoire, et parce que l'anecdote est plaisante, la pièce *Germanicus* qui avait été jouée en 1817 avec le grand Talma dans le rôle principal. Son auteur, un certain Antoine-Vincent Arnault (qui eut la particularité d'être élu deux fois à l'Académie), n'était pas en odeur de sainteté chez les royalistes car il avait un peu trop servi Napoléon (il avait entre autres participé au 18-Brumaire et avait dédié une pièce à Bonaparte). Il avait donc des opposants et des partisans. Royalistes et bonapartistes se trouvèrent réunis le jour de la première représentation, chaque camp étant décidé à assurer l'échec ou le succès de la pièce. Il y eut donc des applaudissements et des sifflements… et ce qui devait arriver arriva : vinrent les insultes, les empoignades, les coups, et la première représentation de *Germanicus* fut une belle mêlée générale où, au milieu des hurlements des dames et des cris des spectateurs, de nombreux coups de canne furent distribués. La force publique dut intervenir. La gouaille parisienne fidèle aux calembours appela cette soirée la *bataille des cannes*, et de ce jour une décision ministérielle obligea à laisser au vestiaire les cannes, joncs et autres accessoires de l'honnête citoyen se rendant au théâtre.

En décembre 1821 était joué *Sylla*. La pièce eut un grand succès, avec près de quatre-vingts représentations. Talma jouait le dictateur romain mais sous sa toge tout le monde pouvait reconnaître Napoléon. Talma avait beaucoup fréquenté ce dernier et, hasard ou non, son port, sa gestuelle, son ton de voix rappelaient l'Empereur. La scène finale de l'abdication, où Sylla prononce un fameux « j'ai gouverné sans peur et j'abdique sans crainte », était extrêmement équivoque. La censure supprima les passages suivants qui, eux, ne nécessitent pas un grand effort d'interprétation :

« Rome en proie aux fureurs des partis triomphants,
Mourant sous les coups de ses propres enfants,
Invoquait à la fois mon bras et mon génie ;
Je me fis dictateur : je sauvai la patrie.
[...]
J'ai gouverné le monde à mes ordres soumis
Et j'impose silence à tous mes ennemis ;
Leur haine ne saurait atteindre ma mémoire :
J'ai mis entre eux et moi l'abîme de ma gloire
[...]
Mais sur vos souvenirs je garde ma puissance,
Et cette dictature à l'autre survivra[1]. »

Six mois plus tard était joué *Régulus*. Son auteur n'était autre que le fils d'Antoine-Vincent Arnault. Rome et les guerres Puniques fournissaient encore un modèle pour se prêter à l'équivoque politique. Le général romain signifiait

1. Pour ce passage sur *Sylla*, voir Théodore Muret, *L'Histoire par le théâtre, 1789-1851*, *La Restauration*, p. 174-175, Amyot éditeur, 1865.

Napoléon. Carthage, l'ennemi héréditaire, n'était autre que l'Angleterre. L'histoire le rappelle : Régulus est d'abord vainqueur, puis vaincu, et, captif de Carthage, finalement mis à mort. Là encore, Talma jouait Régulus. Les vers suivant furent retranchés par la censure :

« Cinq ans sont écoulés : sur la rive étrangère,
Régulus, oublié du peuple et du sénat,
Atteste à l'univers la honte de l'État.
En vain dans son cachot la gloire l'environne :
Vainqueur, on l'entourait ; captif, on l'abandonne !
[...]
Croyez-en les transports du peuple et des soldats :
Notre père est absent, sa gloire ne l'est pas.
Dans nos camps, dans nos murs remplis de sa mémoire,
De ses hauts faits passés tout conserve l'histoire.
Les mères en pleurant les content à leurs fils.
La jeunesse, enflammée à ses nobles récits,
Fait du nom du héros retentir nos murailles,
Et son souvenir seul gagnerait des batailles.
[...]
Carthage insulte en vain notre aigle épouvanté
Et loin de nos remparts, la gloire a déserté[1].

Germanicus, Sylla et *Régulus* sont quelques exemples qui illustrent l'état d'esprit d'une génération entièrement marquée par la figure de l'Empereur. Victor Hugo résumera ce climat de passion dans un poème de 1827 intitulé à juste titre *Lui* :

« Toujours lui ! Lui partout ! Ou brûlante ou glacée,
Son image sans cesse ébranle ma pensée
[...]
Histoire, poésie, il joint du pied vos cimes.

---

1. Pour ce passage sur *Régulus*, voir *ibid.*, p. 179-181

Éperdu, je ne puis dans ces mondes sublimes
Remuer rien de grand sans toucher à ton nom;
[...]
Tu domines notre âge; ange ou démon, qu'importe?
Ton aigle dans son vol, haletants, nous emporte.
Toujours dans nos tableaux tu jettes ta grande ombre;
Toujours Napoléon, éblouissant et sombre,
Sur le seuil du siècle est debout. »

Qu'on le loue ou qu'on le blâme, que sa grandeur nous domine ou que sa tyrannie nous écrase, Napoléon est là, partout, davantage présent mort que vivant. Il s'invite au théâtre, existe entre les lignes des journaux, hante la politique. Il soumet même l'histoire et la poésie; c'est vrai au théâtre avec *Régulus* ou l'histoire antique, mais c'est surtout vrai avec l'histoire récente des Français. En 1857 sera frappée la médaille dite *de Sainte-Hélène*. Elle est aujourd'hui considérée comme la première médaille commémorative française. On voit sur son avers l'effigie de l'Empereur; sur son revers figure l'inscription suivante:

Campagnes de 1792 à 1815
À ses compagnons de gloire
Sa dernière pensée, 5 mai 1821.

Comme toutes les décorations, cette médaille commémorative n'était qu'un petit morceau de métal doré, une pièce un peu grosse et bien travaillée, accrochée à un ruban vert et rouge. Sa valeur n'était pas dans son poids en bronze, ni même dans l'effigie de l'Empereur ou la mention flatteuse d'avoir été son compagnon; elle était dans la très sobre inscription *campagnes de 1792 à 1815*. En effet la médaille était réservée à tous ceux ayant combattu sous les drapeaux entre 1792 et 1815.

Elle commémorait tout le capital de gloire accumulé pendant vingt ans. Mais le principe interpelle. Napoléon n'était pas à Valmy ; en septembre 1792 le lieutenant-colonel Bonaparte n'était même pas en service puisqu'il était sur la route entre Paris et Marseille, ayant obtenu un congé pour reconduire sa sœur Elisa à Ajaccio. Quel rapport avec 1792 ? Pourquoi donc associer Valmy et Waterloo ? Parce que Napoléon devenu légende pouvait lier ensemble, dans un tout homogène, les armées de la Révolution et de l'Empire. Le *je chante* de la médaille est la *dernière pensée* que Napoléon adresse au soldat de Waterloo comme à celui de Valmy. Dans cette dernière pensée se retrouvent fondus, dans un même passé, les principes pour lesquels la France s'était battue entre 1792 et 1815. Mais en les unifiant ainsi est suggérée par là même l'idée de leur mise en jachère après 1815. De fait, les propos de Lamartine en 1839 sont assez éclairants :

> « Il ne faut pas se figurer, Messieurs, que, parce que nous sommes fatigués des grands mouvements qui ont remué le siècle et nous, tout le monde est fatigué comme nous et craint le moindre mouvement. Les générations qui grandissent derrière nous ne sont pas lasses, elles ; elles veulent agir et se fatiguer à leur tour : quelle action leur avez-vous donnée ? La France est une nation qui s'ennuie ! »

Le peuple et la jeunesse sont deux figures mythifiées et à qui l'on ne prête que des vertus. Tous deux sont inséparables et Delacroix choisit d'ailleurs de les représenter ensemble, sur le même plan, dans son tableau *La Liberté guidant le peuple*. À partir de 1815, ils seront le public à qui le poète s'adressera pour chanter la saine fatigue que l'esprit du siècle réclamait. Un objet inspirera en particulier le poète, objet qui deviendra rapidement le signe de ralliement des nostalgiques de la gloire. Lamartine y fait clairement allusion dans son discours, quand il déclare au gouvernement que ce dernier « ne pouvait pas faire de gloire militaire [car] l'Empire avait passé et ne [lui] avait laissé qu'une colonne de bronze sur une place de Paris ». Cette colonne, c'est évidemment celle de la place Vendôme. Dans l'après-1815, le monument commémorant Austerlitz va symboliser plus que la seule gloire militaire en amalgamant et en idéalisant les grands principes qui furent le ferment de 1792-1815 : l'éducation des masses, l'affranchissement des peuples, la nation qui devient consciente d'elle-même, c'est-à-dire l'indépendance, la grandeur et surtout la liberté.

La colonne, ou l'indépendance et la grandeur

En 1818, le chansonnier Émile Debraux composait *La Colonne*. Elle fut chantée pour la première fois aux *Gais-Lurons,* société chantante qui avait ses habitudes dans un estaminet de la rue Jean-Jacques-Rousseau[1]. Voici quelques passages :

« Français, je chante la Colonne
[...]
Ah ! qu'on est fier d'être Français
Quand on regarde la Colonne.
[...]

1. L. Couailhac, in *La Grande Ville : nouveau tableau de Paris, comique, critique et philosophique*, tome II, Bureau central des publications nouvelles, 1843, p. 248.

La gloire ne peut s'exiler,
Tant qu'en France on verra briller
Des noms gravés sur la Colonne. »

On l'a oublié, mais le XIXe siècle fut aussi le grand siècle des sociétés chantantes, ou *goguettes*, où l'on se réunissait au cabaret ou sous la treille, pour le plaisir de boire et de chanter des chansons bachiques. Celles relatives à la gloire de l'Empire étaient légion, notamment dans les goguettes à tendance bonapartiste. Ces sociétés chantantes se comptaient par centaines et avaient des noms évocateurs : *Société des Amis de la gloire, des Francs-Gaillards, des Joyeux, des Braillards, des Grognards*... La *Colonne* de Debraux y connaissait un immense succès. Un autre chansonnier célèbre, Nicolas Brazier, participa un soir à un repas des *Enfants de la gloire*. Il entonna une de ses propres chansons où figurait un habile mot d'esprit sur le vrai lit du guerrier. Mais surtout, on ne manqua pas de chanter *La Colonne*. Son témoignage mérite d'être longuement cité. C'est un récit pittoresque qui montre que la gloire des armes n'appartient pas qu'aux seuls soldats. Nous sommes aux alentours de 1818, dans un cabaret proche de l'actuel boulevard Sébastopol. Brazier est invité à ce repas grâce à son cousin :

« "*Cousin, me dit-il, je viens pour vous conduire dans une réunion qui vous fera plaisir, je veux vous mener dîner chez les Enfants de la gloire !*" Moi, qui ai toujours aimé la gloire, moi, qui l'ai chantée n'importe sous quelle bannière elle a brillé, j'accepte l'invitation. "*Je vous préviens*, ajoute mon cousin, *que vous allez vous trouver avec des ouvriers, des artisans ; c'est tout à fait une société populaire. – Parbleu ! lui dis-je, j'aime beaucoup le peuple, surtout quand il chante.*" [...] Nous entrons dans un modeste cabaret ; la bourgeoise, qui était une grosse joufflue, nous dit avec un certain air de prétention : “*Ces messieurs sont-ils de la société ? – Oui, madame… – Conduisez ces messieurs à la société.*” […] Là, point de service damassé, point de surtout en cristal, point de fleurs dans des vases, point de couverts à filets, point d'aiguières en argent ni en vermeil ; mais une table de bois de bateau, recouverte d'une nappe de toile écrue, des assiettes en faïence brune, […] du sel et du poivre dans des souccupes ébréchées […]. Quand je fus au milieu des *amis de la gloire,* mon cousin me présenta au président, qu'il me dit être compagnon menuisier […] ; les autres convives étaient des serruriers, des vitriers, des peintres en bâtiments, etc. […] Pendant le dîner, on ne parla que du grand Napoléon[1]. »

Napoléon qui a été trahi à Waterloo, Napoléon qui est loin mais qui vit encore et pourrait faire des choses, Napoléon qui reviendra… La conversation prend une teinte clairement politique et Brazier se rend compte qu'il participe à une réunion éminemment séditieuse. À un moment, un charcutier s'exclame : « le petit caporal vit encore… et il leur z'y en fera voir de toutes les couleurs… » et un peintre en bâtiment lui répond du tac au tac : « Il n'en faut pas tant des couleurs… qu'on nous en donne seulement trois des couleurs ! » Heureusement, les *enfants de la gloire* étaient 19 à table ; Brazier avait pris soin de compter car, en vertu de l'article 291 du Code pénal d'alors, *nulle association de plus de vingt personnes dont le but sera de se réunir à certains jours marqués pour s'occuper d'objets religieux, littéraires, politiques ou autres ne pourra se former qu'avec l'agrément du gouverne-*

1. Extrait de l'article « Les sociétés chantantes » de Nicolas Brazier, dans *Paris, ou le Livre des Cent-et-Un*, tome VII, p. 108-114, Ladvocat libraire, 1832.

ment : si le commissaire de quartier découvrait cette réunion, les *enfants de la gloire* ne seraient pas emmenés à la préfecture de police. On peut donc chanter sans crainte, et la première chanson n'est autre que *La Colonne* de Debraux :

« À chaque couplet, les convives se regardaient, se faisaient des yeux ; j'en ai vu qui pleuraient [...]. Je demandai si l'on ne chantait que des couplets qui eussent rapport au grand Napoléon. – *Monsieur,* me répondit mon voisin, *je vais vous dire* ; *nous sommes tous ici des bons enfants qu'asservi ensemble* ; *nous ne reconnaissons que deux choses, l'Empereur et la colonne.* Quand mon tour de chanter fut arrivé, tous les yeux se tournèrent vers moi, au point que je devins timide et embarrassé [...]. Je chantai une chanson que j'avais faite en 1809, et dont le refrain était : *Comme on fait son lit, on se couche.* Lorsque j'eus chanté ce couplet :

Bravant la chance des combats,
Lorsque leur chef les accompagne,
Voyez tous nos jeunes soldats
En chantant faire une campagne.
Ils brûlent, ces braves guerriers,
Jusqu'à leur dernière cartouche,
Puis ils dorment sur des lauriers :
Comme on fait son lit on se couche,

je laisse à penser l'effet que produisirent *guerriers* et *lauriers*... ce fut une explosion !... un délire !... une rage !... On me criait *bis !... encore !* [...] On proposa mon admission séance tenante[1]. »

En 1818, la France est toujours occupée. Dans près de soixante départements, plus de cent mille soldats

1. *Ibid.*

étrangers vivent chez l'habitant. Avec les traités de 1814 et 1815, la France a perdu la Belgique, la Savoie, et surtout les places fortes du nord-est et la rive gauche du Rhin. La Prusse, elle, est devenue une puissance rhénane et l'Angleterre a rajouté Tobago, Sainte-Lucie et l'île de France à son empire des mers. En 1814, Louis XVIII a eu le malheur d'arriver à Paris quand étaient déjà présents dans la capitale le tsar, le roi de Prusse, le premier ministre autrichien et le Premier ministre anglais : image indélébile qui fera de la Restauration un régime apporté dans les fourgons de l'étranger. Désormais, le souvenir d'une grandeur déchue ne peut que hanter les esprits. En 1818, Debraux était déjà un chansonnier réputé ; un an auparavant il avait écrit *Te souviens-tu*, chanson de goguette au succès non moins retentissant puisqu'elle figure deux cents ans plus tard au répertoire de la chorale de la promotion de Saint-Cyr *Chef d'escadron de Neuchèze* (promotion 2014-2017). Le rythme lent, la mélodie douce et les paroles mélancoliques rappellent une époque révolue :

> « Te souviens-tu de ces jours trop rapides,
> Où le Français acquit tant de renom !
> Te souviens-tu que sur les pyramides,
> Chacun de nous osa graver son nom ?
> Malgré les vents, malgré la terre et l'onde,
> On vit flotter, après l'avoir vaincu,
> Nos étendards sur le berceau du monde :
> Dis-moi, soldat, dis-moi, t'en souviens-tu ? »

Dans son *Bréviaire du chansonnier ou l'Art de faire des chansons*, paru en 1830 et dédié à Béranger, Émile Debraux expliquait qu'avec les six mots de *gloire/victoire*, *lauriers/guerriers* et *français/succès*, près de trois mille chansons furent écrites entre 1816 et 1824; inflation néfaste qui appauvrit grandement le genre de la chanson nationale, explique-t-il[1], mais inflation qui nous dit bien des choses sur la gloire. Sous Louis XIV, Racine et Corneille faisaient rimer *victoire* avec *gloire*. Sous la Restauration, *Français* se mit à rimer avec *succès*. Et qui mieux que *les compagnons de gloire* pour incarner la rime? Le soldat de la Grande Armée devint un personnage à la mode. Les chansons, les gravures, le théâtre s'en entichèrent. Dans les villages, ils étaient des milliers ces Coignet et ces Goguelat qui racontaient à l'auberge ou à la veillée les campagnes d'Austerlitz, de Friedland ou de Wagram. C'est auprès d'eux que Vigny cherchait de la matière pour faire le poète. Les Français goûtaient la paix mais pensaient à la gloire. En ville, et à Paris surtout, les vaudevillistes étaient sûrs de remplir un parterre s'ils mettaient en scène un grognard. « Une pièce avait de grandes chances de succès si les auteurs ne négligeaient pas d'y mettre de vieux soldats, des bivouacs, des drapeaux et des tambours. Les Français, et surtout les Parisiens, sont difficiles à satisfaire. Comme ils avaient protesté contre la guerre, ils protestaient contre la paix. De cette réaction était née la vogue des pièces militaires, dont le type le plus complet est *Le Soldat laboureur* [qui] fut joué aux Variétés, le 1er septembre 1821[2]. » Et qui retrouve-t-on dans cette pièce du *Soldat laboureur*? (Pièce que cosigna Brazier d'ailleurs.) Le cousin d'un soldat français familier au lecteur, puisque le héros principal s'appelait *Fran-*

1. Émile Debraux et F. Dauphin, *Bréviaire du chansonnier ou l'Art de faire des chansons*, 1830, p. 91-193.

2. Henri d'Alméras, *La Vie parisienne sous la Restauration*, p. 159-160. Albin Michel, sans date.

cœur. Et c'est un autre *Francœur* que l'on retrouve dans *Le Conscrit*, un autre vaudeville de 1823.

Napoléon et ses grognards devenus figures légendaires inspiraient les poètes, et les poètes étaient alors romantiques. Un jour triste et froid de décembre où Théophile Gautier se promenait dans les rues de Paris, il vit trois vieux grognards, trois pauvres hères vêtus de défroques mais dignes dans leur misère. Ces vestiges d'un ancien temps se rendaient à un point précis de la capitale, facile à deviner ; il en fit un poème, *Les vieux de la vieille*, parce que ces « Achilles d'une *Iliade* qu'Homère n'inventerait pas » méritaient qu'on les salue :

> « Quand on oublie, ils se souviennent !
> Lancier rouge et grenadier bleu,
> Au pied de la colonne, ils viennent
> Comme à l'autel de leur seul dieu. »

Napoléon devint le porte-voix d'une jeunesse voulant accomplir de grandes choses mais dont l'énergie ardente est bridée. À propos de la bataille d'*Hernani*, Théophile Gautier écrivait : « Dans l'armée romantique comme dans l'armée d'Italie, tout le monde était jeune. Les soldats pour la plupart n'avaient pas atteint leur majorité, et le plus vieux de la bande était le général en chef, âgé de vingt-huit ans. C'était l'âge de Bonaparte et Victor Hugo à cette date. » Trois mois après la première représentation d'*Hernani*, le roi et la reine de Naples étaient reçus le 15 mai 1830 à Saint-Cloud, en visite officielle ; le 17 ils dînaient aux Tuileries. L'arrivée du couple royal dans la capitale eut évidemment son lot de spectateurs, parmi lesquels le jeune Victor Hugo. Ce dernier composera le lendemain un poème de circonstance, sa *Rêverie d'un passant à propos d'un roi*, où le protagoniste de ce petit événement n'est pas tant le poète qu'une vieille femme du peuple :

> « Voitures et chevaux à grand bruit, l'autre jour
> Menaient le roi de Naples au gala de la cour.
> [...]
> La fanfare emplissait la vaste cour, jonchée
> D'officiers redressant leur tête empanachée ;
> Et les royaux coursiers marchaient sans s'étonner,
> Fiers de voir devant eux des drapeaux s'incliner.
> Or, attentive au bruit, une femme, une vieille,
> En haillons, et portant au bras quelque corbeille,
> Branlant son chef ridé, disait à haute voix :
> Un roi ! sous l'Empereur, j'en ai tant vu, des rois !
> [...]
> Ainsi ce qu'en passant avait dit cette femme
> Remuait mes pensées dans le fond de mon âme.
> Quand un soldat soudain, du poste détaché,
> Me cria : *Compagnon, le soleil est couché.* »

On retrouve là une réminiscence de Tacite que Chateaubriand appliquait à Napoléon : *le bruit que fait le soleil en s'immergeant à l'extrémité de notre hémisphère*. Le souvenir de l'Europe faisant sa cour à la France – *j'en ai vu tant, des rois !* dit le peuple – et de manière plus générale l'éclipse de la grandeur française revivait alors dans la très classique opposition de l'action et du sommeil, de la jeunesse et de l'immobilisme, de la couleur et de l'obscurité. Tous ces thèmes sont éminemment romantiques. Il suffit de penser au fameux gilet rouge de Théophile Gautier à la première représentation d'*Hernani*, ou encore à sa louange des tableaux de Delacroix où « la couleur s'entasse à l'endroit qui est le point central de l'action ». Napoléon devenu un mythe était un nouveau mât des couleurs au pied duquel se rassemblaient l'action et l'accomplissement de grandes choses. Pour Chateaubriand, « l'âme manqua à l'univers nouveau sitôt que Bonaparte retira son souffle : les objets s'effacèrent dès qu'ils ne furent plus éclairés de la lumière qui leur avait donné le relief et la couleur » ; lorsque de Brack publiera son traité en 1831, il parlera alors de la période écoulée comme de « quinze années de sommeil et de Bas-Empire [où] avant 1815 les armées servaient à se battre [et] depuis 1815 ont servi à parader ».

Ce langage de poète trouvait évidemment un sens politique. Au moment où le soleil se couchait dans l'autre hémisphère, la France avait évidemment besoin de repos – d'une restauration pourrait-on dire – mais le souvenir de la République et de l'Empire donnera rapidement un caractère agité à ses *années de sommeil*. La paix de 1815 se voyait qualifiée de *halte dans la boue* par le général Lamarque (celui dont Victor Hugo racontera les funérailles dans *Les Misérables*) et Chateaubriand dira dans ses *Mémoires* que « retomber de Bonaparte et de l'Empire à ce qui les a suivis, c'est tomber de la réalité dans le néant, du sommet d'une montagne dans un gouffre ». Une volonté de réveil alimentait les disputes politiques qui tendaient à faire sortir la France de son lit où le congrès de Vienne l'avait couchée, épuisée après vingt-cinq ans de guerre. Affaiblie, vaincue, la France avait été bordée de très près par les puissances européennes. La Révolution était contagieuse et la France était veillée par des gardes malades très vigilants. L'étroitesse de ses nouveaux draps blancs l'empêchait de se mouvoir à sa guise. Le point sensible de l'honneur et de l'indépendance était un motif récurrent à la tribune pour critiquer le gouvernement, surtout quand la gloire de ses armes était insultée par l'étranger vainqueur. Le début de l'année 1827 offre un exemple avec l'incontournable Colonne. Le 9 février, dans le *Journal des débats*, Victor Hugo publiait son *Ode à la colonne de la place Vendôme*. Une déclaration d'amour d'un jeune homme – Hugo n'a pas encore vingt-cinq ans – à tout ce que la Colonne représente :

« Je t'aime : l'étranger t'admire avec effroi.
J'aime tes vieux héros, sculptés par la Victoire,
Et tous ces fantômes de gloire
Qui se pressent autour de toi. »

Cependant, l'ode de Victor Hugo est surtout un cri de colère contre l'étranger, contre l'Autriche très exactement, qui s'est permis d'insulter la Grande Armée. Hugo est alors royaliste mais il se rappelle qu'il est le fils d'un général d'Empire. Enfant, il avait battu des mains lors de l'inauguration de la statue. Par sa voix, les vieux héros de la Colonne se réveillent et se défendent :

« Leur voix mêlait des noms à leur vieille devise :
TARENTE, REGGIO, DALMATIE et TRÉVISE !
Et leurs aigles, sortant de leur puissant sommeil,
Suivaient d'un bec ardent cette aigle à double tête,
Dont l'œil, ami de l'ombre où son essor s'arrête,
Se baisse à leur regard, comme aux feux du soleil ! »

Pourquoi donc Hugo rappelle-t-il ces noms de lieux et de victoire, où les aigles de la Grande Armée firent baisser les yeux à l'aigle autrichien ? Cette ode est un autre poème de circonstance. En effet, l'année 1827 commença par une grosse polémique dans laquelle s'empêtra le gouvernement. En janvier, l'ambassadeur d'Autriche avait donné une réception où furent conviés notamment les maréchaux Oudinot, Soult, Mortier et Mac Donald, respectivement duc de Reggio, duc de Dalmatie, duc de Tarente et duc de Trévise. C'est à eux que Victor Hugo fait clairement allusion. Lorsque les maréchaux se présentèrent à l'ambassade, ils furent annoncés par leur nom de famille et non par leur titre. C'était absolument contraire à ce que voulait l'usage. L'Autriche, en la personne de son ambassadeur, niait ces titres de gloire qui rappelaient trop ostensiblement que des villes et provinces des Habsbourg avaient été un jour conquises par les armées françaises. La démarche était calculée ; l'insulte était délibérée et l'humiliation fut publique. Les maréchaux se retirèrent aussitôt et le lendemain la presse rapporta l'événement qui fit grand bruit. Le scandale était énorme et l'occasion trop belle pour donner une occasion d'attaquer le gouvernement. Comment pouvait-il tolérer un pareil affront ? Pourquoi ne réagissait-il pas ? Il dut subir une attaque en règle de tous les partis : « ainsi le ministère qui n'avait osé froisser qu'une à une toutes les nuances d'opinion trouve une occasion de les frapper d'un seul coup dans une question qui les réunit toutes », écrit *Le Journal des débats*. Le président du Conseil Villèle se justifie comme il peut : « La France n'a pas le droit d'imposer ces qualifications aux étrangers, [...] l'ambassadeur dans son hôtel en France est comme en son pays[1]. » Que l'on soit libéral ou ultra, toute l'opinion fait bloc contre le gouvernement qui tâche de minimiser les faits. À la Chambre des députés, Benjamin Constant (libéral) dénonce la faiblesse voire la connivence du gouvernement ; Hyde de Neuville (ultra) déclare que « si l'ambassadeur d'Autriche a osé inviter à sa table

1. Duvergier de Hauranne, *Histoire du gouvernement parlementaire en France : 1814-1848*, tome IX, Michel Lévy Frères, 1869, p. 135-136.

de braves maréchaux pour les faire débaptiser par un valet, il a manqué au roi et à la France [et que] en supportant cette insulte, le ministère outrage l'honneur et la gloire du pays[1] ». On s'insurge contre ce gouvernement qui ne prend pas fait et cause pour les maréchaux et dont la piètre justification se borne à s'abriter bien mal derrière de faibles remparts juridiques. On se félicite que les pairs de France et la maison militaire de Charles X refusent de se rendre aux nouvelles invitations de l'ambassade d'Autriche. Le gouvernement a par ailleurs un passif qui ne plaide pas en sa faveur. De manière plus feutrée mais tout aussi désobligeante, le cabinet autrichien avait ouvert les hostilités en 1823, à l'occasion de la possible désignation du maréchal Victor comme ambassadeur de France à Vienne. Victor venait de quitter le ministère de la Guerre et s'était vu proposer l'ambassade d'Autriche ; l'Autriche fit savoir qu'elle n'accepterait pas un ambassadeur se prévalant du titre de *duc de Bellune*. Victor refusa de céder et le gouvernement dut se résoudre à désigner un autre ambassadeur. On en resta là. Le gouvernement français ne s'était pas beaucoup battu sur cette question de principe d'autant plus que le comportement autrichien frisait l'hypocrisie : comme le remarquait Chateaubriand, Vienne n'avait fait aucune difficulté à reconnaître Nelson *baron du Nil* et Wellington *prince de Waterloo*.

Tâche difficile que de gouverner alors ! Le système représentatif et la liberté de la presse étaient les deux jambes non encore assurées sur lesquelles la Restauration tâchait de trouver son équilibre. En 1827, Villèle est au pouvoir. Son ministère qui dura plus de cinq ans fut le

1. *Ibid.*

plus long de toute la Restauration et son caractère pourrait être à l'image de cette même Restauration. « Marin circonspect, il ne mettait jamais en mer pendant une tempête, et, s'il entrait avec dextérité dans un port connu, il n'aurait jamais découvert le Nouveau-Monde », disait de lui Chateaubriand. Il ne rentre pas dans le cadre de ce livre de détailler la politique suivie par les gouvernements qui se sont succédé, ultras ou libéraux ; pour le sujet qui nous occupe résumons-la en insistant sur le besoin de paix et de stabilité qui étaient indispensables pour renouer avec la « chaîne des temps ». Au-dedans, concilier la nouvelle et l'ancienne France, garantir l'égalité civile mais restaurer le principe monarchique, garantir les biens nationaux mais restaurer la religion ; au-dehors ne pas indisposer l'Angleterre, la Prusse, l'Autriche et ne pas remettre en cause l'ordre monarchique européen. Pour qui se remémore Valmy, Marengo ou Austerlitz, c'est là que le bât blesse particulièrement. Si l'esclandre du bal de l'ambassadeur d'Autriche prit tant de proportions, c'est parce qu'il était douloureux de constater que la France pesait bien peu dans la balance de l'Europe et que l'intérêt pesait plus lourd que le devoir dans la balance du gouvernement. À cet égard, l'analyse de Chateaubriand sur son époque mérite d'être relevée. La vie politique de l'auteur des *Mémoires d'outre-tombe* se déroula essentiellement entre 1815 et 1830 ; pendant quinze ans il n'aura eu de cesse de vouloir faire retrouver sa grandeur à la France. « La légitimité se mourrait faute de victoires, après les triomphes de Napoléon », dira-t-il. C'est là toute sa ligne de conduite. Ambassadeur à Berlin, il envoie un courrier à Paris suggérant d'occuper la Savoie en réaction à l'occupation du Piémont par la Russie et l'Autriche (« je suis persuadé que cet acte de vigueur et de haute politique, en flattant l'amour-propre français, serait par cela seul très populaire [...] ; nous devons éviter de blesser l'amour-propre français et la domination des Russes et des Autrichiens en Italie peut soulever notre orgueil militaire ») ; ambassadeur à Londres, il propose que la France remplace l'Autriche dans le Piémont (« l'idée de rendre de la force et de l'éclat à nos armes me dominait toujours [...] ; je me félicite en bon Français de tout ce qui tend à replacer notre patrie à ce haut rang qu'elle doit occuper parmi les nations étrangères ») ; ministre des Affaires étrangères, il se sera démené pour que la France intervienne en Espagne, et le Trocadéro sera son triomphe personnel; ambassadeur à Rome, il rédige son *Mémoire sur l'Orient* où il rejette une alliance avec l'Autriche et l'Angleterre et préconise une entente avec la Russie qui seule peut redonner à la France la rive gauche du Rhin.

On s'en doute bien, la politique voulue par Chateaubriand n'est pas celle de la Restauration, qui préférait rester à l'abri au port plutôt que mettre en mer et risquer d'affronter la tempête. La guerre d'indépendance grecque l'illustre assez bien. En octobre 1827 eut lieu la bataille de Navarin, où les flottes ottomane et égyptienne furent détruites par une flotte franco-anglo-russe. La cause de l'indépendance grecque y gagnait un combat décisif et le succès de l'affaire enthousiasma l'opinion publique. Garneray en fit un tableau. Nouvelle bataille de Salamine et nouvelle bataille de Lépante, la cause grecque réunissait alors toute la France, celle dont le cœur battait pour la liberté et celle dont les bras voulaient se mettre au service des chrétiens opprimés. En revanche, la destruction des flottes ottomane et égyptienne ne faisait pas l'affaire de tous les gouvernements car ce n'était pas le résultat visé.

Dans ses *Mémoires*, la comtesse de Boigne dépeint l'état d'esprit qui régnait alors dans les cabinets : « Le gain de la bataille de Navarin ne fit pas grand plaisir aux Tuileries, quoiqu'on n'osât pas l'accueillir tout à fait aussi mal qu'à Londres. » D'un côté la Russie jubilait car son influence s'accroissait considérablement du côté de la mer Noire et de Constantinople ; d'un autre côté, parce que la Russie y gagnait justement en influence, l'Angleterre voyait dans ce combat un « événement malencontreux » (discours de Wellington lors du discours de la Couronne) et l'Autriche était consternée ; quant à la France, plutôt alliée à l'Égypte (qu'on garde en tête l'obélisque de la Concorde), elle voyait la perte d'un contrepoids à la supériorité navale anglaise en Méditerranée orientale… Le déploiement de force n'avait qu'un seul objectif, imposer la cessation des combats en empêchant la Porte d'envoyer ses troupes sur le sol grec. La Grèce devait retrouver la paix mais rester sous la domination turque. Le paiement d'un tribut annuel paraissait la meilleure solution. C'était une politique mesurée. D'une part contenter l'opinion publique plaidant pour une véritable intervention en faveur des Grecs depuis le début de leur insurrection en 1821 et l'horrible répression ottomane qui s'ensuivit. D'autre part, maintenir un équilibre entre puissances et éviter une indépendance qui aurait inévitablement encouragé les mouvements révolutionnaires qui agitaient régulièrement l'Europe, comme en Espagne, en Pologne, dans le Piémont ou à Naples. Hugo composa d'ailleurs un autre poème de circonstance, *Navarin*, où il s'adresse à l'amiral Canaris, héros de l'indépendance grecque (« Pleure ! comme Crillon exilé d'un combat/Tu manquais à cet incendie ! ») et où il reproche surtout aux souverains de l'Europe leur trop sage attitude :

« En vain, pour te sauver, patrie illustre et chère,
Nous réveillons le prêtre endormi dans sa chaire,
En vain nous mendions une armée à nos rois.
Mais les rois restent sourds, les chaires sont muettes.
Ton nom n'échauffe ici que des cœurs de poètes. »

La colonne, ou l'impossibilité de dissocier la gloire de la liberté

Navarin montre que le cœur de Victor Hugo se réchauffait auprès de deux grands principes : la gloire et la liberté. La nostalgie de la gloire ne peut se réduire seulement à un regret somme toute simpliste de victoires sur un champ de bataille. Non, cette nostalgie s'adosse à un principe au caractère plus élevé : la *liberté*. Dans une France redevenue monarchique et tenue en lisière par les puissances européennes, le souvenir de Napoléon va progressivement s'adosser voire s'amalgamer à celui de la République et des principes de 1789. Si la gloire pèse sur les esprits de tout son poids gagné pendant l'Empire, elle n'est cependant plus lourde à porter car elle s'est allégée de l'autoritarisme impérial qui l'accompagnait et que la liberté a remplacé. Hugo avait raison quand il affirmait que la particularité du poète était de comprendre son époque. Il est instructif de voir comment Heinrich Heine comprenait la France. Le poète allemand s'était installé à Paris après la révolution de 1830. Correspondant de la *Gazette universelle d'Augsbourg,* il se faisait fort d'expliquer la France et les Français à ses lecteurs d'outre-Rhin :

« Napoléon et La Fayette sont les deux noms qui resplendissent aujourd'hui de la plus belle auréole en France [...]. Il est certainement vrai que Napoléon mort est encore

> plus aimé des Français que La Fayette vivant. On ne se figure pas hors de France combien le peuple français est encore attaché à Napoléon. [...] *Napoléon* est pour les Français une parole magique qui les électrise et les éblouit. Mille canons dorment dans ce nom aussi bien que dans la colonne de la place Vendôme, et les Tuileries trembleront si ces mille canons s'éveillent un jour[1]. »

Évoquer Napoléon et La Fayette, c'est personnifier la gloire et la liberté. Mais Heine ne manque pas d'évoquer la Colonne dans son analyse de la société française. Parce que le monument rappelait la gloire de l'Empire, il avait un potentiel énorme de subversion. Le pouvoir se méfiait de l'engouement du peuple pour ce souvenir napoléonien. En avril 1831, la reine Hortense était de passage à Paris avec son fils Louis-Napoléon (qui sera un jour Napoléon III). Ils arrivaient d'Italie et se rendaient en Suisse; une loi d'exil frappait les Bonaparte, et Hortense et son fils voyageaient incognito. Hortense informa tout de même Louis-Philippe de sa présence et lui expliqua qu'elle ne demandait pas à rester; seulement, son fils étant très malade, elle sollicitait l'autorisation de demeurer à Paris le temps de son rétablissement. Louis-Philippe n'y vit pas d'inconvénient... jusqu'au 5 mai 1831 où il changea d'avis. Ce jour-là était le dixième anniversaire de la mort de l'Empereur. La reine en exil et son fils étaient alors logés dans un hôtel sur la place Vendôme; ils virent le peuple de Paris venir déposer des fleurs au pied de la colonne. On cria *Vive l'Empereur!* Il y eut un peu d'agitation. Les Tuileries s'inquiétèrent, et ce d'autant plus qu'un Bonaparte séjournait juste à côté de cette colonne (un Bonaparte voyageant

1. Heinrich Heine, *De la France*, nouvelle édition, Michel Lévy Frères, 1873, p. 42-46.

incognito et qui n'était même pas héritier présomptif puisque Napoléon II vivait encore !). Le jour même, un aide de camp de Louis-Philippe vint signifier à la mère et au fils l'obligation de quitter la capitale. Vexés de l'inélégance de ce revirement, Hortense et Louis-Napoléon s'exécutèrent. Le pouvoir devait-il réellement craindre quoi que ce soit ? Difficile de juger, mais, pour le gouvernement, la réponse était claire si peu de temps après les journées de juillet 1830. Surtout ne pas prendre de risque ! Un an plus tôt, Victor Hugo s'était mêlé de politique encore au sujet de la colonne et des troubles supposés qu'elle pouvait créer. Le 2 octobre 1830, une pétition était arrivée à la Chambre des députés, demandant que les cendres de l'Empereur fussent déposées au pied de la colonne. Le général Lamarque se prononça en faveur de la pétition, après avoir bien pesé le pour et le contre :

> « Tout est grave quand il s'agit de Napoléon ; son nom est une puissance, sa mémoire éternelle : la mort n'a pu glacer ses cendres. Portées sur le sol de la France, elles auraient naguère suffi pour renverser la dynastie que nous imposait l'étranger. Mais tout est changé parmi nous. Le droit divin et le droit de l'épée ont disparu devant les droits de la nation[1]. »

Ce fut tout. Deux mois à peine après les journées de Juillet, la démarche était inopportune. La pétition suscita quelques échanges à la tribune (comme le discours de Lamarque), des apostrophes entre députés, et fut enterrée dans la foulée. On enchaîna sur un projet de loi relatif à l'importation du grain. Cette initiative mort-née laissa une impression profonde à Victor Hugo qui une semaine

1. *Journal des débats* du 3 octobre 1830.

plus tard composait un autre poème de circonstance, *À la Colonne*. Il disait en langage de poète ce que Lamarque avait expliqué à la tribune :

« La France, guerrière et paisible,
À deux filles du même sang :
L'une fait l'armée invincible,
L'autre fait le peuple puissant.
La Gloire, qui n'est pas l'aînée,
N'est plus armée et couronnée ;
Ni pavois, ni sceptre oppresseur ;
La Gloire n'est plus décevante,
Et n'a plus rien dont s'épouvante
La Liberté, sa grande sœur ! »

La gloire et la liberté, pour Heine, comme pour Hugo ; *gloire* et *liberté* étaient alors indissociables dans la bouche des poètes, et surtout des poètes romantiques. S'étonnera-t-on de voir Chateaubriand tenir le même langage ? Et sur le même thème qui plus est. Un an avant la révolution de Juillet, il était ambassadeur à Rome et avait comme secrétaire d'ambassade le fils du maréchal Lannes. Ce dernier lui demanda un jour la permission d'aller rendre visite à sa marraine, qui n'était autre que la reine Hortense alors en Italie. La demande d'autorisation était justifiée en raison de la loi d'exil. Réponse de Chateaubriand :

« Allez, monsieur, allez, à Dieu ne plaise que je vous en empêche ! Portez-lui mes hommages. La liberté n'a plus rien à craindre de la gloire. »

Dans cet après-1815, la *gloire* ne peut pas être pensée indépendamment de la *liberté*. Si l'on écoute Chateaubriand, on comprend même que c'est la méconnaissance de l'une et de l'autre qui devait fatalement aboutir aux trois journées de Juillet. Cinq ans auparavant, le 29 mai 1825, Charles X était sacré roi de France à Reims. L'événement est symbolique car le fait de renouer avec cette cérémonie immémoriale de l'ancienne France signifiait que la Restauration était pleinement accomplie. Le programme de la Charte de 1814 était réalisé puisque la « chaîne des temps » était définitivement renouée après que des « écarts funestes l'avaient interrompue » (comprendre la Révolution et l'Empire, qui ne sont pas nommément cités dans la Charte mais dont les acquis sont conservés). Opposant historique de l'Empereur et serviteur fidèle de la monarchie, Chateaubriand se fit un devoir d'aller à Reims ; mais serviteur désabusé de la légitimité royale, il estimait que la cérémonie n'était pas un sacre mais la représentation d'un sacre. Quelque chose manquait. À quoi pensait donc Chateaubriand ? À Napoléon, à l'homme *fastique* comme il aimait l'appeler. Tout le faste du sacre de Charles X à Reims ne pourrait pas faire oublier que la Restauration demeurerait pour toujours dans l'ombre de l'Empire. « La figure de l'Empereur domine tout désormais. Elle apparaît au fond des événements et des idées : les feuillets des bas temps où nous sommes arrivés se recroquevillent aux regards de ses aigles. » L'Empereur disparu, plus rien de grand ne peut se faire ; c'est une époque de « bas temps » qui baisse d'elle-même la tête au souvenir napoléonien. Et Chateaubriand ajoutait dans ses notes personnelles, qu'il insérera plus tard dans ses *Mémoires* :

« C'était ici le renouvellement de la monarchie ; on la pouvait recommencer avec la liberté et la religion : malheureusement on aimait peu la liberté ; encore si l'on avait eu du moins le goût de la gloire ! »

Toujours *la liberté et la gloire*, ensemble. Tels quels, les propos étaient prémonitoires. Charles X cessera de régner cinq ans plus tard après avoir ôté de son système de gouvernement ces deux points d'appui fondamentaux. La gloire d'abord, lorsque le ministère Polignac sera nommé à l'été 1829. Il exacerbera les divisions car on y voyait surtout Bourmont en tant que ministre de la guerre, Bourmont qui avait trahi Napoléon à Waterloo, Bourmont qui ne s'était pas contenté de déserter mais qui avait aussi dévoilé aux Prussiens le plan d'attaque français ! Lors de la constitution du ministère, le *Journal des débats* condamnait sans appel ce nouveau ministère :

« Waterloo ! Je ne demande pas à la Restauration de pleurer cette journée ; mais elle ne peut pas non plus demander à la France de la bénir : trop de notre sang y a coulé, trop de notre gloire y a été tué. Il n'y a pas de capitaine français qui n'ait les larmes aux yeux au souvenir de cette journée ; mais il y un homme disent-ils, qui doit, à ce souvenir, avoir la rougeur sur le front. [...] Coblentz, Waterloo, 1815 : voilà les trois principes, voilà les trois personnages du ministère [...]. Pressez, tordez ce ministère, il ne dégoûte qu'humiliations, malheurs et dangers. »

La liberté ensuite, lorsque paraîtront un an plus tard les fameuses ordonnances de Saint-Cloud qui suspendront la liberté de la presse et ordonneront la dissolution de la Chambre des députés, clairement libérale. Vingt-quatre heures plus tard éclatera le tonnerre de Juillet.

La gloire et la liberté contre la tranquillité et la prospérité

On se souvient que le jeune Dumas avait bénéficié d'une lettre de recommandation qui lui avait ouvert les bureaux du duc d'Orléans. Cette lettre était adressée au général Foy, qui trouva la place à Dumas. Intéressons-nous à Foy. Il avait quitté la vie militaire et était devenu député. Sa vie politique se consacrait à la défense du soldat, aux intérêts du petit peuple et à l'indépendance de la France face à l'Europe monarchique. Son premier discours à la tribune, en 1819, fut pour défendre les droits d'un capitaine dont le traitement de légionnaire avait été indûment réduit. Ce cas n'était pas unique, il était même général, et il fut l'occasion pour Foy de condamner les dérives de l'attribution d'une Légion d'honneur qui, depuis 1814, avait été remise à nombre de militaires « qui ne s'étaient jamais chauffés au feu du bivouac ». La conséquence était une diminution de moitié du traitement des légionnaires :

> « L'année 1814 est encore présente à votre mémoire ; vous n'avez pas oublié quelle épidémie de titres, de pensions, de grades, de rubans affligea ce pays au moment même où notre puissance venait d'être abaissée et où nous recevions la loi de l'étranger. Jusqu'alors l'étoile de l'honneur avait été dans l'armée le prix du sang. Tout à coup elle fut prodiguée à des services obscurs ou équivoques ; six mille promotions eurent lieu dans l'espace de trois mois [1]. »

Les vieux soldats, les vétérans, soit une bonne proportion de Français, ne pouvaient qu'aimer ce vieux

1. Maximilien Foy, *Discours sur l'ordre de la Légion d'honneur*, dans *Discours du général Foy*, établis par M.P.F. Tissot, P. A Moutardier, libraire-éditeur, 1826. Tous les extraits des discours de Foy sont tirés de ce livre.

général qui les défendaient. Lorsque Foy mourut, en 1825, ses funérailles témoignèrent de son immense popularité, une popularité qui allait bien au-delà de la caste militaire. Des dizaines de milliers de personnes se réunirent dans les rues de Paris. Toutes les classes de la société française étaient représentées. La jeunesse, avec les élèves des écoles de droit et de médecine fendant la foule pour porter le cercueil ; le peuple, avec des ouvriers, des artistes, des marchands ; la bourgeoisie et les élites, avec des avocats, des médecins, des généraux, des maréchaux, des pairs de France, Casimir Périer et même le vieux Gohier, quatre-vingts ans, ancien président du Directoire. Il faut dire que les funérailles étaient alors un bon indicateur d'opinion, et celles du général Lamarque, en 1832, soulèveront une grande ferveur populaire qui dégénérera même en émeute (c'est à cette occasion que le vieux La Fayette criera que plus un drapeau est troué, plus il est glorieux). La popularité du général Foy était due notamment à ses grands talents d'orateur qui le classaient comme un des meilleurs tribuns de son temps. L'éloquence avait longtemps appartenu à la seule chaire avant de pouvoir se déployer à la tribune. Avec la Révolution, les Mirabeau purent enfin rivaliser avec les Bossuet et si leurs voix furent tôt étouffées sous l'Empire elles reparurent dès la Restauration. Dès son premier discours, Foy fit sensation quand il déclara par exemple qu'il y a « de l'écho en France quand on prononce ici [*ici*, c'est-à-dire à la tribune] les noms d'honneur et de patrie ! ». Un autre jour, il déclarait que *la liberté était la jeunesse des nations*. Mais revenons à notre sujet avec un autre de ses discours, celui sur la *France désarmée* (1821). Il eut un grand retentissement et mérite que l'on s'y attarde :

> « Lorsque l'Europe entière est armée, lorsque l'Autriche inonde l'Italie de ses troupes, lorsque l'armée russe traverse la Volhinie et la Hongrie [...] au moment où les forces des étrangers sont triplées, quand je vois diminuer l'Armée de terre, quand je vois renvoyer les soldats en congés absolus [...] alors, messieurs, je dois craindre et tout craindre pour la France désarmée. [...] Oui, messieurs, si l'étranger armé envahit nos frontières, vous n'empêcherez pas vingt députés patriotes de s'élancer à cette tribune, et de s'écrier de là, comme d'Assas à Clostercamp : *À moi, Français, voilà l'ennemi !* »

Outre l'éloquence, Foy avait le don de la repartie. La suite de ce discours va devenir un morceau d'anthologie. La référence à d'Assas était un peu crâne, certainement emphatique, et un député interrompit Foy en lui lançant d'un ton goguenard : « Envoyez donc ces nouvelles à la Bourse ! » Sous-entendu : vos alarmes de va-t-en-guerre vont faire du mal aux affaires ; ce n'est pas de canons que l'on a besoin, mais d'une rente bien solide. La réaction de Foy est immédiate :

> « Je ne joue qu'à la hausse de l'honneur national. »

La réplique est parfaite. Quintessence d'à-propos et d'esprit de repartie, elle use des mêmes armes que son contradicteur et les retourne contre lui. Elle nous rappelle Surcouf et son Anglais. Pleine de panache, elle écrase de sa superbe un raisonnement manquant de grandeur. Elle aura un grand succès. Le général Lamarque l'utilisera à la tribune en 1831 (« lorsque les fonds publics sont à la hausse, l'honneur national est souvent à la baisse ») et on la retrouvera tout au long du XIXe siècle, jusque sous la plume de Gambetta, dans les journaux et la presse d'opinion pour déplorer un manque d'envergure ou la pusillanimité face à des prétentions étrangères. On distingue l'opposition, désormais familière au lecteur, entre une logique boutiquière veillant à ses intérêts et une logique de poète cherchant à « échauffer les cœurs », comme disait Hugo. Le député qui eut la mauvaise idée d'interrompre Foy représente un mode de raisonnement que le poète ne manquait pas de dénoncer. Molière en aurait fait un personnage de comédie, Chateaubriand en avait fait le portrait type :

> « L'univers change autour de nous : de nouveaux peuples paraissent sur la scène du monde [...], religion, politique, mœurs, tout prend un autre caractère. Nous apercevons-nous de ce mouvement ? Marchons-nous avec la société ? [...] Nous préparons-nous à garder notre rang dans la civilisation transformée ou croissante ? Non : les hommes qui nous conduisent [...] que savent-ils donc ? la bourse ! et encore ils la savent mal. Sommes-nous condamnés à porter le poids de l'obscurité pour nous punir d'avoir subi le joug de la gloire ? »

Le mariage d'amour de la *gloire* et de la *liberté* avait bien envie de remplacer le mariage de raison de la *tranquillité* et de la *prospérité*. On retrouve ainsi dans les *Mémoires d'outre-tombe* une foule de réflexions en rapport avec ce thème. Dès 1818, Chateaubriand reprochait déjà au gouvernement d'avoir inventé la « morale des intérêts » et d'avoir abandonné la « morale des devoirs » ; il comparait alors les ministres à « ces esclaves qui gouvernaient le Bas-Empire et qui vendaient tout, se souvenant d'avoir eux-mêmes été vendus » (on notera cette récurrence de l'opposition entre *empire* et *bas-empire*, qui devait plaire) et s'exclamait : « Quoi de plus absurde que de crier aux peuples : Ne soyez pas dévoués ! n'ayez pas d'enthousiasme ! ne songez qu'à vos intérêts ! » La chute de Villèle ? Elle intervint justement un mois après la victoire de Navarin. La destruction des flottes turque et égyptienne avait rompu un équilibre et les idées libérales reprenaient des forces ; le ministère Villèle fut renversé lors des élections de novembre 1827, ministère qui ne pouvait pas durer comme l'explique Chateaubriand :

> « J'étais persuadé que M. le comte de Villèle ne comprenait pas la société qu'il conduisait [...] les opérations de finances, les associations commerciales, le mouvement industriel, les canaux, les bateaux à vapeur, les chemins de fer, les grandes routes, une société matérielle qui n'a de passion que pour la paix, qui ne rêve que le confort de la vie, qui ne veut faire de l'avenir qu'un perpétuel aujourd'hui, dans cet ordre de choses, M. de Villèle eût été roi. [...] Sous la Restauration, [...] on sentait sous ses pieds remuer dans la terre des armées ou des révolutions qui venaient s'offrir pour des destinées extraordinaires. [...] M. de Villèle voulait retenir cette nation sur le sol, l'attacher en bas ; [...] je voulais, moi, occuper les Français à la gloire, les attacher en haut, essayer de les mener à la réalité par les songes : c'est ce qu'ils aiment. »

Les journées de Juillet ? Une petite anecdote servira à illustrer l'incapacité du pouvoir à discerner le sens de l'histoire :

> « Le duc de Raguse ayant vu le roi à Saint-Cloud, à son retour de Rambouillet, le roi lui demanda des nouvelles de Paris : "La rente est tombée. – De combien? dit le Dauphin. – De trois francs, répondit le maréchal. – Elle remontera", repartit le Dauphin ; et chacun s'en alla. »

La Restauration avait trébuché sur la liberté et la gloire. En se relevant, elle devenait la monarchie de Juillet. Le drapeau devenait tricolore, la nation retrouvait ses couleurs, la France retrouverait certainement ses frontières de 1792. La gloire et la liberté seraient de grands principes politiques, pensait-on alors ; l'une régnerait et l'autre gouvernerait. Las ! Rapidement les critiques que suscita Louis-Philippe furent d'avoir escamoté la révolution qui l'avait porté au pouvoir. Dans une logique de poète où le cœur devient le siège de la raison, la monarchie de Juillet, bien plus que la Restauration, apparut comme le règne de la tranquillité et de la prospérité. La révolution de 1830 portait en soi un principe moral dangereux pour l'Europe du traité de Vienne. Elle allait faire tache d'huile car, dans les mois qui suivirent, la Belgique et la Pologne se soulevèrent pour réclamer leur indépendance. La préoccupation essentielle de Louis-Philippe fut de rassurer Londres, Berlin, Vienne et Saint-Pétersbourg. Non, la France ne chercherait pas à propager l'esprit révolutionnaire. L'indépendance belge était l'occasion de rapprocher la Belgique de la France, voire de rattacher l'une à l'autre. Le Congrès national belge élit le fils de Louis-Philippe comme roi de la nouvelle monarchie constitutionnelle. *Casus belli* pour l'Angleterre qui ferait la guerre s'il le faut ; autant décréter que la Belgique serait française ! Louis-Philippe refusa la couronne pour son fils et maria une de ses filles au candidat de l'Angleterre. La révolution polonaise suscita un immense élan de sympathie. Le gouvernement était pressé de partout pour que la France aidât ou du moins reconnût l'indépendance polonaise. La Fayette dans son dernier discours à la Chambre des députés lança son célèbre « toute la France est polonaise ! » mais la postérité retint davantage le mot du ministre des Affaires étrangères lorsque l'insurrection aura été écrasée : « L'ordre règne à Varsovie. » Hors d'Europe, les affaires d'Orient confirmaient la faiblesse de la position française. Le vice-roi d'Égypte était en guerre contre son suzerain, le sultan ottoman. La France soutenait le premier mais l'Angleterre, la Russie, la Prusse et l'Autriche soutenaient le second. Par le traité de Londres du 15 juillet 1840, ces quatre puissances s'accordaient à l'insu de la France et un ultimatum était adressé à l'Égypte ; Thiers le président du Conseil voulut passer outre : il fut désavoué par Louis-Philippe qui ne voulait pas risquer la guerre. Lamartine qualifia le traité de Londres de *Waterloo diplomatique*. Quant à Chateaubriand, jamais tendre avec le roi des Français, il écrivait à la fin de ses *Mémoires* :

> « Qu'a donc fait Philippe pour le pays ? [...] Nous a-t-il donné la liberté ? Nous a-t-il apporté la gloire ? Il a passé son temps à mendier sa légitimation parmi les potentats, à dégrader la France en la faisant la suivante de l'Angleterre, en la livrant en otage. »

Si 1792-1815 signifiait la Liberté et la Gloire, que pouvait donc évoquer l'après-1815 ? Le poète aimerait dire *je chante*, il ne peut que déplorer un *je pèse, j'évalue et soupèse*. Qu'aura-t-il laissé à la postérité ? À tort ou à raison, un seul mot historique que le Français moyen a retenu de la période : le *enrichissez-vous* de Guizot. Mais Guizot nous a peut-être laissé la meilleure description de cet état d'esprit partagé entre la gloire/liberté et la prospérité/tranquillité. Un passage de ses *Mémoires* est très éclairant. Racontant la révolte polonaise et ses difficultés inextricables pour le gouvernement, il expliquait que cette tentative d'indépendance suscitait en France des manifestations publiques qui n'étaient pas « des apparences et du bruit » mais l'expression d'un « sentiment national sincèrement excité » et citait à l'appui de ses propos une lettre qu'il avait reçue d'un de ses amis du fin fond de la province. Cet ami lui dépeignait l'état d'esprit des départements et s'en inquiétait : « Je ne puis trop vous prier de réfléchir que nous ne sommes pas dans un moment de raison, où les moyens tout raisonnés du système représentatif suffisent. » L'ami concluait plus loin : « La France est, pour le moment, dans le genre sentimental bien plus que dans le genre rationnel[1]. »

Le genre sentimental bien plus que le genre rationnel. Tout est dit… ou presque. Pour le plaisir, regardons quelle forme (excessivement poétique) pouvait prendre le genre sentimental quand le philosophe Victor Considerant faisait de la politique étrangère. Il publiait en 1840 – en pleine crise d'Orient – *De la politique générale et du rôle de la France en Europe*. Il y expliquait que la politique française devait être en accord avec le caractère propre de la nation française, caractère qui épousait les grands idéaux d'*Humanité*, de *Justice*, de *Nationalité*, de *Fraternité des Peuples*. Pour cela, la France ne devait pas hésiter à brandir son épée s'il le fallait. De la même manière qu'on se prend de sympathie pour notre coq national Chantecler quand il est persuadé que si le soleil se lève pour éclairer le monde, c'est grâce à son chant, on peut difficilement ne pas aimer le *je chante* de Considérant sur le caractère français :

> « Si le Français est le peuple le plus *militaire* de l'Europe il en est en même temps le plus *sociable*, et il n'y a pas de

1. François Guizot, *Mémoires pour servir à l'histoire de mon temps*, tome II, Michel Lévy Frères, 1859, p. 285.

contradiction dans ces qualités ; loin de là. Ce n'est pas, en effet, un stupide amour pour la destruction et le carnage, ce ne sont point non plus des passions égoïstes ou ambitieuses qui font la puissance et la beauté du Français sur les champs de bataille ; non, sa valeur militaire vient directement de la richesse et de la noblesse de son caractère, de son amour pour le Mouvement, pour la Gloire, pour les Grandes Choses, de sa capacité pour l'Honneur et pour l'Enthousiasme, de son Esprit de Corps […], de la facilité chevaleresque avec laquelle il se plaît à s'exposer au danger devant la Masse, enfin du plaisir tout-puissant et passionné qu'il éprouve à se dévouer pour elle. Toutes ces qualités sont sociales, éminemment sociales, et ce sont elles qui font du Français le peuple, non pas le plus brave (presque toutes les armées de l'Europe sont également braves), non pas le plus froid dans le danger, non pas le plus sûr dans les revers ; mais le plus actif, le plus intrépide, le plus gai, le plus audacieux, le plus passionné et par conséquent le plus brillant sur les champs de bataille ; le peuple enfin qui, toutes conditions égales, bat naturellement les autres et est assuré de les battre quand il est bien conduit[1]. »

1. Victor Considerant, *De la politique générale et du rôle de la France en Europe*, Perrotin libraire, 1840, p. 72-73.

CHAPITRE 9

La gloire, facteur d'unité

Un mois avant la bataille de Valmy avait lieu le siège de Thionville. Ici aussi se trouvait un poète dans les rangs des coalisés. Il n'était pas allemand mais français, avait une vingtaine d'années, était inconnu, et transportait dans son barda le manuscrit d'*Atala*. Chateaubriand était alors un obscur cadet breton qui, à l'annonce de la mort de Louis XVI, était revenu en toute hâte d'un voyage en Amérique pour se retrouver dans l'armée de Condé. Son devoir s'appelait fidélité et le sentiment du devoir lui disait de prendre les armes. Aborder 1792 sous l'angle de l'honneur aristocratique ou de la patrie révolutionnaire nous met devant un sujet extrêmement compliqué ; sous l'angle de la gloire il devient tout simple. Que les Français se déchirent entre eux, qu'ils se fassent la guerre, c'est le lot tragique de l'histoire mais, si l'on écoute Chateaubriand, leur dénominateur commun est la gloire des armes. « C'étaient partout des Français. Les uns défendaient le roi, les autres la France ; dans les deux camps était la gloire, également par l'éclat des succès et par la noblesse des revers », écrira-t-il. Trente ans après Thionville, la Révolution et l'Empire étant passés, Chateaubriand est devenu ministre des Affaires étrangères. Il a déjà connu la gloire littéraire, il va goûter à la gloire de l'action. La guerre d'Espagne est son grand moment politique et il n'en est pas peu fier. « Ma guerre d'Espagne », disait-il avec l'humilité qui le caractérise. En janvier 1823 il prononce un discours à la tribune pour obtenir les crédits nécessaires à une expédition qui, en politique extérieure, est destinée à défendre un Bourbon qu'un début de révolution a chassé de Madrid mais qui, en politique intérieure, est surtout l'occasion d'effacer l'humiliante défaite de 1815. Il conclut : « Il manquait peut-être encore quelque chose à la réconciliation complète des Français. Elle s'achèvera sous la tente ; les compagnons d'armes sont bientôt amis, et tous les souvenirs se perdent dans la pensée d'une commune gloire. »

La gloire, instrument de réconciliation des Français, était un thème cher à Chateaubriand. Parce qu'elle célèbre la vaillance, le courage, l'exploit, elle dépasse les divisions et réunit les Français aux idées politiques que tout oppose, si ce n'est d'être Français. Ce nom de *français*, c'est justement dans l'adversité qu'on se le rappelle et l'auteur des *Mémoires d'outre-tombe* en fit lui-même plusieurs fois l'amère expérience quand, en des heures tragiques, il aurait volontiers sacrifié ses propres intérêts à la gloire des armes françaises. Après Thionville et son service dans l'armée de Condé, il s'exila en Angleterre. Étranger sans le sou logé dans un grenier mal chauffé de Londres, il eut à supporter un pénible affront un certain jour de 1798 lorsque, se promenant le long de la Tamise, un bateau anglais l'aperçut. On avait reconnu en lui un Français. On lui fit de grands signes accompagnés de nombreux hourras un peu trop joyeux : « On venait de recevoir la nouvelle du combat naval d'Aboukir : ces succès de l'étranger, qui pouvaient m'ouvrir les portes de la

France, m'étaient odieux. » Vingt ans plus tard, même situation et même réflexion. Ce sont les Cent-Jours, il a de nouveau quitté la France et il se trouve à Gand, accompagnant Louis XVIII en exil. Le 18 juin 1815, il se promène sur la grand-route de Bruxelles. Seul au milieu des champs, il entend au loin tonner le canon, dans la direction de Waterloo. La rumeur de la bataille le fait tomber dans un abîme de considérations. L'issue ne peut être que funeste. Napoléon gagne-t-il, le despotisme est vainqueur, la monarchie est définitivement perdue. Napoléon est-il vaincu, la légitimité revient en France précédée de vainqueurs qui ne sont pas français. Beau cas de conscience pour un fidèle de la monarchie, un amoureux de la liberté et un Français profondément attaché à son pays. S'imaginant le fracas de la bataille qu'un vent de sud rapporte distinctement, il ne peut s'empêcher de vouloir non pas tant une victoire de Napoléon qu'une victoire française :

> « Chaque bruit parvenu à mon oreille n'était-il pas le dernier soupir d'un Français ? Était-ce un nouveau Crécy, un nouveau Poitiers, un nouvel Azincourt, dont allaient jouir les plus implacables ennemis de la France ? S'ils triomphaient, notre gloire n'était-elle pas perdue ? Si Napoléon l'emportait que devenait notre liberté ? Bien qu'un succès de Napoléon m'ouvrît un exil éternel, la patrie l'emportait dans ce moment dans mon cœur ; mes vœux étaient pour l'oppresseur de la France, s'il devait, en sauvant notre honneur, nous arracher à la domination étrangère. »

Après Waterloo et jusqu'à sa mort, Chateaubriand n'aura jamais de mots assez durs contre les « honteux traités de 1814 et 1815 ». Toute sa carrière politique aura été guidée par un impératif de grandeur et, lorsqu'il se détachera de la vie politique active après 1830, il n'aura de cesse de continuer à dénoncer la petitesse de la politique étrangère française. Un jour de 1833, alors qu'il traversait le Rhin après avoir rendu visite à Charles X en exil à Prague, ce fut l'occasion pour lui de récriminer une nouvelle fois contre l'Europe de 1815 qui avait ôté à la France « ses frontières naturelles ». Parcourant la campagne rhénane (cet ancien département du *Mont-Tonnerre,* dit-il avec une pointe de nostalgie), Chateaubriand pensait aux soldats de Turenne et aux grenadiers de Napoléon qui l'avaient précédé sur ces marches du nord-est. Estimant que ce serait faire injure à leur bravoure que de croire cette dernière dictée par des considérations partisanes, il précisait pour le futur lecteur de ses *Mémoires* :

> « Ne renions aucun de nos triomphes ; les gloires militaires surtout n'ont connu que des ennemis de la France, et n'ont eu qu'une opinion : sur le champ de bataille, l'honneur et le péril nivellent les rangs. »

Ces considérations ne sont pas qu'une gentille lubie de poète perdu au milieu de ses songes. *La gloire des armes est un bloc indivisible*, voilà un précepte qui trouvera une illustration magnifique presque cent ans plus tard, en 1915. L'union sacrée offre un exemple qu'on ne peut passer sous silence puisqu'un symbole emblématique des grandes gloires du passé va servir à trancher un débat où l'on n'arrivait pas à se mettre d'accord. En février 1915, quelques mois avant le vote de la loi instituant la mention « mort pour la France », l'Assemblée nationale adoptait une proposition de loi tendant à instituer une « Croix de guerre » destinée à récompenser les centaines (les milliers !) d'actes de bravoure quotidiens des soldats au front. Assez vite, il était apparu que les seules citations individuelles ne suffisaient plus pour honorer des actions héroïques qui bien souvent valaient sacrifice. Il fallait une manifestation tangible de la reconnaissance de la nation. En mars, la proposition de loi était discutée au Sénat. Si, sur le fond, elle recueillait une chaude unanimité, sur la forme les divergences étaient sans fin. D'abord la Croix de guerre en elle-même : pourquoi une croix et pas une étoile, voire une médaille ? La Légion d'honneur étant une étoile, que la Croix de guerre soit aussi une étoile, argumente-t-on au Luxembourg. Et si la Légion d'honneur peut être d'or ou d'argent, que la Croix de guerre, elle, soit uniquement en bronze afin que toutes les actions qu'elle honorera soient « égales devant la gloire », ajoute-t-on. D'autres préfèrent encore *médaille de guerre* car Croix de guerre rappelle un peu trop Croix de fer. Bref, étoile, croix ou médaille ? Les décorations de presque toute l'Europe étant des croix, on se décide finalement pour la Croix de guerre, en bronze. Mais là n'est pas le plus intéressant, car les débats portèrent aussi sur la couleur du ruban. Initialement, la proposition évoquait un ruban de couleur *verte*. On estima que le vert était trop courant et un sénateur proposa alors un ruban *bleu* ; comme ce sénateur représentait le Var on lui rétorqua non sans humour que le bleu était la couleur de la Côte d'Azur ; on fit aussi remarquer que le bleu ferait penser au *bleu de Prusse,* ce qui serait de mauvais goût ; un autre sénateur rappela que c'était encore la couleur de l'ordre du Saint-Esprit, ce qui ne serait pas très républicain… Exit donc le bleu, et l'on s'accorda de toute façon sur le fait que quelle que soit la couleur, elle « signifierait la gloire ». Certes, mais quelle couleur alors ? Il fallait bien se décider et un sénateur royaliste trancha la question. S'exprimant au nom d'un collègue absent, il monta à la tribune et termina son discours pour appuyer une autre idée qui circulait :

> « Je veux, vous aurait dit notre collègue, avant de descendre de cette tribune, saluer une pensée, celle d'attribuer à la Croix de guerre le ruban de l'épopée grandiose et douloureuse, le ruban de Sainte-Hélène. Ce sera le rattachement de l'avenir au passé, l'union sacrée de l'espérance et du souvenir, l'épopée unique saluant les définitives revanches (*Très bien, très bien ! crie-t-on sur les bancs*). Eh bien, c'est le ministre de la Guerre, c'est M. Murat, un radical, qui ont eu cette idée, et c'est moi, royaliste, qui me fais en ce moment l'écho de mon ami. Si cela peut conduire à l'union sacrée, je me réconcilierai volontiers avec le ruban de Sainte-Hélène [...] [1]. »

Voilà revenir la médaille de Sainte-Hélène. Le ruban sera donc vert et rouge, et puisque la croix sera en bronze, le ruban comportera autant d'agrafes que de citations afin d'être lui-même « une hiérarchie de la gloire dans la gloire »...

La gloire triomphaliste, triomphante, nostalgique, conciliatrice, réparatrice, la gloire qui donne confiance : toutes les formes de la gloire des armes se sont manifestées entre 1789 et 1914. Le XIXe siècle a mis en évidence une grande vertu à cette gloire des armes : sa capacité à se présenter en facteur d'unité. Dans son célèbre discours à la Sorbonne, Renan insistait sur le « capital social » qui soutenait l'idée de nation : « un passé héroïque, des

1. Voir *Journal officiel de la République français, débats parlementaires*, 25 et 26 mars 1915.

grands hommes, de la gloire ». De cette gloire, celle des armes a un poids immense. Il y eut des soldats avant qu'il y eût des écrivains ou des savants ; règle universelle depuis que le monde est monde. Une nation s'ancre dans l'histoire, et historiquement c'est bien la gloire des armes qui possède, entre toutes les gloires, les racines les plus profondes. Que vienne la tempête, s'y raccrocher est un gage de solidité. La gloire des armes porte en elle un principe qui unit car elle nous dit que des siècles de coups d'épée n'ont fait de l'histoire de France qu'un seul et unique bloc, taillé au burin du triomphe ou aux ciseaux du malheur, mais taillé avec des instruments de poète. Dans un pays en proie à la division elle est un moyen de le réconcilier avec lui-même ; dans un pays meurtri elle est un moyen de lui redonner confiance. Ce « capital social » est une valeur refuge et de ce point de vue la France est si riche qu'elle en néglige la monnaie, comme disait le petit-fils de Renan... Après avoir vu en quoi elle était un ferment, voyons maintenant comment la gloire des armes fut aussi un puissant facteur d'unité en ce siècle agité, qu'il s'agisse de réconcilier la nation française ou bien de lui redonner confiance.

La gloire militaire pour réconcilier un pays divisé

Une question faussement facile : quel est le plus vieux monument de Paris, voire un des plus vieux de France ? On se doute qu'il a un rapport avec la gloire... Deux indices : son sommet est recouvert de plusieurs mètres de feuilles d'or, son piédestal comporte une mention rappelant la gloire des armes françaises. Ce monument âgé de plus de trente siècles est situé au centre de la place de

Paris qui symbolisa longtemps les divisions françaises. Que de péripéties avant de pouvoir le nommer *obélisque de la Concorde* ! Effectivement, le nom ne va pas de soi car la mise en place de *ce monument*, sur la place de *ce nom*, s'est avérée bien difficile. Non pas tant pour la prouesse technique qui a consisté à desceller, transporter puis élever le monolithe de deux cents tonnes qui aura mis deux ans à arriver à Paris, une fois chargé sur un navire spécialement construit pour ce transport hors du commun. Non, la vraie difficulté a été dans les choix respectifs, définitifs, du nom de la place et du type de monument qui devait s'élever en son centre. Pendant cinquante ans après 1789, les péripéties du choix de l'un et de l'autre reflètent la succession des régimes. Place Louis-XV, place de la Révolution, place de la Concorde, place Louis-XVI, place du Garde-Meuble, place des Champs-Élysées ; statue de Louis XV, puis fontaine expiatoire, puis monument représentant la Charte de 1814[1].

Pourquoi Louis-Philippe se décida-t-il pour l'obélisque ? Ni légitimiste, ni bonapartiste, ni républicaine, on imagine le nombre d'opposants que peut susciter la monarchie de Juillet. Le roi citoyen avait peu de marges de manœuvre et le pavé parisien riait déjà d'un éventuel futur « monument expiapoire[2] ». Or, l'obélisque avait le mérite d'être immémorial autant que de représenter un fait d'armes récent. Le 25 octobre 1836, la foule parisienne pouvait lire la mention suivante (en latin) sur le piédestal du bloc de granit taillé il y a plus de trente siècles : ILLUSTRE TÉMOIN D'UNE GLOIRE RÉCEMMENT

---

1. Victor Hugo, *Choses vues*, Calmann-Lévy, 1900, p. 20.

2. Paul Léon, de l'Institut, « Sur la place de la Concorde », paru dans *La Revue des Deux Mondes*, juillet 1953.

ACQUISE PAR LES ARMES SUR LES BORDS DU NIL – DONNÉ À LA FRANCE PAR L'ÉGYPTE ELLE-MÊME.

Pour ces raisons, et outre le fait que l'égyptologie est alors à la mode, l'obélisque était un monument suffisamment neutre pour le roi citoyen. « J'ai un motif de placer l'obélisque au centre, c'est qu'il ne rappelle aucun événement politique et qu'il est sûr d'y rester, tandis que vous pourriez y voir, quelque jour, un monument expiatoire ou une statue de la Liberté », explique-t-il alors au préfet de la Seine[1].

La visée politique est évidente, mais il faut garder à l'esprit que Louis-Philippe est resté tout de même dix-huit ans au pouvoir. De la Révolution jusqu'à la Ve République, très peu de chefs d'État peuvent s'en targuer. Sa politique, incarnée par Casimir Périer, a justement été appelée celle du *juste milieu* ; l'obélisque au centre de la Concorde est un bel exemple. Issu de sang royal mais présent dans les rangs républicains à Valmy et Jemmapes, Louis-Philippe peut prétendre à une certaine légitimité pour concilier l'avant et l'après 1789. Cela dit, après 1789, la Révolution est terminée. Entendons-nous bien : la graine a été semée, elle donnera des branches partant dans toutes les directions, des fruits dont le goût ne conviendra pas à tous, mais il n'y aura pas de retour en arrière. L'arbre de la Révolution a été planté, il ne sera pas déraciné. Une idée puissante, celle de la gloire, le soutiendra… Avant de poursuivre sur le rôle précis de la gloire militaire dans ce contexte, arrêtons-nous un instant sur la « gloire » entendue au sens large, plus ou moins républicanisée, mais voulue comme capable d'unir les Français. Il est ainsi frappant de constater que la « gloire »,

1. *Ibid.*

sans davantage de précision, est régulièrement invoquée lors de chaque changement de régime. Lorsque Louis-Philippe prête serment, le 9 août 1830, il jure « d'agir en toutes choses dans la seule vue de l'intérêt, du bonheur et de la *gloire* du peuple français ». La formule est quasiment identique à la prestation de serment de l'Empereur. Et lors de son investiture en tant que président de la République, Louis-Napoléon Bonaparte manifestait sa volonté de concourir à la « *gloire* de la République ».

Cette gloire, bien plus vaste que celle des armes, doit être évoquée car elle invite à l'unité. Promesse d'un avenir radieux, elle ne tire pas sa substance de la guerre. La paix générale de 1815 a certes condamné à l'inaction une jeunesse ardente mais ce repos était nécessaire pour que la France puisse reprendre à nouveau des forces. Le bonheur est depuis peu une idée neuve en politique, et la « gloire du peuple français » est aussi celle de sa prospérité que la paix du Congrès de Vienne promet. 1789 a instauré le règne de la loi qui chasse l'arbitraire, promeut l'égalité et favorise l'amélioration des conditions matérielles. Le meilleur exemple est le Code civil : « ma vraie gloire », disait Napoléon. Mais si être gouverné sous de sages lois, en paix, est un gage de prospérité, encore faut-il que le peuple ne se retourne pas régulièrement contre lui-même. Or c'est bien la vertu de la gloire des armes de rappeler que le peuple français, certes divisé, partage la même histoire et forme une seule nation. Outre l'obélisque, par deux fois encore Louis-Philippe recourra ainsi à la gloire militaire pour consolider la monarchie de Juillet. Le 10 juin 1837, le roi des Français inaugurait le musée de l'Histoire de France dans le château de Versailles. La demeure du Roi Soleil accueillerait désormais

« toutes les gloires de la France » : l'inscription figure en lettres d'or sur la façade du château. L'expression n'est cependant pas entièrement nouvelle en 1837 car on a pu dire que les vers du poète Émile Deschamps avaient inspiré la dédicace sur le fronton du musée :

> « Si jamais dans ce lieu, par un appel suprême,
> Tout ce qu'a vu de grand la France est évoqué,
> La gloire y fera foule et, dans Versailles même,
> L'espace, un jour, aura manqué[1] ! »

Dans ce musée, il est un lieu où se manifeste concrètement la vertu réconciliatrice de la gloire militaire.

Quand on parcourt la galerie des Batailles, que l'on pose son regard à droite ou à gauche, on s'y sent tour à tour capétien, révolutionnaire, bonapartiste. De Tolbiac à Wagram, trente-trois victoires françaises jalonnent la galerie. Si le visiteur promeneur est aussitôt habité par le sentiment que la France a été faite à coups d'épée, il voit surtout que cette histoire de France est un bloc de quinze siècles. C'est ce que purent constater tous les invités en ce 10 juin 1837. Le Tout-Paris était présent, avec les corps constitués, les pairs, les députés, le conseil d'État, les magistrats, l'Institut, la garde nationale, mais aussi de nombreux artistes, écrivains et poètes de l'action ; on comptait ainsi dans ce beau monde Hugo, Dumas, Michelet, Vigny, Musset, Delacroix et même Garneray. Hugo approuvera hautement le geste de Louis-Philippe consistant à transformer un monument monarchique en monument national :

1. Alphonse Bertrand, « Versailles depuis la Révolution française », article paru dans *La Revue des Deux Mondes*, avril 1905.

« Avoir accompli cette œuvre c'est avoir mis une idée immense dans un immense édifice; c'est avoir installé le présent dans le passé; [...] en un mot, c'est avoir donné à ce livre magnifique qu'on appelle histoire de France cette magnifique reliure qu'on appelle Versailles[1]. »

Geste d'unité, geste politique, Napoléon avait procédé de même en transférant les cendres de Turenne aux Invalides et en baptisant les rues parisiennes du nom d'hommes de guerre de l'Ancien Régime. Les deux tiers avaient été réservés à ses compagnons d'armes, mais un tiers revenait à Lowendal, Tourville Villars, Assas[2], etc. C'était bien l'homme politique qui agissait et non le chef de guerre, comme lorsqu'il déclarait un jour à son frère Louis qu'il était solidaire de tout ce qui s'est fait en France depuis Clovis jusqu'à Robespierre.

Trois ans plus tard, le ministre de l'Intérieur créait la surprise à la Chambre des députés. Les débats venaient de porter sur le prix du sucre; les esprits étaient à mille lieues de s'imaginer le discours qu'allait tenir Rémusat. Avant d'en prendre connaissance, il faut savoir gré au siècle de la gloire, siècle aussi de l'éloquence à la tribune, d'avoir donné naissance à la publicité des débats. Disposer non seulement de ce qui se disait dans le lieu de la représentation nationale mais aussi des réactions de l'assemblée était une formidable avancée démocratique. Et en ce 12 mai 1840, un peu après 2 heures de l'après-midi, les réactions de l'Hémicycle n'étaient pas celles d'un pays divisé. C'est à elles qu'il faut prêter attention (en italiques dans le discours) :

1. Victor Hugo, *Choses vues*, Gallimard, 2002, p. 84.

2. Daniel Milo, *Les Noms de rue*, dans *Les Lieux de mémoire*, II, *La Nation, La Gloire*, Gallimard, 1986, p. 299.

« M. le Président. – La parole est à M. le ministre de l'Intérieur pour une communication du gouvernement.

M. le ministre de l'Intérieur. – Messieurs, le roi a ordonné à Son Altesse Royale monseigneur le prince de Joinville (*mouvement d'attention et de curiosité*) de se rendre avec sa frégate à l'île Sainte-Hélène (*nouveau mouvement*) pour y recueillir les restes mortels de l'empereur Napoléon. (*Explosion d'applaudissements dans la salle et dans les tribunes publiques.*)

Nous venons vous demander les moyens de les recevoir dignement sur la terre de France, et d'élever à Napoléon son dernier tombeau. (*Bruyantes acclamations.*)

Le gouvernement, jaloux d'accomplir un devoir national (*voix nombreuses : oui ! oui !*), s'est adressé à l'Angleterre. [...] Désormais, la France et la France seule possédera tout ce qui reste de Napoléon. Son tombeau comme sa renommée n'appartiendra à personne qu'à son pays. La monarchie de 1830 est en effet l'unique et légitime héritière de tous les souvenirs dont la France s'enorgueillit.

Il lui appartenait sans doute, à cette monarchie qui la première a rallié toutes les forces et concilié tous les vœux de la révolution française, d'élever et d'honorer la statue et la tombe d'un héros populaire ; car il y a une chose, une seule, qui ne redoute pas la comparaison avec la gloire ; c'est la liberté !

(*De bruyants témoignages d'approbation succèdent à la lecture de cet exposé de motifs. Une vive émotion se manifeste sur les traits de plusieurs députés. M. Emmanuel de Las Cases a les yeux mouillés de larmes*[1].) »

La France, et rien que la France. De Napoléon, elle seule doit posséder les cendres. Sa terre seule doit accueillir son tombeau. On s'imagine bien la gradation de la ferveur des députés. D'abord la curiosité, puis la joie,

1. *Le Courrier français*, 13 mai 1840.

puis un enthousiasme délirant. Après d'ennuyeux débats sur les sucres de betterave et de canne, on les imagine s'arrêter de bavarder, tendre l'oreille, puis se mettre debout, applaudir frénétiquement et tomber dans les bras de l'un et de l'autre. Mais la vertu réconciliatrice de la gloire va encore au-delà de l'effet du discours de Rémusat, car c'est elle qu'il invoque pour que la France et l'Angleterre soient enfin véritablement en paix (« cette noble restitution resserrera encore les liens qui nous unissent ; elle achève de faire disparaître les traces douloureuses du passé. Le temps est venu où les deux nations ne doivent plus se souvenir que de leur gloire »).

Souvenons-nous de Lamartine déclarant un an auparavant que le gouvernement de Louis-Philippe ne pouvait pas faire de gloire militaire. Inutile d'aller jouer cette dernière à la hausse sur un champ de bataille puisqu'il suffisait d'aller en chercher la mémoire en Égypte, à Versailles, à Sainte-Hélène. L'histoire de France est une maison de banque renfermant un inépuisable capital de gloire et ne demandant qu'à produire de la rente. Mais comme tout capital, il peut être détourné. La France en fit les frais lors d'un grand événement historique où la gloire des armes française servit, malgré elle, à sceller l'union nationale d'un autre pays. Les Allemands se voulaient une nation depuis longtemps. La Révolution avait offert l'idée de sentiment national, l'humiliation de Iéna en fut la prise de conscience. Le 18 janvier 1871, l'Empire allemand était proclamé dans la galerie des Glaces. La portée symbolique était éminemment glorieuse pour le vainqueur, terriblement humiliante pour le vaincu. Premièrement, ce 18 janvier 1871 était un anniversaire. Cent soixante-dix ans auparavant, le 18 janvier 1701, avait été couronné roi de Prusse l'ennemi de Louis XIV,

Frédéric de Brandebourg. Deuxièmement, l'union allemande était proclamée sous les peintures mêmes de Lebrun célébrant les victoires de Louis XIV sur l'Allemagne. On imagine les vainqueurs, la tête haute et le verbe fier, contemplant cette ALLIANCE DE L'ALLEMAGNE ET DE L'ESPAGNE AVEC LA HOLLANDE, où l'Allemagne « regarde avec appréhension les Renommées et les Victoires françaises peintes au-dessus [d'elle] avec la bannière portant l'inscription VENI, VIDI, VICI », et où l'Allemagne « est accompagnée de la Terreur » avec « la Jalousie lui [posant] une main sur l'épaule pour faire entendre le sentiment qu'elle éprouvait à l'égard de la France[1] ». On les imagine encore, la mine réjouie et le doigt pointant vers ce PASSAGE DU RHIN EN PRÉSENCE DES ENNEMIS où « le Rhin n'avait point souffert de vainqueur depuis l'empereur Auguste[2]. »

En ce 18 janvier 1871, la gloire du nouvel empire allemand se payait avec toutes les anciennes gloires de la France. C'est ainsi que l'expression *Iéna est vengé* revient si souvent chez les contemporains allemands et que parmi eux l'historien Ranke explique à Thiers en 1870 que « les Allemands se battent contre Louis XIV[3] ». De manière plus générale, il faut relire ces vers de Hugo qui ouvrent *L'Année terrible* pour mesurer à quel point l'économie de la gloire française, patiemment accumulée au cours des siècles, vient de s'effondrer brutalement :

« Alors la Gaule, alors la France, alors la gloire,
Alors Brennus, l'audace, et Clovis, la victoire,

1. Voir site Internet du musée du château de Versailles.

2. *Ibid.*

3. Paul Deschanel, *La France victorieuse*, Eugène Fasquelle éditeur, 1919, p. 167.

Alors le vieux titan celtique aux cheveux longs,
Alors le groupe altier des batailles, Châlons,
Tolbiac la farouche, Arezzo la cruelle,
Bovines, Marignan, Beaugé, Mons-en-Puelle,
Tours, Ravenne, Agnadel sur son haut palefroi,
Fornoue, Ivry, Coutras, Cérisolles, Rocroy,
Denain et Fontenoy, toutes ces immortelles
Mêlant l'éclair du front au flamboiement des ailes,
Jemmapes, Hohenlinden, Lodi, Wagram, Eylau,
Les hommes du dernier carré de Waterloo,
Et tous ces chefs de guerre, Héristal, Charlemagne,
Charles-Martel, Turenne, effroi de l'Allemagne,
Condé, Villars, fameux par un si fier succès,
Cet Achille, Kléber, ce Scipion, Desaix,
Napoléon, plus grand que César et Pompée,
Par la main d'un bandit rendirent leur épée. »

Après 1870, comment survivre à la défaite de Sedan, comment vivre la perte de l'Alsace et de la Lorraine ?

Sculpture, peinture, littérature : gloire au vaincu ! disent les poètes

Redonner confiance est l'autre vertu de la gloire militaire. Quand vient l'épreuve, le doute, disposer d'un capital moral de vaillance permet de tenir dans les mauvais jours. C'est vers le grognard bardé de médailles que le jeune conscrit se tourne quand tombe son premier boulet, c'est en chantant « plaisir, bataille, mort ou canaille » que le fusilier se donne du cœur au ventre. Après Orléans et Patay, le crédit du parti français remonte en flèche, au point que la chevauchée vers Reims voit des villes anglaises, comme Troyes, tomber pratiquement sans coup férir. C'est la gloire de Pétain qui sert de recours en 1940. C'est la gloire de Leclerc et de Lattre qui sert de force morale à l'armée en Indochine, comme c'est la gloire du « plus illustre des Français » qui permet en mai 1958 de refonder la République. Entre 1870 et 1914, le siècle de la gloire continue de s'écouler. Sedan n'en a pas arrêté le cours, bien au contraire. La France, profondément meurtrie, est hantée par la défaite et son relèvement militaire est une nécessité politique autant que morale. La IIIe République naît dans la douleur, Renan appelle à une « réforme intellectuelle et morale », l'armée devient le cœur de la nation. Il ne s'agit pas d'énumérer les conséquences politiques, économiques, sociales issues de la défaite de 1870, ni de revenir sur la place centrale de l'armée, devenue fait de société et expression de l'unité nationale sous-tendue par l'idée de Revanche, ni d'expliquer le formidable relèvement de la France au point que, à la veille de la Première Guerre mondiale, le jeune Charles de Gaulle s'engageait dans une armée redevenue « une des plus grandes choses du monde[1] ». Il s'agit de mettre en évidence que la gloire militaire, entre 1870 et 1914, a redonné confiance et entretenu l'espérance de notre pays.

Trois jours après la capitulation de Sedan, Victor Hugo rentre en France et s'installe à Paris, là où la guerre va se déplacer. Les Parisiens sont au courant de son arrivée. Une foule immense l'attend à son arrivée en gare et, pressé par elle, il doit faire des discours à répétition (une fois depuis le balcon d'un café et trois fois depuis sa calèche…). Acclamé par tous, il donne « plus de dix mille poignées de main » à une foule qui « lui paye en une heure

1. « Quand j'entrai dans l'armée, elle était une des plus grandes choses du monde », Charles de Gaulle, *Mémoires de guerre, L'Appel, 1940-1942*, Plon, 1954, p. 8.

vingt ans d'exil ». Et quand il croise une troupe qui lui présente les armes, il lui déclare :

> « Vous êtes toujours les premiers soldats du monde. Jamais l'armée française n'a été plus héroïque ; l'Europe, émue, vous admire. Dans cette effroyable guerre, la victoire est pour la Prusse, mais la gloire est pour la France[1]. »

Fanfaronnade typiquement française ? Orgueil mal placé ? Non. Pourtant, d'autres ont moins de scrupules, comme Eugène Pelletan, un des ministres du gouvernement de la Défense nationale qui n'hésite pas à dénigrer la victoire allemande selon un procédé qu'on connaît bien :

> « Le cabinet de Berlin n'a jamais été qu'un profond boutiquier ; on parlait un jour de gloire, devant M. de Bismarck : – Ce n'est pas une valeur côté à notre bourse, répondait-il froidement ; et, en effet, la politique n'est pour lui qu'une opération de comptes en partie double, de doit et d'avoir[2]. »

Mais alors pourquoi admettrait-on que la gloire serait pour la France alors que Sedan est définitivement une défaite humiliante ? C'est là où Victor Hugo dévoile ses talents de poète. Dès le 5 septembre, il entrevoit ce dont la nation s'enorgueillira dès l'après-guerre. Oui, la gloire est pour la France car la gloire honore non pas le soldat vaincu, mais le soldat qui a fait son devoir jusqu'au bout. Après les combats tragiques du mois d'août, c'est la

1. Victor Hugo, *Choses vues, souvenirs, journaux, cahiers, 1830-1885*, Gallimard, 2002, p. 1053.

2. Eugène Pelletan, *Le 4-Septembre devant l'enquête*, Librairie Pagnerre, 1874, p. 114.

gloire rendue au devoir accompli. La charge des cuirassiers à Reichshoffen, la pluie d'obus de Gravelotte, l'héroïsme de Bazeilles méritent une reconnaissance nationale, comme tous les actes de courage qui se multiplieront dans l'hiver 1870-1871 : le siège de Paris, les combats désespérés de l'armée de la Loire, la résistance héroïque de Belfort. Comment rendre compte de cette somme d'actes tout autant héroïques que tragiques ? Grâce au poète qui, dans la sculpture, la peinture et la littérature rappelle que la gloire se donne aussi à l'humble soldat qui donne sa vie pour son pays. La France est vaincue, oui, mais ses enfants l'ont chèrement défendue et leur sacrifice ne doit pas être oublié. Il témoigne d'une grandeur de la France construite dans l'épreuve. « Gloire à notre France éternelle ! Gloire à ceux qui sont morts pour elle ! » disait Hugo. « Gloire aux vaincus » : tel est le nom de la statue qui récolta un succès fulgurant lors de son exposition à l'occasion du Salon de peinture de 1874. La ville de Paris en fit immédiatement l'acquisition et aujourd'hui on peut toujours la regarder au Petit Palais. Que voit-on ? « Une Gloire, ailée et cuirassée, emporte un jeune guerrier mourant pour l'élever jusqu'aux cieux, vers la Renommée et l'Immortalité [...] », précise la notice du Musée des Beaux-Arts, qui cite aussi un critique expliquant que c'est le « premier monument de notre consolation par l'art » grâce auquel le traumatisme de l'humiliante défaite est apaisé. L'après-1870 voit ainsi l'art se saisir de ce sujet que le public demande et pour lequel l'État procède à des commandes officielles. La mémoire d'une défaite si tragique ne peut s'apaiser que dans la consolation du devoir accompli pour la « Défense nationale ». C'est ce qu'explique d'ailleurs Renan dans son discours *Qu'est-ce qu'une nation ?*, prononcé en 1882 à la Sorbonne : « En fait de souvenirs nationaux, les deuils valent mieux que les triomphes ; car ils imposent des devoirs ; ils commandent l'effort en commun. » Deux tableaux célèbres illustrent cette volonté de montrer que l'honneur demeure sauf alors que tout est perdu. Ils valurent à leur auteur des récompenses à la hauteur de son succès. On peut les voir au musée de la Dernière Cartouche, à Bazeilles, et au musée d'Orsay. *Les Dernières Cartouches* furent exposées lors du Salon de 1873. Triomphe pour son auteur, Alphonse Neuville, qui est fait chevalier de la Légion d'honneur. Le *Cimetière de Saint-Privat* fut exposé au Salon de 1881. Nouveau triomphe, Neuville est fait officier de la Légion d'honneur. À son sujet, un critique d'art expliquait que « l'épopée de la défaite ne pouvait trouver d'artiste plus éloquent que celui-ci ; son œuvre donnait à l'orgueil blessé de la France la consolation du devoir accompli ; c'était la mise en œuvre par un peintre ému du légendaire " Honneur au courage malheureux "[1] ! »

« Honneur au courage malheureux ! » : l'expression est de Napoléon, quand les Autrichiens battus à Ulm défilaient devant la Grande Armée ; c'était l'hommage du vainqueur français au drapeau autrichien déchiré. L'expression aurait pu aussi être du roi Guillaume qui, le lendemain de la bataille de Saint-Privat, télégraphiait à la reine Augusta pour lui annoncer que sa garde « avait trouvé son tombeau devant Saint-Privat[2] ». Devant le tableau, le spectateur comprend pourquoi. Par l'effet de la mise en scène, il ne se trouve qu'à quelques mètres du

1. Albert Wolff, *La Capitale de l'art*, 1886, p. 301. Cité par François Robichon, *L'Armée française vue par les peintres*, éditions Herscher, 1998. Ministère de la Défense – Direction de l'administration générale.

2. François Robichon, *op. cit.*, p. 28.

cimetière de l'église où les soldats français se sont repliés. Submergés par les Allemands, entourés de maisons en flammes et de murs écroulés, ils se battent, et meurent, dans la fumée et la lumière pour protéger la retraite de leur armée. Saint-Privat est une défaite, mais une défaite que Neuville veut honorer :

> « Je désire raconter nos défaites dans ce qu'elles ont d'honorable pour nous, et je crois donner ainsi un témoignage d'estime à nos soldats et à leurs chefs, un encouragement pour l'avenir. Quoi qu'on en dise, nous n'avons pas été vaincus sans gloire, et je crois qu'il est bon de le montrer[1] ! »

Ainsi, le fait de rendre gloire au courage malheureux constitue un encouragement pour l'avenir. Oui, la France a été vaincue, mais son impréparation n'enlève rien à la valeur de ses soldats. Elle n'a pas à rougir d'eux et a même le devoir de leur rendre hommage. 1 900 000 soldats mobilisés, 280 000 morts ; en 1887 sera fondée l'association du *Souvenir français* afin de conserver la mémoire des soldats tombés en 1870-1871. Des centaines de monuments aux morts seront ainsi érigés (association toujours existante, chargée aujourd'hui d'entretenir la mémoire de tous les *morts pour la France*). Le sacrifice est glorieux, et le plaidoyer de Victor Hugo relativisant le succès prussien par la gloire française doit encore être considéré à la lumière des critiques qui accueillirent en 1892 la parution de *La Débâcle*, roman de Zola sur la défaite de Sedan. En bon naturaliste, l'auteur s'est voulu d'une précision scrupuleuse. Mais il ne raconte que Sedan et le début de la Commune. Dans sa

1. *Ibid.*

volonté de critiquer la décadence du Second Empire, le républicain Zola ne raconte l'humiliation de Sedan que pour mieux dénoncer l'effondrement d'un ancien monde. Il ne raconte pas la guerre de 1870-1871, il dissèque la grande défaite suivie de la guerre civile. Comme l'explique Raoul Girardet, « se trouvent ainsi expulsés de l'histoire de la France les luttes de la Défense nationale, les noms de Gambetta, de Chanzy et de Faidherbe, les six cent mille hommes levés dans le territoire envahi, la gloire des défenseurs de Belfort, les heures héroïques de l'armée de la Loire[1] ». Ce traitement partiel de la guerre de 1870 souleva des disputes qui se comprennent en lisant la critique impitoyable d'Eugène-Melchior de Vogüé dans la *Revue des Deux Mondes* de juillet 1892 (citée par Girardet) :

> « Je viens de l'achever, le livre douloureux. Que son auteur ait à un rare degré la puissance de faire souffrir, c'est ce que nul ne lui refusera. [...]
>
> L'historien-romancier semble ne pas tenir compte de ces efforts multiples, incoercibles, qui soutinrent pendant six mois une résistance unique dans les annales des guerres récentes. [...] *La Débâcle* ne reflète pas un instant la physionomie vraie de cette résistance, follement conduite, sans doute, maudite alors par les gens à courte vue, mais infiniment sage dans son principe et à jamais bénie, car tout ce que nous sommes aujourd'hui dans le monde, nous le devons à cette heure, à l'opinion que nous avons prise de nous-mêmes et donnée aux autres. [...]
>
> Le sujet de *La Débâcle* commandait nécessairement un livre triste. Il y a des tristesses douces ; il y en a d'amères et de salubres ; celle que nous laissent les peintures de

1. Émile Zola, *La Débâcle,* préface de Raoul Girardet, Gallimard, 1984, p. 16.

M. Zola, qu'il décrive une ambulance ou une noce, est presque toujours déprimante et désespérée. »

La critique est dure. En réalité, elle met en évidence la différence de perception entre ce qui relève de l'histoire et ce qui relève de la mémoire. Il y a le symbole, Sedan, analysé minutieusement, et il y a le souvenir d'une guerre, qui ne se résume pas à Sedan et hante la nation depuis vingt ans. L'histoire n'est pas la mémoire, or c'est bien de cette dernière que relève surtout la gloire militaire. Parce qu'il s'est battu jusqu'au bout (« résistance unique dans les annales des guerres récentes »), le vaincu mérite la gloire. C'est même un devoir national, car la France ne se relèvera qu'à la condition de voir sa tristesse adoucie et non pas rendue désespérée. Vogüé conclut en expliquant que la beauté d'un livre tient à sa capacité à aider à surmonter les temps difficiles. 1940 vient forcément à l'esprit, avec la France Libre comme exemple d'un beau livre – une épopée même. La critique de *La Débâcle* était un cri du cœur ; comment ne pas en entendre l'écho dans la résolution du général de Gaulle à poursuivre la guerre ?

> « Je pensais, en effet, que c'en serait fini de l'honneur, de l'unité, de l'indépendance, s'il devait être entendu que, dans cette guerre mondiale, seule la France aurait capitulé et qu'elle en serait restée là. Car, dans ce cas, quelle que dût être l'issue du conflit, que le pays, décidément vaincu, fût un jour débarrassé de l'envahisseur par les armes étrangères ou qu'il demeurât asservi, le dégoût qu'il aurait de lui-même et celui qu'il inspirerait aux autres empoisonnerait son âme et sa vie pour de longues générations[1]. »

1. Charles de Gaulle, *Mémoires de guerre, L'Appel, 1940-1942*, Plon, 1954, p. 87.

Il faut laisser au poète matière à dire *je chante* pour lui permettre de réenchanter l'avenir. Continuer la lutte en juin 1940 doit avoir pour la France le même effet moral que refuser de réduire 1870-1871 à la seule défaite de Sedan.

Précisons encore un dernier point. *La Débacle* date de 1892 ; depuis 1870 la situation morale et matérielle de la France s'était beaucoup améliorée. Vingt ans auparavant la France avait été amputée de deux départements, sa capitale s'était déchirée pendant la Commune et le peuple avait dû payer cinq milliards de francs-or. Une génération plus tard, que de changements ! Après l'*Année terrible*, la *Belle Époque*, celle que de Gaulle se remémore dans ses *Mémoires* et qu'il appelle « nos réussites nationales » : la visite du tsar, la revue de Longchamp, l'Exposition de 1900, les premiers vols en avion. L'Exposition universelle de 1878 se voulait déjà le symbole du redressement. La précédente datait de 1867, d'avant la défaite ; il fallait que celle de 1878 fût un réel succès pour qu'un grand poète et un grand peintre en témoignassent coup sur coup, en même temps et dans le même esprit, l'un avec ses mots, l'autre avec ses couleurs. Le 28 juin 1878, Victor Hugo confie dans ses notes que « l'univers est témoin que la France use bien de la défaite. [...] Aujourd'hui tous les peuples accourent vers une clarté. Quelle clarté ? La clarté de la France. La France a une façon d'être vaincue qui la laisse victorieuse[1] » et à peine deux jours plus tard Claude Monet compose *La Rue Montorgueil à Paris, fête du 30 juin 1878*. Le pinceau nous fait voir ce que Hugo exprimait avec sa plume : une foule innombrable, des centaines de drapeaux français, et par-

1. Victor Hugo, *Choses vues, souvenirs, journaux, cahiers, 1830-1885*, Gallimard, 2002, p. 1368.

tout, les couleurs bleu, blanc, rouge. Deux poètes qui disent haut et fort *je chante la gloire retrouvée*.

Édifier et instruire : en à peine l'espace d'une génération, la gloire des armes françaises sera aussi celle de la confiance retrouvée. La splendeur de la nouvelle armée, l'aventure des conquêtes coloniales et le souvenir des grandes victoires passées permettent d'entretenir l'espoir de la Revanche.

CHAPITRE 10

L'Aiglon, la gloire, la guerre

« Iéna venge Sedan », nous dit un historien

Le tableau de Monet est souvent considéré, à tort, comme une célébration du 14-Juillet. La fête nationale est officiellement instituée deux ans plus tard. À partir du 14 juillet 1880, l'armée défile devant les Français, d'abord à Longchamp, puis sur les Champs-Élysées. Le 14-Juillet est une fête militaire autant que nationale car chacun pourrait avoir comme frère, fils ou cousin ces soldats qui défilent. La 14 juillet 1886 revêt une certaine gloire pour l'armée française car ce sont les coloniaux du Tonkin que la foule acclame particulièrement. Défilent l'exotisme de l'Indochine, les combats héroïques contre les Pavillons noirs, les faits d'armes de Tuyên Quang, le souvenir de la mort de l'amiral Courbet sur le *Bayard*. Dans leurs uniformes si colorés et si différents, tous ces soldats montrent que la fin du siècle renoue avec l'aventure et l'action lointaine. L'expansion coloniale voit la superficie des territoires sous contrôle français multipliée par dix entre 1880 et 1895. Cette armée renaissante, réorganisée, est au service de la légitimité d'une IIIe République fondatrice de la « plus grande France ».

Mais le défilé de 1886 est aussi celui où l'étoile du général Boulanger est à son zénith. Caracolant sur son cheval noir, arborant fièrement sa barbe, le ministre de la Guerre est acclamé par la foule. La prestance du général Revanche est à l'image de la popularité de ses mesures et de son attitude vis-à-vis du voisin du nord-est. Si l'opinion demeure partagée entre la ligne bleue des Vosges et les sables dorés de l'outre-mer, il n'en reste pas moins que la grandeur retrouvée nourrit la confiance et, avec elle, une arrière-pensée entêtante. De la défaite de Iéna était né le nationalisme allemand ; les Allemands à Sedan vengent Iéna et achèvent leur unité. Iéna est vengé ? Voire. Iéna va justement revenir dans la mémoire française, et, de manière plus générale, tous les grands faits d'armes du Premier Empire et de la Révolution, d'autant plus que la France conforte aussi sa position internationale. L'alliance franco-russe et l'entente cordiale ne font plus craindre un conflit auquel chacun s'attend, à échéance plus ou moins lointaine. « Iéna venge Sedan », suivant la pensée de Jean Tulard, car la gloire militaire s'interprète aussi, à partir de 1880, comme le sentiment d'un peuple préparant la revanche autant que la belle.

Il faut toutefois apporter une précision. Le temps passant – qu'on la déplore, qu'on la craigne ou qu'on la souhaite –, l'ombre de l'Empereur recouvre tout le XIXe siècle. La IIIe République naît de la défaite du Second Empire : tout symbole d'un pouvoir fort, détenu par un seul, est désormais suspect. L'expérience du coup d'État rend le pouvoir personnel dangereux aux yeux du nouveau régime. La nouvelle Constitution prévoit d'ailleurs que le président de la République s'en tienne à « présider les solennités nationales » ; ainsi Jules Grévy lors de la revue de Longchamp en 1880. Par ailleurs, la gloire de Napoléon pâlit de la défaite de son neveu. Comme l'explique Jean Tulard, « la gloire militaire de Napoléon, recouvrée grâce au *Mémorial de Sainte-Hélène*, connaît une nouvelle éclipse avec la chute du Second Empire. Le désastre de Sedan rejaillit sur le premier des Napoléonides. La guerre n'a plus ce caractère triomphal et épique qu'elle avait revêtu et que célébraient monuments et tableaux, sans parler des innombrables mémoires de soldats[1]. » C'est ainsi que la Commune de Paris ne se souvient que de l'Ogre, épargnant l'obélisque de la Concorde mais abattant la colonne Vendôme. Le symbole d'Austerlitz, fondu grâce aux canons pris à l'ennemi, chanté par les goguettiers pendant la Restauration, est considéré alors comme « un symbole de force brute et de fausse gloire », décrète la Commune[2]. Cependant la colonne sera rétablie. Son relèvement par le premier président de la IIIe République doit être vue comme l'annonce d'un futur retour en grâce de Napoléon, non pas le chef politique mais le général vainqueur. Ainsi au palais de la guerre de l'Exposition de 1889 ce sont les portraits et souvenirs de Bonaparte et de ses maréchaux qui eurent le plus de succès auprès du public. Pourquoi cet engouement ? « Pour vaincre l'arrogant Prussien, il faut faire appel aux leçons du passé et naturellement à Napoléon qui balaya l'armée prussienne à Iéna », explique Jean Tulard[3].

Il faut aborder ces leçons du passé car elles parlent de gloire militaire. Les énumérer serait fastidieux mais les comprendre grâce à Edmond Rostand est bien plus grisant. Deux ans après *Cyrano de Bergerac*, le grand

---

1. Jean Tulard, *Napoléon, chef de guerre*. Éditions Tallandier, 2012, p. 262.

2. Décision du 12 avril 1871. *Réimpression du Journal officiel de la République française sous la Commune, du 19 mars au 24 mai 1871*, p. 247.

3. Jean Tulard, *op. cit.*, p. 267.

écrivain faisait jouer *L'Aiglon*. Après le panache, la gloire. Il nous montre, volontairement ou à son insu, une France entière baignant dans le mythe napoléonien. À l'écouter, on constate alors que la gloire militaire de l'Empereur rayonne de nouveau et que le Rhin semble moins loin. La pièce a pour thème le destin tragique du fils de Napoléon, pauvre duc de Reichstadt rêvant d'être digne d'un père que tous honnissent et dépérissant dans sa cage dorée de Schönbrunn. La gloire : vingt-cinq fois le mot est prononcé dans la pièce ; vingt-quatre fois par le duc lui-même ou ses rares amis ; une seule fois par Metternich. Dans la pièce, la gloire de l'Empereur se mesure aussi à l'ombre dont elle recouvre un empire austro-hongrois s'échinant à faire oublier un père à son fils. L'action se passe entre 1830 et 1832. Sans surprise, on retrouve cette vieille nostalgie de la gloire. Elle se présente avec ce jeune homme inconnu, qui, « las de vivre en un temps qui n'a rien de sublime », récite l'*Ode à la Colonne*, « s'ennuie avec extravagance », et à qui, enfant, « d'avance on confisqua la gloire ». Mais elle apparaît encore – et c'est là qu'elle devient intéressante – lorsque le diplomate autrichien Gantz lit à voix haute dans le *Journal des débats* le programme des théâtres parisiens[1] :

> « Savez-vous ce qu'on va jouer au Vaudeville? *Bonaparte* ; – Aux Variétés ? *Napoléon*. Le Luxembourg promet : *Quatorze ans de sa vie*. Le Gymnase reprend : *Le Retour de Russie*. Qu'est-ce que la Gaîté jouera cette saison ? *Le*

1. Madeleine Roussel, *Le Mythe de Napoléon dans* L'Aiglon *d'Edmond Rostand*, Académie des sciences et lettres de Montpellier. Séance du 15 juin 2009. M. Roussel cite ainsi ce passage pour illustrer le fait que le « mythe napoléonien est dans l'air en 1830 ». Nous l'avons repris pour illustrer également les années 1900…

Cocher de Napoléon, – La Malmaison. Un jeune auteur vient de terminer : *Sainte-Hélène*. La Porte Saint-Martin commence à mettre en scène *Napoléon*. À l'Ambigu : *Murat* ; au Cirque : *l'Empereur*. »

Cette longue litanie de représentations (aux titres authentiques[1]) suscite des quolibets dans le salon de Marie-Louise. Fi donc ! Ce n'est qu'une mode ! Elle passera ! Si seulement… La réaction de Gantz est éloquente :

« Une mode, je pense,
Qu'on verra revenir de temps en temps en France. »

L'action se passe entre 1830 et 1832 mais la pièce est jouée en 1900. C'est un triomphe. Bien davantage qu'un simple retour de mode, *L'Aiglon* de 1900 reflète surtout l'état d'esprit d'une société française tournée vers la revanche. C'est lui qu'il faut étudier.

Le prestige d'un Empereur et de soldats mythifiés

Dans la pièce, le duc de Reichstadt a un compagnon, Flambeau, fidèle et vieux grognard en exil dont l'attitude, la faconde, la gouaille nous rappellent d'abord quelques caractéristiques immuables de la gloire à la française. Ainsi quand il trouve « irrespirable, en France, un air sans gloire », quand il « dîne de gloire » ou encore lorsqu'il se présente simplement :

« Faits d'armes trente-deux. Blessures : quelques-unes.
Ne s'est battu que pour la gloire, et pour des prunes. »

1. Madeleine Roussel, *op. cit.*

En réalité, son personnage rappelle aussi celui de Coignet dont les *Mémoires* connurent un incroyable succès dans la deuxième moitié du siècle. Flattons-nous, et constatons que le succès des mémoires de l'Empire se déplaça même outre-Atlantique : Théodore Roosevelt avait lu les *Mémoires* de Marbot et disait qu'il y voyait « la grande âme française ». Comme l'explique Jean Tulard, les mémoires de l'Empire (et notamment ceux de Coignet) contribuent à ressusciter la glorieuse image du grognard, qui devient une figure légendaire[1]. Flambeau : à lui seul, le nom est évocateur. Comme tous les Français, Charles de Gaulle est sensible à cet imaginaire glorieux de l'Empire. Le lecteur est invité à relire l'épigraphe en début de livre : *Le Flambeau* est le titre de sa nouvelle de 1927, avec Canrobert expliquant à un certain « Coignet » être fasciné par l'allure et l'entrain de son parrain « Marbot »…

En cette fin de siècle, le mythe de l'Empire se manifeste aussi dans les petites choses, les petits objets à collectionner. Le duc de Reichstadt se désole de ne pas détenir les objets légués par son père, éperons, tabatières, croix, ceinturons ou épée que l'Autriche ne lui a jamais remis. Alors il se contente d'objets dérisoires rappelant l'Empereur ou la Grande Armée : chapeau, bonnet, cocarde, briquet, almanach et même un rond de serviette… Et lorsqu'une âme généreuse lui repeint ses soldats de bois autrichiens en grognards, il prend un vrai plaisir à regarder leurs uniformes :

> « Il y a sept boutons à l'habit bleu de roi !
> Les collets sont exacts. Les revers sont fidèles.
> Torsades, brandebourgs, trèfles, nids d'hirondelles,

1. Jean Tulard, *op. cit.*, p. 266-267.

Tout y est ! ce quelqu'un ne peut être indécis
Ni sur un passe-poil, ni sur un retroussis ! »
[...]

« Oh ! quel est le pinceau tendre et minutieux
Qui leur a mis à tous des petites moustaches,
Qui timbra de canons croisés les sabretaches,
Et qui n'oublia pas de se tremper dans l'or
Pour mettre aux officiers la grenade ou le cor ! »

Cette joyeuse (et même un peu naïve) application à décrire des petits soldats n'est pas anodine car, en réalité, ces collections du duc de Reichstadt nous instruisent sur un état d'esprit particulier que l'Exposition de 1889, quinze ans auparavant, avait mis en lumière. Il faut avoir en tête que l'esprit des Expositions était tourné vers la célébration du progrès et de la modernité ; on présentait l'état de l'art de la technique, on exposait les armements les plus modernes, on montrait à tous ce que le génie national pouvait inventer de mieux. Or en 1889, pour la première fois, de vieilles armes et des souvenirs du passé sont offerts au public. Un *palais de la guerre* est créé pour l'occasion aux Invalides, avec un double objectif : d'abord présenter pendant six mois « le panthéon des gloires de la France » mais surtout présenter l'histoire militaire de la France de « telle façon qu'elle fût attrayante et instructive pour les masses du peuple [1] ». Le succès est énorme : en six mois, dix millions de Français visitent ce musée éphémère (si l'on veut un ordre de grandeur, retenons que le musée du Louvre a dépassé en 2018, pour la première fois de son histoire, dix millions de visiteurs *annuels*...).

1. E. Monod, *L'Exposition universelle de 1889, grand ouvrage illustré historique, encyclopédique, instructif, publié sous le patronage de M. le ministre du Commerce, de l'Industrie, et des Colonies, commissaire général de l'exposition*, tome Ier, E. Dentu éditeur, 1890, p. 344.

Comment pérenniser le succès ? Dès la fin de l'Exposition, une petite société s'organisa, réunissant des passionnés décidés à œuvrer à la création d'un musée de l'Armée. Elle prit pour nom *La Sabretache*, société toujours existante et reconnue d'utilité publique, et œuvra à la création de l'actuel musée que nous connaissons, sis aux Invalides, et au sujet duquel le code de la défense précise qu'il est « chargé de maintenir et développer la mémoire des gloires nationales militaires ».

Napoléon, professeur d'énergie

Au dernier acte de la pièce, le duc de Reichstadt meurt. Malade et frissonnant, il aura tenu à expirer sur son lit de camp. Hors de question de finir dans un lit de fièvres ! L'Aiglon ne sera jamais Napoléon II, mais il aura trouvé la force de dire non au sort qui l'accable. Et quand il s'écrie dans l'acte IV, pensant à son père : « Ton énergie en moi n'est donc pas morte ! », le spectateur de 1900 retrouve le thème barrésien du *Roman de l'énergie nationale*. Le premier tome de Barrès était paru trois ans plus tôt. L'avenir est à la jeunesse qui prend Napoléon pour modèle :

> « Nos études vont se terminer. Nous contenterons-nous d'exploiter nos titres universitaires ? Serons-nous de simples utilités anonymes dans notre époque ? Rangés, classés, résignés, après quelques ébrouements de jeunesse, laisserons-nous échoir à d'autres le dépôt de la force ? [...] Camarades, nous sommes les capitaines ! Au tombeau de Napoléon, professeur d'énergie, jurons d'être des hommes [1] ! »

1. Maurice Barrès, *Les Déracinés*. Émile-Paul éditeurs, 1911, p. 232.

Si l'on revient encore au défilé de 1886, on retrouve encore Napoléon et la Grande Armée cachés dans l'enthousiasme du défilé. Commentant les impressions de la journée, un journaliste témoignait de la ferveur observée. Devant la prestance de ces soldats « qui se battraient jusqu'à la mort » en cas d'une nouvelle invasion, devant la communion de la foule venue nombreuse malgré la pluie, « l'observateur sent bien que nous sommes toujours le même peuple ardent et guerrier [...] et j'avoue que tout cela me rend fier, quand je vois que nous n'avons pas dégénéré et que nous gardons l'âme énergique et guerrière des aïeux[1] ! ». Se battre jusqu'à la mort? Oui, car les grognards l'ont fait. Ils sont le plus sûr recours d'un peuple qui pourrait douter de lui-même. Renan citait un chant spartiate pour expliquer l'idée de patrie et l'acceptation des sacrifices à consentir quand on l'aime : « Nous sommes ce que vous fûtes ; nous serons ce que vous êtes. » Telle est exactement la pensée du journaliste en ce 14 juillet 1886. Lorsque le duc de Reichstadt demande au maréchal Marmont la raison de sa trahison en 1814, ce dernier avance simplement : la fatigue. « Toujours Vienne, toujours Berlin, jamais Paris ! » La réponse, sans grandeur, sans âme, a le don d'exaspérer Flambeau qui jette à Marmont une tirade enflammée :

« Et nous les petits, les obscurs, les sans-grade,
Nous qui marchions fourbus, blessés, crottés, malades,
[...]
Nous qui par tous les temps n'avons cessé d'aller,
Suant sans avoir peur, grelottant sans trembler,
Ne nous soutenant plus qu'à force de trompette,
De fièvre, de chansons qu'en marchant on répète,
[...]

1. Albert Delpit, *Le Figaro* du 15 juillet 1886, p. 1.

Marchant et nous battant, maigres, nus, noirs et gais :
Nous, nous ne l'étions pas, peut-être, fatigués ? »

Flambeau et ses compagnons ont toujours fait consciencieusement leur devoir. Ils n'ont jamais discuté un sacrifice qui allait de soi. En 1830, sa tirade est celle d'un grognard fidèle à son empereur, amoureux de la gloire et de la France. En 1900, elle illustre la conscience morale d'une nation définie par Renan comme véritable et légitime si elle prouve « sa force par les sacrifices qu'exige l'abdication de l'individu au profit d'une communauté ». « Nous avons pour pères les grognards et les Francs pour ancêtres », écrivait Hugo dans *L'Année terrible*. Cette mystique de l'armée se retrouve encore dans *Le Fil de l'épée*, lorsque de Gaulle définissait quelle sorte d'esprit militaire avait soutenu le capital moral de l'armée française pendant la Grande Guerre :

> « Des hommes ont adopté la loi de perpétuelle contrainte [...] un mot d'un chef les fait se lever, marcher, courir, les jettes aux intempéries, les prive de sommeil ou de nourriture, les enferme dans un poste, force leur fatigue [...] cette destination de misère, cette vocation de sacrifice [...] est un champ que l'armée laboure seule pour en livrer la récolte à d'autres[1]. »

On reconnaît là, exprimés autrement, les vers de Flambeau.

1. Charles de Gaulle, *Le Fil de l'épée*, *op. cit.*, p. 186.

Napoléon, instructeur à l'École de guerre : la victoire et la revanche

Dans la pièce, le duc de Reichstadt est l'élève d'un précepteur qui dans une leçon d'histoire « oublie » l'année 1805. Le duc trouve un malin plaisir à lui rafraîchir la mémoire et l'élève se fait instituteur, expliquant la campagne de 1805 où « du haut d'un promontoire » l'Empereur « met ce soleil dans l'Histoire ». Le mythe de Napoléon investit également la doctrine militaire. Il est une référence pour Foch. Comme l'explique J. Tulard, « jamais les guerres napoléoniennes n'ont été autant étudiées qu'à la veille du conflit de 1914. Napoléon est un modèle qu'on ne peut discuter dans la préparation de la revanche sur l'Allemagne. On essaie de codifier ses manœuvres pour en dégager des lois, sans tenir compte de l'évolution des techniques, ce qui explique les boucheries de 1914. On le suit au lieu de l'adapter ». En 1918, même la victoire serait due à Napoléon comme le reconnaît Foch[1] lors d'un discours prononcé le jour du centenaire de la mort de l'Empereur, devant son tombeau aux Invalides :

> « Sire, dormez en paix ; de la tombe même vous travaillez toujours pour la France, [...] Si nos légions sont rentrées victorieuses par l'Arc triomphal que vous avez bâti, c'est parce que cette épée d'Austerlitz en avait tracé la direction en montrant comment réunir et mener les forces qui font la victoire. Vos magistrales leçons, votre opiniâtre labeur restent des exemples imprescriptibles. À les étudier, à les méditer, l'art de la guerre se forme chaque jour plus grand. C'est seulement aux rayons pieusement et soigneu-

1. Argument de Jean Tulard, *op. cit.*, p. 270, où l'auteur précise qu'« après la victoire, Foch et Joffre, les vainqueurs, expliquent qu'ils ont puisé leur inspiration chez Napoléon ». L'éloge de Foch le 5 mai 1921 est un parfait exemple.

sement recueillis de votre gloire immortelle que les générations parviendront à saisir, longtemps encore, la science des combats et la manœuvre des armées, pour la cause sacrée de la défense du pays. »

Les leçons de Napoléon n'ont qu'une seule raison d'être : la victoire. Lorsque le duc de Reichstadt s'enfuit pour gagner la France, il se rend d'abord au lieu de rendez-vous des conjurés, la plaine de Wagram. C'est l'avant-dernier acte. Il fait nuit. Le duc a des visions, il revit la bataille, entend les râles des blessés, voit d'innombrables morts. Puis l'aurore point. Et au moment où le soleil va se lever :

> « *De vagues trompettes sonnent. Une rumeur fière s'élève. Les Voix, qui gémissaient tout à l'heure, lancent maintenant des appels, des ordres ardents.* [...] *Des brumes qui s'envolent semblent galoper. On entend au loin un bruit de chevauchée.* [...] *D'invisibles tambours battent des charges.*
>
> LES VOIX, *au loin, dans une* Marseillaise *de rêve.* – Formez vos bataillons !
>
> LE DUC. – La Gloire !...
>
> *Le soleil va paraître. Les nuages sont pleins de pourpres et d'éclairs. Le ciel a l'air d'une Grande Armée.* »

La scène est épique. On aimerait y être. Il faudra se contenter de la lire. Mais en 1900, le lecteur et le spectateur peuvent surtout la voir et la contempler : le tableau s'intitule *Le Rêve,* a été présenté lors du Salon de 1888, a été admiré lors de l'Exposition de 1889 et a connu un incroyable succès[1]. Son auteur, Detaille, est avec Neuville l'un des peintres militaires les plus célèbres de l'époque. Ami lecteur, lisez

1. François Robichon, *Édouard Detaille, un siècle de gloire militaire*, Bernard Giovanangeli éditeur et Ministère de la Défense, 2007, p. 120.

cette scène de *L'Aiglon*, regardez le tableau de Detaille, et vous serez frappés par l'unité des sentiments qui s'y expriment. Des soldats dorment à leur bivouac, pendant les manœuvres d'été. À quoi rêvent-ils donc tous ces conscrits étendus à perte de vue, au milieu de leurs fusils en faisceau, dans la plaine française ? À la revanche, et à la gloire. Exactement comme dans la plaine de Wagram, les nuages sont pleins de soldats et de drapeaux, le soleil va paraître et le ciel a l'air d'une Grande Armée… ou plus exactement d'une armée où défilent tous les soldats français de 1792 à 1870, ceux de la Révolution, de l'Empire, du Trocadéro, d'Alger, de Reichshoffen, de Gravelotte. Detaille est le peintre de la gloire des armes françaises. C'est aussi le premier président de la *Sabretache*. *Le Rêve* lui vaut la médaille d'honneur du Salon. L'État achète le tableau et lui adressera en 1902 une commande pour le Panthéon. Il restait en effet à réaliser un dernier élément de décor, sous l'abside. Ce sera *La Chevauchée de la gloire*.

L'Aiglon et la victoire… en 1944…

Dans les années précédant la Grande Guerre, *L'Aiglon* offre une synthèse de la manière dont le mythe napoléonien imprègne la société française, hantée par la revanche et fière d'un passé glorieux. Il montre aussi la puissance d'inspiration qu'offre la gloire. L'écrivain et le peintre sont tous deux des poètes, et il est beau de les voir exprimer un même sentiment, qu'il jaillisse du pinceau ou de la plume. L'Exposition de 1878 est celle du relèvement de la France, et Hugo et Monet en témoignent. Celle de 1889 en affiche glorieusement les armes. Rostand et Detaille s'y emploient de même, grâce à leurs vers et à leurs tableaux. Mais si le parallèle entre eux est intéressant, il en existe un autre, absolument certain, entre Rostand et de Gaulle. À l'avant-dernier acte, le duc de Reichstadt s'imagine de retour à Paris :

> « Ô retour ! retour triomphal !
> Soleil sur les drapeaux ! Multitudes grisées,
> Parfum des marronniers de ces Champs-Élysées
> Que je vais descendre à cheval. »

L'Aiglon est de retour, acclamé en plein soleil par un peuple en liesse. Cette scène aussi est épique. À quoi pourrait-elle ressembler réellement ? Des Français la vivront le 26 août 1944. Paris vient d'être libérée, les troupes françaises sont de retour sur les Champs-Élysées, et le général de Gaulle est à leur tête :

> « C'est la mer ! [...] Si loin que porte ma vue, ce n'est qu'une houle vivante, dans le soleil, sous le tricolore. [...] À chaque pas que je fais sur l'axe le plus illustre du monde, il me semble que les gloires du passé s'associent à celles d'aujourd'hui. [...] Les marronniers des Champs-Élysées, dont rêvait l'Aiglon prisonnier [...] s'offrent en estrade joyeuse à des milliers de spectateurs[1]. »

Quelques mois avant le défilé de 1886 le « général Revanche » avait ordonné la création dans chaque régiment d'une *salle d'honneur*, comprenant des tableaux et de glorieux souvenirs destinés à « exalter l'esprit de corps ». Cette idée infusera : on la retrouvera en grand au pavillon de la guerre lors de l'Exposition universelle trois ans plus tard. On a beaucoup parlé de l'armée, c'est-à-

1. Charles de Gaulle, *Mémoires de guerre, L'Unité, 1942-1944*, *op. cit.*, p. 364-366.

dire de l'armée de Terre dans l'acception actuelle. Et la Marine ? se demandera-t-on. Eh bien elle aussi venge Sedan. En 1898 entrait en service le cuirassé *Iéna*. Il n'était pas seul. Toute la période voit la mise à l'eau de bâtiments dont les noms rappellent les vieilles gloires de la Révolution : *Vengeur, Valmy, Jemmapes, Wattignies, Fleurus, Hoche, Carnot, Marceau, Masséna, Desaix, Kléber.* On se croirait dans la salle *1792* du musée du château de Versailles, où Valmy et Jemmapes se font face… D'autres gloires ne sont pas oubliées, dont les noms appartiennent aux cuirassés *Brennus, Charles-Martel, Roland, Durandal, Bouvines, Duguesclin, Jeanne-d'Arc, Bayard, Henri-IV, Turenne, Davout.* On se croirait cette fois-ci dans la galerie des Batailles… Mais il y a encore le cuirassé *Chanzy*, mis à l'eau en 1894, et aussi les patrouilleurs *Rocroi, Steinkerque, Sambre-et-Meuse, Arcole, Hohenlinden, Austerlitz, Tilsitt*, tous en construction en 1918. Enfin, on citera pour mémoire le projet de construire le *Roi de Rome*, projet abandonné en 1914…[1]. Bref, pour qui s'intéresserait à l'onomastique navale entre 1870-1914 le titre de l'étude est tout trouvé : *À toutes les gloires de la France*.

Avec les salles d'honneur des régiments et les noms de ces nouveaux bâtiments de guerre, les premiers vers de *L'Année terrible* ont désormais un sens différent. Toutes les gloires françaises qui rendirent leur épée en 1870 en ont forgé une autre, faite de métal, de troupes prêtes au sacrifice et d'enthousiasme patriotique. La grandeur est retrouvée, la confiance est revenue et l'armée française est « une des plus grandes choses du monde ». La France rayonne de nouveau, mais à l'échelle de son histoire, la gloire vit ses dernières grandes heures.

---

1. Pierre Le Conte, *Répertoire des navires de guerre français*, chez l'auteur, 1932. Ouvrage honoré d'une souscription du ministère de la Marine.

Quatrième partie

QU'EST LA GLOIRE DEVENUE ?

À quelques mètres des Invalides, sur la place Denys-Cochin et juste à côté d'une statue du maréchal Lyautey, se dresse un monument « à la gloire des goums mixtes marocains ». Tout à fait de l'autre côté des Invalides, du côté du pont Alexandre-III, une stèle gravée sur le mur du ministère des Affaires étrangères rappelle que « ici le 25 août 1944, au cours d'une lutte héroïque pour la libération du ministère des Affaires étrangères tenu par l'ennemi, le char Quimper a été frappé et plusieurs soldats français ont trouvé une mort glorieuse ».

Si les monuments « glorieux » sont très nombreux à Paris, les récents le sont beaucoup moins. Celui des Affaires étrangères date vraisemblablement de la fin de la Seconde Guerre mondiale et sa phraséologie ne surprend pas. En revanche, celui des goums date de 2015. La date surprend ? L'étonnement qui pourrait saisir le passant – à condition qu'il s'arrête quelques instants devant la stèle et qu'il soit sensibilisé à la « phraséologie mémorielle » – suffirait à montrer que la gloire aujourd'hui a disparu de l'horizon mental de chacun. Lorsque le général Monclar décéda en 1964, les journaux annoncèrent la disparition d'un « héros légendaire, guerrier tel qu'on en a connu seulement dans les récits populaires ou sur les images d'Épinal, un héros fait pour le baroud et pour la gloire[1] ». L'épitaphe renvoyait explicitement à un autre temps la gloire du chef de la 13e demi-brigade de Légion étrangère. Quelques années plus tard, un autre général publiait ses mémoires : *Pour une parcelle de gloire*. À partir du XXe siècle, petit à petit, la gloire s'est mise à disparaître. Pourtant des stèles continuent d'être édifiées et l'action militaire existe toujours, et bien davantage aujourd'hui qu'il y a trente ans. Mais, exemple significatif, la gloire, le mot, n'existe plus dans les citations remises aux militaires pour un fait d'armes. Pourquoi la gloire n'est-elle plus de ce temps ? Qu'est-elle devenue aujourd'hui ? Y réfléchir suppose finalement de répondre à trois grandes questions. La gloire peut-elle encore s'acquérir ? Peut-elle encore être chantée ? Et surtout peut-elle encore être transmise ?

---

1. Fabienne Monclar, *Monclar, le Bayard du XXe siècle*, Via Romana, 2014, 4e de couverture.

CHAPITRE 11

Acquérir la gloire ?

La transformation de la guerre

« Contrairement à ce qu'on imaginait dans les grands conflits du XXe siècle, jamais les armées françaises n'iront défiler, en vainqueurs, en passant sous l'Arc de triomphe », déclarait en novembre 2019 le chef d'état-major des armées au sujet de l'opération Barkhane[1]. Passant du siècle de la gloire à aujourd'hui, un rapide survol de l'évolution de la guerre et de la société permet de comprendre aisément la rapide disparition de la gloire militaire au cours des XXe et XXIe siècles.

Les deux guerres mondiales ont totalement délégitimé la guerre. On ne déclare plus la guerre depuis 1945, date à laquelle l'ONU l'interdisait dans sa charte. La guerre froide l'a rendue impossible. Depuis Hiroshima, l'humanité a pris conscience qu'elle-même, et non plus seulement l'homme, était mortelle. L'arme nucléaire n'est pas une arme de bataille. Depuis, la gestion de crise prédomine et toute action militaire est strictement encadrée, tout usage de la force obéit à des

1. Propos rapporté par l'agence Reuters à la suite d'une interview du général Lecointre sur France Inter (https://fr.reuters.com, 29 novembre 2019).

règles d'engagement, tout événement fait l'objet de comptes rendus. Le triomphalisme n'est pas seulement proscrit, il est impossible car on ne triomphe pas d'une situation de crise.

Les stratégies de contournement, la politique du fait accompli, la guerre *hybride*, l'utilisation de *proxies* sont les formes actuelles de conflictualité (même le mot guerre est délicat à employer !) permettant d'atteindre ses objectifs. Les cyberattaques ont d'ailleurs rendu la guerre invisible : à qui attribuer l'agression dont on est victime ? Et comment le prouver ?

Aujourd'hui, de nouvelles formes de guerre donnent davantage raison au « potentiel de situation », à l'action invisible, où la « ligne rouge » à ne pas franchir est finalement celle correspondant à l'action pure et dure appelant des représailles. Il suffit de lui préférer la transformation : pratiquer le *lawfare,* imposer ses normes, ses technologies, sa monnaie, acheter des forêts, des champs, des mines, des entreprises, construire des infrastructures portuaires tout le long de ses voies d'approvisionnement. Le terme de « bataille » est lui-même désuet ; on parle aujourd'hui de « combat », lui-même d'ailleurs plus souvent asymétrique que symétrique.

Il n'y a pas que les formes de la guerre à avoir changé. Si les expressions de *guerre post-héroïque* ou *guerre du découragement* sont apparues[1], c'est parce que la perception de la société – surtout occidentale – sur la guerre a radicalement changé. L'état d'esprit est celui du refus de la mort où la mort au combat devient scandaleuse au point même d'être instruite en justice. Dans ces condi-

1. Edward Luttwak, *Toward Post-Heroic Warfare* (Foreign Affairs, mai juin 1995) et colonel Pierre-Joseph Givre et colonel Nicolas Le Nen, *Enjeux de guerre*, Economica, 2012.

tions post-glorieuses, comment la gloire des armes pourrait-elle naître ? La « grande bataille » a disparu, reléguant à l'avant-1914 le principe de bataille décisive qui voyait le sort d'un État dépendre d'une seule rencontre entre deux armées. La Première Guerre mondiale a été l'événement charnière à partir duquel la guerre a profondément changé de forme en l'espace d'un siècle. Symbole entre tous : si la fin de l'été 1914 verra encore la possibilité d'être fait prisonnier sur parole, cet usage immémorial disparaîtra immédiatement avec les tranchées. La gloire des armes, elle, va décliner irrémédiablement. On peut s'en apercevoir en prenant connaissance de ces quelques livres ou films relatifs à la Grande Guerre : *1919 : les Illusions de la gloire* ; *Les Sentiers de la gloire* ; *Le Prix de la gloire : Verdun, 1916*[1]. Quelle froideur pour la gloire ! La Grande Guerre en a considérablement terni l'éclat. Comme le dit très justement le général Beaufre, « la fatigue inouïe de la Première Guerre mondiale avait dépouillé les grandes épreuves de la guerre de leur brillant éclat romantique[2] ». Et n'oublions pas que l'expression *désenchantement du monde* date de 1917, lorsque Max Weber l'employa dans une conférence. La rupture est nette entre la gloire et la réalité de la guerre. Sur cette dernière, la gloire n'a plus de prise.

1. *1919, les illusions de la gloire* : livre du journaliste Claude Paillat. *Les Sentiers de la gloire (Paths of Glory)* : film de Stanley Kubrick. *Le Prix de la gloire : Verdun, 1916 (The price of glory Verdun 1916)* : livre de l'historien Alistair Horne.

2. André Beaufre, *op. cit.*, p. 272.

14 juillet 1919, défilé de la Victoire : le dernier jour de gloire

« Tout pour la France saignante dans sa gloire. »
Clemenceau.

Le 14 juillet 1919, la France entière acclame son armée, ses soldats, ses poilus. Après quatre terribles années, l'heure est à la joie et à la paix retrouvée. De grands discours sont prononcés, on se félicite, on s'embrasse, Poincaré écrit à Clemenceau que « la fête nationale sera désormais un jour de gloire pour toute l'humanité » et Clemenceau écrit à Pétain : « Qui a vu ce jour a vécu. »

Jusqu'à présent, l'évolution de la gloire en France n'a pas été datée précisément car cette évolution, lente et imperceptible dans sa quotidienneté, se constate en comparant de grandes périodes (féodalité et monarchie absolue) ou après des ruptures franches (Ancien Régime et Révolution française). Toutefois, dans la longue histoire française de la gloire, le défilé de la Victoire est un événement unique. Il faut en effet lire la presse du lendemain pour mesurer à quel point ce jour a été véritablement *le jour de gloire* de la France. Que ce soit dans l'esprit ou dans la lettre, les commentaires et les descriptions laissent entièrement place à la gloire. Dans chaque ligne on y retrouve sa rhétorique, sa symbolique, son économie. Dans *Le Figaro* de ce 15 juillet 1919 – dont le titre de l'édition se suffit à lui-même : *Le Jour de Gloire* – le rédacteur en chef commence :

> « La Victoire est entrée hier matin dans Paris [...] Hier se nouait à Demain par le fil bleu des soldats, sur lesquels l'Arc de triomphe, à mesure qu'ils passaient, posait le sceau de la Gloire.

L'Arc de triomphe ! Nous étions habitués à prononcer ce mot sans réfléchir à ce qu'il signifiait et à la pensée qui l'avait élevé dans les rayons du soleil d'Austerlitz. Nous ne songions plus qu'il n'avait d'autre but que de livrer passages à nos troupes victorieuses. [...] Les "Renommées" de Pradier [..] ne savaient à qui annoncer leur allégresse [...] et le "Génie de la Guerre" de Rude n'avait jamais proclamé avec plus de certitude que le jour de gloire était arrivé. »

À ce tableau d'ensemble succède le détail de la journée où partout se manifeste la gloire. Cinq heures du matin, à la porte Maillot, point de départ du défilé. Les troupes attendent et les soldats sont « impatients de goûter à ce vin capiteux qu'est la gloire ». Un peu avant 8 heures du matin, la municipalité de Paris accueille les vainqueurs prêts à défiler. Le discours du préfet de la Seine se conclut par les mots : « Sonnez clairons, battez tambours, la France immortelle est debout dans sa gloire. » Enfin, à 8 h 40, le canon tonne :

« C'est l'heure fixée pour le départ. [...] Chefs et soldats suivent la route de la gloire, le regard droit vers cette porte monumentale qui se dresse devant eux. [...] Tout à coup un large frisson secoue la foule. Toutes les têtes se tournent ardemment vers l'Arc de triomphe. Sous l'immense voûte, les deux maréchaux Joffre et Foch, l'homme de la Marne et l'homme de toute la guerre, chevauchent côte à côte, calmes, souriants, grands comme la gloire. [...]

Arrivés devant l'estrade présidentielle, les deux maréchaux lèvent du même geste leur bâton bleu de maréchalat aux sept étoiles d'or et saluent comme de l'épée le Président et ses ministres.

Instant unique ! Minute radieuse !

> Quelle plume pourrait en décrire l'émotion, l'enthousiasme et la signification profonde ! Quel poète au verbe magique y suffirait ! [...] »

Toutes les armées alliées défilent maintenant, et « le long de la Voie triomphale, ce sera désormais une acclamation ininterrompue, qui vole de bouche en bouche, qui monte du sol, qui s'élance des fenêtres, qui tombe des toits vertigineux et semble descendre du ciel ». Soudain, un intervalle, pour mieux laisser apparaître l'armée française qui va alors défiler pendant trois heures :

> « Des régiments, des musiques, des drapeaux, de glorieuses loques, déchirés, lacérés, terreux, tous les drapeaux de tous les régiments de France sont là qui passent et la France entière se découvre et s'incline devant eux. »

Tout le long des Champs-Élysées, de la place de la Concorde à la place de la République, en passant par la rue Royale, l'Opéra, les boulevards, partout une mer humaine, partout des cris, des acclamations, des tapis de fleurs. La liesse est indescriptible et la gloire, partout. Tout au long de cette radieuse journée du 14 juillet 1919, « d'innombrables télégrammes nous apportent le compte rendu des fêtes qui ont eu lieu dans les villes de France, d'Alsace et de Lorraine, etc. Partout, dans toute la France, ce jour a été véritablement le "jour de gloire" ».

Vraisemblablement, ce jour de gloire a aussi été le dernier. Il n'est pas sûr que l'on retrouve après 1919 tant de *gloire* sur un papier journal, car son prix a singulièrement enchéri avec la guerre moderne.

La gloire face à la guerre moderne

> « Aujourd'hui, la guerre c'est ça : d'la flotte qui tombe, des obus qui sifflent, et la vie au fond d'un trou, sans bouger. Pis qu'ça : sans rien voir. »
>
> Maurice Genevoix, *Ceux de 14.*

La Fontaine avait trouvé la formule juste : « Grande est la gloire, ainsi que la tuerie. » Le vers illustre parfaitement l'ambivalence de la figure de l'ancien combattant, représentant la gloire de la victoire mais portant sur lui les stigmates d'un conflit de dix millions de morts. Le défilé de la Victoire fut aussi celui des gueules cassées et les commentateurs ne les oublient pas :

> « D'abord viennent les mutilés, marchant et trébuchant dans leur gloire, et dont les bras et les jambes sont restés là-bas, un peu partout, en Alsace, en Champagne, en Lorraine, dans les Flandres. [...] Nous avons salué tout ce que [les Poilus] nous rapportaient : la Victoire, la Paix, la confiance, l'équilibre, le goût du bon sens, de la bonne humeur, de la bonne entente, du bon espoir. Mais ils ne nous ont pas rapporté que cela : ils nous ont aussi rapporté nos morts. Entre chaque section, dans les espaces vides, il semblait qu'ils leur eussent réservé leur place. »

Les blessures et les morts sont évidemment présents à l'esprit de chacun et il ne s'agit pas d'oublier les souffrances, mais, en ce jour de victoire, l'heure est à la joie car l'on sait que la douleur du traumatisme va vite reprendre ses droits. Un million quatre cent mille soldats tués, des millions d'autres défigurés ou mutilés. Pendant plusieurs générations, chaque Français aura sous les yeux ces témoins vivants de ce qu'est la guerre moderne. Les anciens combattants éprouveront un immense besoin de témoigner. L'envers de la gloire est une évidence : « le poids des morts grandit plus vite que la fierté des vainqueurs », écrira Jules Romains dans *Les Hommes de bonne volonté*. Qui, plus que tout autre, a pu mesurer l'envers de la gloire en 1914-1918 ? Quel type de soldat a pu réaliser combien le « brillant éclat romantique » de la guerre ne résistait pas à la boue des tranchées ? Qui, sinon celui qui représentait un thème de prédilection de l'iconographie militaire avant la Grande Guerre ? À partir de 1914, les dragons vont mettre pied à terre. Les beaux cavaliers destinés à charger sabre au clair vont vivre dans les tranchées. Et ramper dans la boue. Émile Henriot est l'un d'entre eux. Futur académicien, il publiera en 1918 le *Carnet d'un dragon dans les tranchées* qui se présente comme un journal de marche de ses années 1915-1916. Son témoignage est éloquent car il raconte sa progressive désillusion sur la guerre telle qu'il se l'imaginait avant de la découvrir pour de vrai. L'incorporation faite, sa première surprise est la découverte de son régiment, dans la nuit d'un mois de juin, après quelques marches hasardeuses :

> « Quoi ! des dragons ces êtres étranges ? Pour un "cavalier" qui sort du dépôt, qui s'attend à voir des "dragons", il faut avouer qu'il y a de qui être surpris. Ces hommes… Quelle impression rude et superbe !… Couverts de boue, courbés en deux, le calot enfoncé sur les yeux, le manteau chaussé, la carabine au dos, la musette, la gourde, – sans casque, ni sabre, ni lance… Et quel air las, d'hommes exténués ! Je comprends aussitôt que mon imagination est en faute. Depuis des mois je pensais à la guerre. J'en avais vu les horribles traces, parfois toutes fraîches, comme sur l'Ourcq, en septembre 1914, au lendemain de la bataille. J'en avais imaginé les horreurs, le sublime, le tragique quotidien, mais je n'avais pensé qu'à l'exceptionnel. J'avais

prévu l'héroïsme, non la fatigue ; j'avais prévu le sang, oublié la boue[1]. »

Un mois plus tard, une de ses gardes de nuit se transforme en nuit de rêverie où il médite sur le sens de tout ce qu'il voit :

« La guerre est anormale, oui, du point de vue humain. Elle est belle et grande par l'idée, pour tout ce qu'elle nous permet de défendre, elle seule. Mais de près, l'héroïsme est terne. Il n'apparaît que dans la boue. Aujourd'hui, en relisant *L'Abbesse de Castro*, j'ai trouvé ceci, de Stendhal, qui est une vue aussi juste que celle de Fabrice à Waterloo : " Il avait cru, ainsi que les peuples enfants, que la guerre ne consistait qu'à se battre avec courage... " Nous l'avons cru, aussi ; l'opinion publique le croit de même. Cependant, elle consiste à bien d'autres choses, et peut-être que le courage, quand ce n'est pas un goût très vif pour le danger, n'est, comme la chevalerie, qu'une vertu négative, qu'une question de tenue, une attitude intellectuelle ou morale. Ou alors, cette guerre n'est pas la guerre : c'est la destruction par tous les moyens, sans noblesse, sans grandeur : scientifique, mathématique, froide, calculée. La boue, le travail des taupes, les tranchées, – nul éclat. Une armée de chimistes et de terrassiers, où la pelle prime le fusil ; et les gaz, le sabre[2]. »

Un héroïsme terne... de la destruction sans grandeur... une armée de chimistes et de terrassiers... Tout est dit. Depuis toujours, *vue de près*, la guerre a toujours été le sang, la souffrance et la négation du beau. Il ne s'agit pas de le nier ou de croire que la guerre était « fraîche et joyeuse »

1. Émile Henriot, *Carnet d'un dragon dans les tranchées (1915-1916)*. Hachette, 1918, p. 32.

2. *Ibid.*, p. 62-63.

avant 1914. Que l'on se rappelle par exemple les blessés s'abritant « dans le ventre des chevaux morts » à la Moskova : « l'effrayant remords de la gloire se traînait vers Napoléon », dira Chateaubriand au sujet de cette vision d'horreur. Quarante ans plus tard en Crimée, un autre dragon décrivait peu ou prou les mêmes horreurs que 1914-1918 lors du siège de Sébastopol :

> « Des cris déchirants m'attirèrent vers une ambulance de tranchée. Sur une longue table improvisée, des hommes étendus que charcutaient d'autres hommes armés de couteaux et de scies ; à terre, en tas, des bras et des jambes ; non loin, des brancards chargés de blessés attendant leur tour ; du sang partout ; bref, l'envers de la gloire[1]. »

Il y a cependant une différence fondamentale. La gloire des armes n'en continuait pas moins d'être chantée car, malgré ses réalités, la guerre a pu se parer d'un « brillant éclat romantique » tant qu'elle ne fut pas industrialisée. Imaginons maintenant la même scène que l'hôpital de campagne de Sébastopol, mais à une tout autre échelle. Sur terre, mais aussi dans les airs, sur les mers, sous les mers, et même sous terre. De la mer du Nord aux Alpes, sur des milliers de kilomètres de tranchées, où des millions d'hommes se font tuer par des milliards de projectiles métalliques. Dans la boue ou la poussière, avec les rats, la vermine, le gel, la soif, la pourriture des cadavres, le gaz, le lance-flammes et le bruit ininterrompu des obus. Pendant quatre ans. Nuit et jour. L'envers de la gloire, c'est ce décor dont les proportions ont rompu avec le théâtre ou l'épopée. Ce sont

---

1. Charles Mismer, *Souvenirs d'un dragon de l'armée de Crimée, avril 1854-juillet 1856*, Hachette, 1887, p. 146.

ces acteurs par millions, morts, gueules cassées ou survivants.

Les premiers jours d'août ont pu laisser croire que la guerre ressemblerait à ce qui a toujours été. À la date du 16 août 1914, Poincaré était heureux de noter dans son journal qu'un bataillon de chasseurs s'était emparé d'un drapeau ennemi. Prise de guerre vraiment symbolique car la guerre moderne n'aura pas fait que renvoyer au passé la capture du drapeau ennemi ou le principe de l'emprisonnement sur parole. Toute une esthétique du beau, de la noblesse de l'action, apparaît désormais vaine, manipulatoire, meurtrière. Alain, dans *Mars ou la Guerre jugée* dénonce ainsi « la mystique de la guerre, née d'un spectacle [qui] régnera toujours et sur tous » et dresse un parallèle avec le *Te Deum*, symbole de la parenté entre esprit militaire et esprit religieux... Henri Barbusse dans *Jean qui pleure et Jean qui rit* décrit une machine guerrière inhumaine et broyeuse d'hommes, qui condamne injustement à mort deux soldats. Jetés à la fosse commune, l'un d'eux est peut-être le soldat inconnu que « piétinent tant de pèlerins de la gloire[1] ».

La gloire des armes appartient au monde d'hier

> « Notre guerre à nous manque d'élégance. Nous ne sommes plus à Fontenoy. »
>
> Maurice Genevoix, *Ceux de 14.*

Roland craignait que l'on chante sur lui de mauvaises chansons. À partir de 1914, c'est de la gloire des armes

1. Henri Barbusse, *Jean qui pleure et Jean qui rit*, dans Antoine Compagnon, *La Grande Guerre des écrivains, d'Apollinaire à Zweig*, textes choisis et présentés par Antoine Compagnon, Gallimard, 2014, p. 402-411.

elle-même que la guerre moderne va pouvoir se moquer. Ainsi de Jules Romains, qui dans son *Verdun* parodie le « brillant éclat romantique » pour mieux en montrer l'absurdité. La scène est classique : de nuit, dans une tranchée, en attendant le lever du jour et la chute des obus. Lorsque Jerphanion demande à Fabre comment ce dernier compte s'en tirer, la réponse fuse : « Je me jetterais dans les rangs de l'adversaire et je trancherai la discussion à l'arme froide. » La phrase renvoie à l'antique conception de la bravoure, à la formule de l'offensive, à mille ans de tradition guerrière. Mais elle ne résonne plus :

> « Jerphanion éclata de rire, de tout son cœur. [...] Excellente vieille plaisanterie ! Elle renouait une tradition. Elle vous rappelait quelles heures de l'automne 1914 elle vous avait aidé à supporter. Cela datait du temps de l'armée Foch, c'est-à-dire des derniers jours d'août. Un nommé Masjan [...] avait apporté cette phrase qu'il venait de découvrir, Dieu sait par quels hasards, dans un écrit pas très ancien du général Foch. [...] La phrase originale était à l'infinitif et répondait dans la pensée de l'auteur à cette question : "*Comment obtenir la décision dans le combat, au cours de la guerre prochaine ?" Bien simple : "Se jeter dans les rangs, etc.*" La phrase avait eu beaucoup de succès parmi les officiers de complément de la division. C'était l'époque où l'infanterie française faisait l'expérience de recevoir des rafales de mitrailleuse à mille mètres, des "gros noirs" à six ou huit mille ; et où la baïonnette, enfant chérie de la littérature militaire, descendait au rang du couteau de poche. [...] Prononcer la phrase au bon moment, devant les copains, vous vengeait du tout à la fois, dans l'absolu [...] il y avait plusieurs façons de la dire, et l'on s'y exerçait[1]. »

---

1. Jules Romains, *Verdun*. Flammarion, 1938, p. 52-53.

L'inadaptation de la doctrine amplifiée par la nature du conflit reflète la part d'anachronisme de la gloire des armes. On se souvient de l'été 1914 comme celui du *Chant du départ* entonné dans les gares et les dépôts. Dans les *Mémoires d'un Parisien*, chapitre « La fleur au fusil », Jean Galtier-Boissière raconte son départ depuis Paris. Applaudi par la foule, grisé par les femmes qui jettent des fleurs, bombant le torse, il est joyeux car « aujourd'hui, ce n'est plus la petite guerre, c'est la vraie, la grande qui commence ». Fini l'entraînement où il faut tirer sur des cibles en carton, fini l'assaut à la baïonnette sur des mannequins grotesques ! Bientôt il pourra « voir du pays », « gagner des batailles » et vivre des « aventures ». Le jour de gloire est arrivé, explique-t-il[1]. Rétrospectivement, on mesure à quel point le *siècle de l'action* est sur le point de s'achever. Voir du pays, vivre des aventures, tirer avec son fusil, planter sa baïonnette ? Pendant onze mois dans sa tranchée, Émile Henriot n'aura pas tiré une seule cartouche, mais aura vu bien des obus tomber. Quant à trancher la discussion à l'arme froide… La rupture est nette entre le monde d'avant et la nouvelle époque qui s'annonce. La formule la plus juste a peut être été trouvée par Stefan Zweig : *le monde d'hier*. C'est le titre de ses mémoires, où il explique qu'en 1914 la guerre « restait une légende et c'était justement cet éloignement qui l'avait faite héroïque et romantique[2] ». On parlait alors naturellement de *gloire des armes* ; on parlera dorénavant de *succès des armes*.

1. Jean Galtier-Boissièrre, *Mémoires d'un Parisien*, Quai Voltaire, 1994, p. 106-107.

2. Stefan Zweig, *Le Monde d'hier, souvenirs d'un Européen*, Belfond, 1993, p. 280.

De la gloire au succès : l'exemple emblématique d'une très vieille phraséologie militaire

Pour tout officier se préparant au concours de l'École de guerre, un livre fait référence, parmi les lectures conseillées du candidat. Écrit par un futur directeur de l'école en question, il s'intitule *Comprendre la guerre* et commence par une citation : « Le sang de nos ennemis est toujours le sang des hommes ; la vraie victoire, c'est de l'épargner[1]. » On perçoit d'emblée toutes les notions modernes qui découlent de cette parole prononcée par Louis XV au soir de la bataille de Fontenoy. Humanisation de la guerre, recherche de la proportionnalité, recherche de tous les moyens de paix avant le recours à la force, *jus in bello*, etc. Autant de notions développées dans l'ouvrage par la suite.

Mais l'intérêt de la citation est ailleurs. Il est dans son inexactitude. « La vraie gloire, c'est de l'épargner » : voilà ce qu'a réellement dit Louis XV[2].

Dispute oiseuse dira-t-on, car quel intérêt d'ergoter là-dessus ? C'est qu'en réalité, cette substitution a réellement un sens aujourd'hui. Elle n'est probablement pas volontaire ; après tout, un mot historique n'appartient jamais totalement à son auteur et ce genre de substitution est d'autant plus compréhensible que « victoire » conviendrait aussi. Mais loin d'être anodine, la substitution montre que la gloire n'a pas simplement disparu.

---

1. Général Vincent Desportes, *Comprendre la guerre*, Economica 2001, réimpression de 2011.

2. *Réflexions sur mes entretiens avec le duc de la Vauguyon, par Louis-Auguste, dauphin (Louis XVI),* Garnier Frères, libraires, 1851, p. 17. « Je n'oublierai jamais cette belle parole du roi mon grand-père : *Voyez*, disait-il à M. le Dauphin, mon père, sur le champ de bataille de Fontenoy, *quelles sont les horreurs de la guerre ! Voyez tout le sang que coûte un triomphe ! Le sang de nos ennemis est toujours le sang des hommes ; la vraie gloire, mon fils, c'est de l'épargner.* »

Dans la place laissée vide s'est nichée *l'efficacité*. Un exemple caractéristique le fait comprendre. Dans l'armée, toute prise de commandement s'accompagne d'une formule rituelle prononcée par l'autorité qui préside la cérémonie. Le moment est solennel, car un nouveau chef se voit remettre formellement le commandement de son navire, de son régiment ou de sa base aérienne. Ainsi sur un bâtiment de guerre l'équipage rassemblé en grande tenue écoute au garde-à-vous les paroles suivantes :

> « Officiers, officiers mariniers, quartiers-maîtres et marins, de par le président de la République, vous reconnaîtrez désormais pour votre commandant le capitaine de vaisseau *Untel* ici présent, et vous lui obéirez en tout ce qu'il vous commandera pour le bien du service, l'exécution des règlements militaires, l'observation des lois et le succès des armes de la France. »

Alors que pendant des siècles les armes de la France réclamaient la *gloire*, c'est le *succès* qu'elles demandent depuis un peu plus de cinquante ans. La substitution devient évidente quand on compare dans le temps long ce type de formule qui a l'avantage d'exister depuis très longtemps. Il faut voir que deux principes se superposent : le bien de l'entité auquel on appartient, de manière immédiate et très proche – un régiment, un corps, un navire –, et le bien de l'entité qui surplombe la première et pour laquelle on se bat *in fine* – Dieu, le roi, son pays. L'ancienneté de la formule remonte très loin. On la distingue dans *Henry VI*, de Shakespeare, lorsque le roi d'Angleterre, pressé de conclure la paix avec la France, déclare se satisfaire de tout choix « tendant à la gloire de Dieu et au bien de son pays ». Revenons aux recommandations du maréchal de Belle-Isle à son fils : on se souvient qu'elles illustraient l'évolution d'une logique guerrière vers une logique militaire de la notion de service. Celle citée plus haut porte déjà en elle le principe d'une prise de commandement actuelle. On retrouve dans cette lettre écrite au temps de Louis XV la responsabilité fondamentale d'un commandant d'unité : le bien du service et le souci de l'État.

Le 30 janvier 1782, le ministre de la Marine écrivait à de Grasse une directive lui demandant d'entreprendre le siège de la Jamaïque. À cette époque, le courrier mettait plusieurs mois à atteindre ses destinataires. Les consignes étaient nécessairement larges et l'esprit devait suppléer la lettre parce que celle-ci mettait justement trop de temps à arriver. *Appareillez, battez-vous, et faites au mieux* en quelque sorte. Les derniers mots de M. de Castries visent à résumer l'esprit de sa directive :

> « Je m'en rapporte de surplus, Monsieur, à ce que les circonstances vous feront apercevoir de plus avantageux pour le bien du service et la gloire des armes de Sa Majesté[1]. »

La formule suit l'évolution des régimes politiques. « Votre Majesté peut toujours compter sur moi, et être persuadée que je ferai tout ce qui sera humainement possible pour le bien du service et la gloire des armées de l'Empereur », concluait le maréchal Soult dans une lettre (1812) à Joseph Bonaparte, roi d'Espagne[2]. Les régimes

1. Lieutenant de vaisseau Vidil, *Les Préliminaires de la bataille des Saintes*, École de guerre navale, 1928, p. 37.

2. *Mémoires et correspondance politique et militaire du roi Joseph*, publiés, annotés et mis en ordre par A. du Casse, tome IX, Perrotin libraire-éditeur, 1854, p. 27.

passent, mais la gloire demeure et la formule, héritée des lettres de commissions de l'Ancien Régime, va ainsi perdurer jusqu'à la moitié du XXe siècle. En 1827 paraissait une ordonnance de Charles X réglementant le *Service des officiers, des élèves et des maîtres, à bord des bâtimens de la Marine royale* (31 octobre 1827). Le titre relatif aux « devoirs généraux des officiers de la Marine », précise que :

> « Dans toutes les circonstances, et quels que soient les dangers auxquels il [l'officier] pourra se trouver exposé, il fera tous ses efforts pour contribuer à la gloire des armes de Sa Majesté et soutenir l'honneur du pavillon[1]. »

Un quart de siècle plus tard, l'ordonnance est modifiée en raison des importantes évolutions techniques et réglementaires qui affectent la Marine (introduction de la vapeur, usage de nouvelles armes, règles de comptabilité plus strictes, etc.). Sous le nouveau régime politique de la IIe République, les devoirs des officiers ne changent que dans la lettre, pas dans l'esprit : la formulation est strictement identique, à ceci près que « la France » a remplacé « Sa Majesté[2] ». Il faut tout de même remarquer que dans ces ordonnances le couple *gloire/succès* a le mérite d'exister, mais de manière très lâche, sans vraiment de rapport direct entre les deux notions. Les deux textes fixent en effet les devoirs de l'aumônier embarqué sur un vaisseau de guerre. On ne peut être que frappé par

1. *Bulletin des lois du royaume de France, règne de Charles X*, tome VII, Imprimerie royale, février 1828, p. 602.

2. *Bulletin des lois de la République française*, Xe série, second semestre de 1851, contenant les lois, décrets et arrêtés d'intérêt public et général publiés depuis le 1er juillet jusqu'au 30 décembre 1851, tome VIII, Imprimerie nationale, janvier 1852, p. 618.

le fait que si la *gloire des armes* relève des hommes de guerre (les officiers), le *succès des armes* n'est évoqué, une centaine de pages plus loin, que pour les responsabilités de l'homme de Dieu (l'aumônier). En 1827, ce dernier « [récite] les oraisons pour la conservation du roi et de la famille royale, et pour la prospérité des armes de la France » et en 1851, il « récite les oraisons pour la prospérité de la France et le succès de ses armes ». On peut donc voir, jusqu'au mitan du XIXe siècle, les dernières survivances de l'antique distinction entre *bellatores* et *oratores*.

Gloire et *succès* : le règlement sur le service à bord va continuer à évoluer régulièrement, jusqu'à ce que la *gloire* se fasse petit à petit évincer par le *succès*. Ainsi, le règlement de 1928 est le dernier où la formulation apparaît inchangée mais le premier où il est précisé que le devoir du commandant est de développer « la foi dans le succès » chez ses subordonnés [1]. Le rapprochement est donc effectif. Le coup de grâce a lieu en 1936 quand le ministre de la Marine prend un arrêté pour modifier un seul article du règlement de 1928 : celui relatif à la prise de commandement. Dorénavant, *succès* remplace *gloire*. Il faut tout de même constater que le règlement ne sera pas toujours strictement appliqué. On n'efface pas un usage immémorial d'un trait de machine à écrire administrative. En 1944, dans la rade de Tamatave à Madagascar, l'aviso *Savorgnan-de-Brazza* des Forces navales françaises libres changeait de commandant et le capitaine de frégate Jubelin intronisait son successeur avec l'ancienne formule. Par ailleurs, l'esprit de la formulation subsiste encore quelque temps dans les citations. Le 12 septembre

1. *Journal officiel de la République française*, décret du 2 juin 1928.

1946, un certain matelot Roger Botteau recevait la médaille militaire à titre posthume et la citation précisait que « se sachant perdu, [il] n'a exprimé que le désir que l'action se poursuive pour la gloire des armes de la France[1]. »

Finalement, que faut-il en retenir? À un moment donné, après la Seconde Guerre mondiale, *la gloire des armes* de la France a disparu du langage officiel, remplacée par *le succès des armes*. Observée dans l'histoire longue, la rupture est assez nette. Après avoir été une évidence pendant des siècles, la gloire, en quelques dizaines d'année, s'est mise à disparaître du langage officiel et du référentiel militaire institutionnel. Il est évident que le soldat se bat pour vaincre et la *gloire* remplacée par le *succès* ne représente pas une simple substitution visant à rétablir un ordre de priorité. La substitution reflète aussi un autre langage que les poètes de la gloire ne connaissaient pas.

1. *Journal officiel de la République française*, 10 octobre 1946.

CHAPITRE 12

Chanter la gloire ?

Parce que le sort de la gloire des armes est lié à celui de la bataille, on pourrait penser que la disparition de l'une suffit à expliquer la disparition de l'autre. C'est insuffisant. Aujourd'hui, la gloire se chante difficilement car il est une autre raison, embrassant tous les types de gloires, celles des armes comme les autres. Elle repose sur le langage du poète. Jacqueline de Romilly observait « qu'on n'ose pas beaucoup parler de la gloire » en expliquant que « l'histoire des mots illustre celle des valeurs ». On pourrait également ajouter : l'histoire du style. Un jour qu'il était malade, Louis XIV se fit lire par Racine les *Vies des hommes illustres* de Plutarque. La traduction datait du XVIe siècle et le roi s'exclama : « Mais c'est du gaulois ! » Racine « modernisa » alors les mots ou les tournures qui le nécessitaient, pour le plus grand plaisir du monarque. L'anecdote nous rappelle que la forme et le style d'une langue sont évidemment liés à une époque. Que l'on pense à la *gloère*… Mais sa morale nous enseigne surtout qu'une belle langue et un beau style sont nécessaires pour raconter la vie ou les faits d'armes d'hommes illustres. Chanter la gloire est un exercice qui ne s'improvise pas ; il y faut l'art et la manière, or tous les mots et tous les styles ne se valent pas quand il s'agit de travailler pour la postérité. Il y en a qui sont particulièrement propres pour chanter la gloire et d'autres qui ne le sont pas. Afin de bien voir ces différences, voyons hier avant de parler d'aujourd'hui.

On ne sait pas comment Racine « modernisa » sa lecture, mais on peut imaginer qu'il prononça le texte tel que le voulait le bon usage du XVIIe. Peut-être déplaça-t-il les compléments d'objets directs… Au-delà de son caractère pittoresque, l'anecdote rappelle encore que Racine, avec Corneille, Boileau et bien d'autres sont les poètes d'une époque particulière, le Grand Siècle, qui fut surtout grand en raison d'une institution et d'un genre littéraire qui contribuèrent tous deux au rayonnement des lettres françaises et pour lesquels, il faut le souligner, la gloire des armes fut indispensable.

Quelle langue et quel style pour la gloire des armes ?

> « À cette époque, la gloire ne pouvait se conquérir qu'en français. »
>
> Maurice Druon.

Il est significatif que dans son œuvre des *Lieux de mémoire*, Nora choisisse de réunir dans un même tome « La gloire » et « Les mots ». La raison est assez simple, et Bossuet l'expliquait déjà il y a quatre cents ans dans son discours de réception à l'Académie :

> « Pendant que les François […] méritoient par des exploits inouis que les plumes les plus éloquentes publiassent leurs louanges, [le cardinal de Richelieu] prenoit soin d'assembler dans la ville capitale du royaume l'élite des plus illustres écrivains de France pour en com-

> poser votre corps. Il entreprit de faire en sorte que la France fournît tout ensemble et la matière et la forme des plus excellens discours ; qu'elle fût en même temps docte et conquérante, qu'elle ajoutât l'empire des lettres à l'avantage glorieux qu'elle avoit toujours conservé, de commander par les armes, et certainement ces deux choses se fortifient et se soutiennent mutuellement. »

La gloire des armes et la gloire des lettres sont indispensables l'une à l'autre car elles se soutiennent mutuellement. Dans son analyse de discours de Bossuet, Fabrice Hadjaj résume hardiment la mission de l'Académie française, à savoir qu'elle « n'a pas pour fin de pinailler sur la grammaire et le vocabulaire mais de garantir une gloire pour les exploits français [1] ». Une belle langue française et un beau style y pourvoiront. La naissance de l'Académie française est indissociable du classicisme qui est certainement le style de la grandeur, car il est la forme poétique idéale pour célébrer la gloire des armes.

Synonyme de stabilité, harmonie et hiérarchie, il naît au XVIIe siècle quand les notions de règle et d'ordre se généralisent dans les arts aussi bien qu'en politique : Vaugelas et la grammaire, Richelieu et l'Académie française, la tragédie et ses trois unités, Le Nôtre et le jardin, Westphalie et la souveraineté, Louvois et l'armée, Louis XIV et l'État. Par nature, donc, le classicisme a des similitudes avec l'armée et son esprit militaire naissant en ce XVIIe siècle [2]. Comment ? On ne va pas disserter ici sur ses caractéristiques, mais rappelons que pour André Gide « la perfection classique implique, non point certes une

---

1. Fabrice Hadjaj, *À moi la gloire*, Salvator, 2019, p. 34.

2. Les lignes qui suivent reprennent l'article « Réflexion sur le style » paru dans la revue *Inflexions*, mai 2020.

suppression de l'individu mais la soumission de l'individu, sa subordination, et celle du mot dans la phrase, de la phrase dans la page, de la page dans l'œuvre. C'est la mise en évidence d'une hiérarchie[1] ». Cette définition n'a été donnée que pour mieux mettre en évidence un exemple typique de subordination militaire où le désir de gloire personnelle se met au service de la gloire royale. « Le comte à m'obéir ne peut perdre sa gloire », déclarait le roi de Castille dans *Le Cid*. L'alexandrin sur une planche de théâtre existe aussi sur le champ de bataille. Juste après la victoire de Neerwinden, le maréchal de Luxembourg (le tapissier de Notre-Dame) adressait la dépêche suivante à Louis XIV :

> « Sire, vos ennemis ont fait des merveilles, vos troupes encore mieux. Pour moi, Sire, je n'ai d'autre mérite que d'avoir exécuté vos ordres. Vous m'aviez dit d'attaquer une ville et de livrer une bataille ; j'ai pris l'une et gagné l'autre. »

Ces lignes, où transparaît l'habileté du courtisan à autant flatter son souverain qu'à se mettre en valeur lui-même, méritent davantage d'être déclamées que lues. De la théâtralité mais point d'affectation, de la grandeur mais pas de grandiloquence : n'oublions pas que le classicisme est né du théâtre, et la représentation est son maître mot, avec Rome comme modèle inépuisable de grandeur. *Veni, vidi, vici* : Luxembourg écrit pour sa gloire et celle du roi. La hiérarchie de Gide saute aux yeux. Elle se voit encore dans ce compte rendu adressé à Louis XIII par Richelieu après la prise de Perpignan : « Sire, vos ennemis sont morts et vos armes sont dans Perpignan. »

---

1. *Revue critique des idées et des livres*, tome XXXI, n° 182, 10 février 1921, p. 366.

Après la bataille, un tel style est une manière indirecte, mais élégante et adroite, d'appeler à soi la gloire ; avant la bataille, il est une manière de réveiller l'ardeur de la troupe en l'exhortant à la gloire. Ainsi à Ivry, Henri IV n'invite pas seulement à se rallier son panache blanc. Il ajoute aussi :

« Je suis votre roi ; vous êtes français ; voilà l'ennemi. »

Quelle réplique de théâtre ! Le rythme ternaire donne encore plus de souffle à la formule. Jouant de naturel face à la difficulté, cette théâtrale simplicité doit suffire à faire plier le réel. Un siècle plus tard, ce sont le même style, le même rythme et les mêmes ressorts que le maréchal de Villars emploie à Denain :

« Messieurs, les ennemis sont plus fort que nous, ils sont même retranchés ; mais nous sommes Français, il y va de l'honneur de la nation ; il faut vaincre ou mourir et je vais moi-même vous en donner l'exemple. »

Un siècle plus tard encore, c'est toujours de cette manière que Napoléon à Austerlitz excite la bravoure de ses chasseurs de la Garde :

« Chasseurs, mes gardes à cheval viennent de mettre en déroute la Garde impériale russe ; colonels, drapeaux, canons, tout a été pris ; rien n'a résisté à leur intrépide valeur ; vous les imiterez. »

Et encore un siècle après, aux marais de Saint-Gond, la manière de voir de Foch n'est pas si différente :

« Ma droite est enfoncée, ma gauche cède, tout va bien : j'attaque. »

Jules César avait déjà tout compris. *Veni, vidi, vici*: sa campagne militaire résumée en trois mots, il domine le Sénat en montrant qu'il est aussi grand orateur que grand général. Tous ces mots de chefs militaires inspirent la grandeur car le prestige puise dans le classicisme. L'esthétique qui s'en dégage se rapproche de celle d'un défilé ou d'une cérémonie militaire. La rigueur de la cadence, la précision de la mise en scène et la sobriété de l'ensemble expriment la puissance et inspirent la grandeur: l'esprit du classicisme se retrouve dans celui de l'armée[1].

Corneille était un des auteurs préférés de Napoléon et *Cinna*, une de ses pièces favorites. La veille d'Austerlitz, au bivouac pendant le dîner, il discuta de Racine et de Corneille avec ses maréchaux. Lorsqu'il prit la décision de la campagne de Russie, on lui objecta: « Qui défendra la France abandonnée? » Ce à quoi il répondit: « Ma renommée. » Chateaubriand y voit le sens de la tragédie en remarquant que l'Empereur fit la même réponse que Médée. Et à d'autres qui y verraient une fanfaronnade de Matamore dans *L'Illusion comique*, on répondrait que, dans tous les cas, c'est du théâtre classique. Les exemples abondent car des générations de Français ont appris la grande histoire de France en apprenant également leurs classiques. Comment ne pas évoquer Charles de Gaulle? Dans *La Discorde chez l'ennemi* il fait l'éloge du jardin à la française et invite les chefs militaires à « pétrir leur esprit d'après les règles de l'ordre classique ». Son appel le 18 juin 1940 est un modèle de rythme ternaire. Combien de fois n'a-t-on pas rapproché sa conception de la souveraineté par ces vers de *Sertorius*: « Rome n'est plus dans Rome, elle est toute où je suis »!

1. Gilles Malvaux, « Réflexion sur le style », revue *Inflexions*, mai 2020.

Ses discours et ses écrits sont ceux d'un homme pétri de culture classique. Correspondant avec un certain Émile Henriot, il lui écrivait qu'il avait « comme monsieur Racine, bien du talent[1] ! »...

Les exemples abondent car il n'est pas nécessaire d'être un grand écrivain pour inspirer la gloire ou la grandeur. On peut même avoir un style classique comme M. Jourdain faisait de la prose, sans le savoir...

Quand Joffre fut élu à l'Académie française, on savait bien qu'il n'avait jamais rien écrit : « il y a dans l'armée française un assez grand nombre d'officiers qu'on pourrait croire plus près des lettres », écrivait un critique littéraire à propos de cette élection[2]. Mais ce même critique reconnaissait que Joffre avait écrit deux pages immortelles que tous les Français connaissaient par cœur. L'une était son ordre du jour du 6 septembre 1914 – début de la bataille de la Marne –, l'autre était la dépêche du 12 septembre 1914 qui en annonçait la victoire. Il raconte même avoir vu quelqu'un réciter ces lignes dans une pièce de théâtre :

> « [...] la bataille qui se livre depuis cinq jours s'achève en une victoire incontestable [...], partout l'ennemi laisse sur place de nombreux blessés et des quantités de munitions. Partout on fait des prisonniers ; en gagnant du terrain, nos troupes constatent les traces de l'intensité de la lutte et l'importance des moyens mis en œuvre par les Allemands pour essayer de résister à notre élan. La reprise vigoureuse de l'offensive a déterminé le succès. Tous, officiers, sous-officiers et soldats, avez répondu à mon appel. Tous, avez bien mérité de la patrie. »

1. *Ibid.*, p. 159. Tiré de Charles de Gaulle, *Lettres, notes et carnets*, tome IX. Plon, p. 65.

2. Henry Bidou, « Le maréchal Joffre à l'Académie française », *Revue des Deux Mondes*, numéro de mars 1918.

L'analyse qu'il en fait mérite d'être relevée :

> « Un Scudéry ferait remarquer que “quantité de munitions” est bas et que “constater des traces” est incorrect. Mais c'est tout de même du Corneille. [...] On cite ces passages parce qu'ils sont les plus célèbres. Mais tous les ordres qu'on a publiés sont du même style[1]. »

Aujourd'hui, ce style ne nous est plus familier. Les oreilles n'y sont plus habituées, et pas seulement en raison de la disparition de la « grande bataille ». Pourquoi ? Parce que ce style était du temps où la France avait une *épée* ; elle a aujourd'hui un *outil de défense*. C'est le temps de l'efficacité.

Quel style et quelle langue pour un outil militaire ? Du poète au communicant

> « Dans un écrit professionnel, l'objectif est l'efficacité. »
>
> Instruction relative à la correspondance officielle au sein des armées.

> « Si à dix ans de latin on substituait dans les collèges dix ans d'anglais et d'allemand ; si ces deux langues devenaient familières [...] si par l'utilité retirée tout d'abord de ces études, nous étions parvenus à l'état de peuple bilingue ou trilingue [...] la France s'apercevrait un jour que ce qu'il y a de plus inutile en France, c'est le français[2]. »
>
> Remy de Gourmont.

Début 2020, le site Internet du magazine *Cols bleus* publiait un reportage sur un chien et son maître, appar-

---

1. *Ibid.*
2. Cité dans Gérard de Cortanze, *Passion de la langue française*, Desclée de Brouwer, 2010.

tenant tous deux à la force des fusiliers marins et commandos et embarqués sur une frégate en océan Indien en mission de lutte contre les narcotrafics. On y apprend que « doté de facultés ophtalmiques lui permettant de travailler indifféremment de jour ou dans l'obscurité, le chien se déplace et réagit en fonction des effluves et des bruits qui lui parviennent » et que lui et son maître « forment un système d'armes à part entière[1] ». Passant à *Terre Information Magazine*, on s'aperçoit au détour d'un article sur les troupes de montagne que la mule de bât utilisée par les chasseurs alpins a été élevée au rang et appellation d'« équidé vecteur d'approvisionnement[2] »... Souvenons-nous de Boileau qui « appelait un chat un chat ». Si Racine devait faire aujourd'hui la lecture de ces publications institutionnelles à Louis XIV ce dernier ne dirait pas que c'est du gaulois, mais du plutôt du jargon technico-scientifique... Le style d'un outil militaire est ainsi celui d'un « technicien du combat », « expert » dans son « spectre » ou dans son « segment », et dont le concept d'emploi est la « combinaison dynamique des efforts » s'appuyant en particulier sur la « différentiation des forces » (*Concept d'emploi des forces*, version de 2013). Cette dernière formulation est d'ailleurs significative : *différentier* et non *différencier*, c'est-à-dire calculer une différentielle et non marquer une différence. La coquille – ou le lapsus – reflète un métier des armes réduit à sa fonction technique. Pourquoi les bâtiments de guerre ne font-ils plus des escales mais des « relâches opérationnelles » ? Pourquoi les armées parlent-elles de

1. *Un binôme cynotechnique embarqué sur le* Courbet, https://www.colsbleus.fr, 10 janvier 2020.

2. *Terre Information Magazine* (n° 270), décembre 2015-janvier 2016, p. 39.

« régénération » du personnel et du matériel? Pour le comprendre, il faut lier ce style au contexte dans lequel les armées ont à évoluer depuis des décennies. Si la force militaire est aujourd'hui considérée comme un instrument de puissance au même titre que la diplomatie, la justice ou les actions de développement, c'est le seul dont le financement soit qualifié de « fardeau ». Les dividendes de la paix ont renchéri l'effort que la nation était prête à accorder à sa défense. Dans le même temps, la suspension du service national a éloigné les Français de leurs armées. En se recentrant sur leur cœur de métier, les armées se sont mécaniquement éloignées du cœur de la nation. Pour ces deux grandes raisons de coût et de méconnaissance, les armées doivent donc expliquer leur action, expliquer leurs besoins, et toujours raisonner sur le critérium de l'efficacité. Le propre d'un outil est d'être utile. Par définition un *outil* est *utile*. On ne lui demande pas d'être grand, mais optimisé. Il n'a pas besoin d'être beau, mais efficace. Sa promotion passe par exemple par une « fabrique défense » destinée à « fédérer les acteurs de l'écosystème de la défense ». Il est naturel qu'une institution assimilée à un outil adopte un vocabulaire de précision et des mots d'expert. Quel crédit (et quels crédits) accorderait-on à un expert qui n'aurait pas le langage de l'expert?

On comprend bien que ce style ne suscite pas le sentiment de la gloire. Le général de Gaulle dans ses *Mémoires* écrivait « [qu']il n'y a pas de France sans épée ». On ne l'imagine pas écrire qu'il n'y a pas de France « sans outil de défense ». À l'inverse, on imagine tout à fait possible qu'un de ses lointains successeurs puisse dire un jour que « lorsqu'il entra dans l'armée, c'était la chose la mieux optimisée au monde »...

« Encore une fois, le français dépose les armes » : ainsi commençait un article de presse d'un quotidien national en février 2020. Le sujet portait sur la polémique soulevée par un sénateur français au sujet du concours de l'Eurovision 2020, où la France devait être défendue avec une chanson écrite pratiquement toute en anglais. « Quand on défend la France à l'Eurovision, il faut chanter en français », s'insurge le sénateur[1]. Le sujet n'est pas militaire mais il faut bien convenir que l'armée, et plus généralement le monde de la défense, n'échappent pas au recours excessif à l'anglais. « Comment supporter de voir des Français se parler entre eux en anglais, sans se rendre compte du ridicule de la situation ? » écrivait le général de Villiers dans *Servir*[2]. Une raison à cette dépendance peut s'expliquer dans la considération dont jouit la culture anglo-saxonne, estimée à juste titre comme la référence en matière d'innovation (la *cyberdéfense factory* de la Direction générale de l'armement, le *battle-lab terre*, le *battle-lab rens*), de réflexion (le fameux *think outside the box* !) et d'efficacité (à ce dernier terme on préfère en effet *l'efficience* qui recouvre une notion de rendement que l'autre n'a pas). Quant à la sacro-sainte action, elle est toujours louée mais il est courant d'entendre parler de principes *actionnables*.

Parmi les dérives de ces recours systématiques à l'anglais, l'académicien sir Michael Edwards remarquait la propension en France à inverser l'ordre entre le nom et l'adjectif, à l'anglaise : même l'illustre Sorbonne a cédé,

---

1. « Quand on défend la France à l'Eurovision, il faut chanter en français », www.lefigaro.fr, interview d'André Vallini par Claire Conruyt et Alice Develey, publié le 17 février 2020.

2. Général d'armée Pierre de Villiers, *Servir*, Fayard, 2017, p. 194.

en se rebaptisant *Sorbonne Université*[1] ! « Ces anglicismes furtifs qui s'insinuent sans se faire remarquer » (Edwards) se retrouvent ainsi dans l'*innovation défense lab* de l'Agence d'innovation de défense, le *Marinel@b* de la Marine nationale, ou le *SGAConnect*, l'intranet du Secrétariat général pour l'administration.

Il faut être évidemment réaliste et ne pas faire du donquichottisme de mauvais aloi en refusant de parler anglais. C'est une langue indispensable, devenue *la* langue des opérations pour les militaires et leur deuxième langue sur le terrain. Et si aujourd'hui nombre de revues ou *think tanks* français spécialisés en stratégie et affaires militaires publient en anglais, c'est par réalisme, car la langue anglaise permet d'atteindre un nombre d'auditoires bien plus considérable que la langue française.

Aujourd'hui, le monde a changé : il n'est plus celui de *La Guerre et la Paix* où Tolstoï décrit le jeune Bolkonski sur le champ de bataille « confortant ses pensées avec des termes français » ; il n'est plus celui de 1870, quand le traité de Francfort était rédigé en français (la langue du vaincu !) ou celui de 1906 quand le traité de paix mettant fin à la guerre russo-japonaise – traité signé aux États-Unis pour un conflit où la France n'était pas partie ! – stipulait à son article 15 que ledit traité serait écrit en français et en anglais mais qu'en cas de divergence d'interprétation la version française ferait foi. La langue universelle a cédé la place à une langue internationale et la maîtrise de l'anglais est devenue une nécessité. Le propos n'est pas de remettre en cause cette évolution mais de constater qu'elle contribue au déclin de l'idée d'une gloire française, et notamment celles des armes. « Mais

1. Sir Michael Edwards, *La Française République*, 2 mai 2019, www.academie-francaise.fr.

est-ce du français ? » pourrait se demander Louis XIV en constatant que son propre château accueillait, entre novembre 2019 et mars 2020, une exposition temporaire étrangement dénommée *Versailles revival*…

Comment imaginer chanter une gloire *française* avec des mots qui ne le seraient pas ? Revenons à une époque très lointaine, à Bouvines. Georges Duby précise que sur la porte Saint-Nicolas, à Arras, l'inscription côté extérieur était en latin ; elle donnait la date de construction et le nom du maître d'œuvre. Mais côté intérieur, l'inscription dédiée à la gloire de la bataille de Bouvines était en français (de l'époque…). De ce point de vue, l'anglais (ou le latin hier) n'est pas la langue de l'interopérabilité car la gloire ne connaît pas la monnaie unique. La lune a beau rayonner, elle sera pour toujours une source secondaire. Et restera un astre froid. La gloire restera à l'autre astre. Bossuet, comme le commanditaire de l'inscription d'Arras quatre cents ans auparavant, l'avait compris :

> « Quoi donc ! la langue française ne devoit-elle jamais espérer de produire des écrits qui pussent plaire à nos descendans, et pour méditer des ouvrages immortels, fallait-il toujours emprunter le langage de Rome et d'Athènes ? Qui ne voit qu'il falloit plutôt pour la gloire de la nation former la langue française… »

Bossuet faisait référence au grec et au latin ; on pense aujourd'hui au langage de la Silicon Valley, à la novlangue, au *globish,* à un *hashtag* suivi d'une centaine de caractères, à Louis XIV remplacé par *Louis 14* dans certains musées… Mais le grec et le latin inspiraient au moins la grandeur, alors que, comme l'écrit Fabrice

Hadjaj, « une société dont le fin mot est *la disruptive innovation*, et non l'héroïcité dont on doit faire mémoire, n'a besoin que de techno, de rengaines répétées par des machines, et la langue ne peut qu'y être progressivement remplacée par un code fluant et efficace[1] ». La gloire des armes *françaises* se chante en *français* alors que l'efficacité n'a besoin que d'un langage standardisé. Un renversement s'est opéré entre hier et aujourd'hui. Hier, les armes étaient une source d'inspiration pour les arts. Le poète en chantait la gloire. Aujourd'hui, un vocabulaire techniciste et des codes de marketing ont investi tout un lexique relatif à l'efficacité d'un outil. Le poète a cédé la place au communicant. Finalement, la différence d'esthétique entre les styles et les langues « classique » et « efficace » est la même que celle entre une plume et un clavier azerty. L'un est un objet standardisé et interchangeable, permettant de *produire du narratif* et de susciter des *followers*. C'est le monde de la « communication », celui qui fait « briller la monnaie ». L'autre est un objet symbolique, immémorial, dont l'esthétique est puissante, même à la guerre. Au sens propre, et de manière assez universelle, la plume était un attribut de chef sur le champ de bataille. Au sens figuré, elle représente encore aujourd'hui les belles lettres. Son héritage demeure : on dit d'un texte bien écrit qu'il est d'une « belle plume », tous les grands chefs ont leur « plume »... La plume rend belle l'action militaire car elle la transcende ; elle voit une épée quand un clavier azerty ne connaît qu'« outil producteur d'effets[2] ».

---

1. Fabrice Hadjaj, *op. cit.*, p. 38.

2. Passage tiré de Gilles Malvaux, « Réflexion sur le style », *Inflexions*, mai 2020

Combien de fois, chaque 11-Novembre, entend-on invariablement que la France célèbre son *memorial day*? Le symptôme est le même que Bolkonski : « Memorial day? Ah oui, le jour où on fait mémoire. Je comprends mieux le concept… » En considérant que la gloire des armes, aujourd'hui, peut difficilement s'acquérir et difficilement se chanter, peut-elle au moins être transmise? La réflexion sur le lien entre gloire des armes et langue française permet de s'acheminer vers cette question.

> « La France, disait Fernand Braudel, c'est d'abord la langue française. Si la France s'est montrée de tout temps plus ouverte que d'autres aux cultures du monde, c'est qu'elle ne doutait pas de son identité, ni de sa propre culture, ni de son propre langage. Elle ne doutait pas d'elle-même. »

Ainsi s'exprimait François Mitterrand, président de la République, à l'occasion du trois cent cinquantième anniversaire de l'Académie française. Se demander si la gloire des armes peut encore être transmise nécessite de s'intéresser au porteur de flambeau, qui n'est pas seulement l'armée mais surtout la nation tout entière.

CHAPITRE 13

Transmettre la gloire ?

Le 17 juin 1940, à 9 heures du matin, le général de Gaulle s'envolait depuis Bordeaux vers l'Angleterre. Au lieu-dit Beutre, près de l'aéroport de Bordeaux-Mérignac, fut posée dans les années 1950 une stèle commémorant ce départ. En ce 17 juin 1940, se terminait l'histoire d'un homme obscur et commençait ce qui allait devenir une épopée :

Français
N'oubliez jamais
D'ici est parti le 17 juin 1940
Le premier résistant de France
Le général de Gaulle
Afin de continuer
La lutte pour la liberté
L'honneur et la gloire de notre patrie
Hommage reconnaissant et impérissable
De la population mérignaçoise[1].

Cette stèle nous enseigne deux choses. Elle illustre d'abord le pouvoir d'un poète qui dit *je chante*. Qui-

1. Serge Barcellini, Annette Wieviorka, *Passant, souviens-toi ! Les lieux du souvenir de la Seconde Guerre mondiale en France*, Graphein 1999, p. 182-183.

conque voit l'inscription s'imagine spontanément les grandes heures de la France Libre mais ne se représente pas un seul instant la vraie réalité de ce 17 juin 1940, qui n'avait rien de spécifiquement beau. Pendant trois jours, les 15, 16 et 17 juin, Romain Gary avait été présent sur cet aérodrome, et il avait vu le vrai spectacle d'un pays en train de perdre une guerre. Une « incroyable faune aérienne », « un Dunkerque aérien », racontera-t-il dans *La Promesse de l'aube* : une famille qui monnaye son passage en Espagne, des anciens pilotes de 14-18 revenus pour se battre et indifférents à la défaite qui s'annonce, des pilotes braves et d'autres qui s'enfuient en emmenant de la famille, des amis, des prostituées ou des gens qui payent, des pilotes désespérés dont un qui jette sa Croix de guerre au sol au retour d'une patrouille ; du courage, de l'héroïsme, de la panique, de la faiblesse, de l'égoïsme ; bref, la guerre vraie et tragique. Un départ « sans grandeur ni romantisme », dira très sobrement de Gaulle dans ses *Mémoires*. Mais la stèle n'en a que faire et elle n'est d'ailleurs pas là pour dire à quoi ressemblait ce 17 juin 1940. Son seul but est de célébrer l'événement fondateur qui aura permis à *notre patrie* de recouvrer *sa liberté*, mais aussi *son honneur et sa gloire*. Aujourd'hui, la stèle est rangée à la Maison du Combattant de Mérignac. Elle a été remplacée en 1990. On lit sur la nouvelle stèle :

Afin de continuer
La lutte pour la liberté
D'ici est parti pour Londres
Le 17 juin 1940
Le général de Gaulle.
Ville de Mérignac.

Dans la lettre comme dans l'esprit, quelque chose a changé. La mémoire de l'événement est bien là, mais il y a moins de cœur dans cette manière de chanter. Si l'on ajoutait des volumes à l'*Histoire de la langue française*, on s'apercevrait que la courbe des occurrences de la *gloire* dessine une jolie gaussienne, dont le tracé tend à rejoindre l'axe des abscisses à partir de la moitié du XXe siècle. En brillant par son absence, la gloire est un bon indicateur pour prendre la mesure de la nation française.

De nouvelles mémoires, avec beaucoup de victimes…

En 1940, le destin de notre pays s'est joué sur une détermination individuelle. Ce pari fou pouvait marcher car la conception de l'histoire du général de Gaulle est la conception *historique*, celle du grand homme capable de peser sur le cours des événements. « En ce moment, le pire de son histoire, c'était à moi d'assumer la France », écrivait-il. *Assumer* la France : quel changement de sens en l'espace d'un demi-siècle ! Ce n'est plus le sens du poète qui *assume* par le seul fait de clamer haut et fort *je chante,* mais le sens du coupable qui *assume* quand il dit *j'avoue*. Aujourd'hui on assume la France dans le même esprit qu'on assume ses fautes. On assume son histoire dans le même sens qu'on demande à un fautif d'assumer ses actes.

> « Les batailles qu'on ne fait plus, on les raconte,
> Et le sang disparaît, la gloire seule luit. »

Que de commentaires appellent ces vers de *L'Aiglon* ! Depuis la *Chanson de Roland*, toute l'histoire de la gloire des armes s'y trouve résumée. Aujourd'hui, l'interprétation est bien différente. Les batailles qu'on ne fait plus, les raconte-t-on seulement ? Le sang disparaît et la gloire luit, vraiment ? C'est exactement l'inverse qui se produit. La gloire est incongrue, indésirable, car le sang réapparaît continûment, alimenté par la source de la repentance. Les symptômes et les causes sont connues. En 2008 le rapport Kaspi dressait l'état des lieux des commémorations publiques et plus généralement de la politique française de la mémoire. Était analysé le fait que la multiplication des commémorations officielles – six créées en moins de dix ans, entre 1999 et 2006, à comparer aux six créées en un siècle, entre 1880 et 1999 – affaiblissait la mémoire collective, exacerbait les particularismes et encourageait le communautarisme. À la raison historique de la célébration de grands faits militaires s'est ajoutée la mémoire rendue aux victimes d'hier, victimes dans et surtout de l'histoire de France :

> « Les autres [commémorations] honorent à juste titre les victimes d'hier, mais n'ont-elles pas tendance à nous entraîner dans “la repentance”, comme si la France vivait dans l'obsession des crimes qui auraient été commis au cours de sa longue histoire, comme si elle n'aspirait plus qu'à la rédemption pour expier les fautes d'hier et d'avant-hier.
>
> Du coup, bon nombre de commémorations ne rassemblent plus [...], des groupes de pression se constituent, qui ne manquent pas de réclamer de la nation la reconnaissance de leur existence, donc de leurs spécificités et de leurs souffrances[1]. »

---

1. *Rapport de la commission de réflexion sur la modernisation des commémorations publiques*, sous la présidence d'André Kaspi, La Documentation française, novembre 2008.

Il n'y a pas de grand homme pour son valet de chambre, dit-on ; il n'y a pas de grande histoire pour qui la regarde par le trou de la serrure, la déshabille et ne voit plus que ses difformités. Le général Morland dans son tonneau de rhum n'est pas glorieux. Zola analyse la défaite de Sedan de si près que les combats glorieux de 1871 sont hors du champ de sa loupe naturaliste. Au sujet de la période pendant laquelle fut écrite *La Débâcle,* de Gaulle associait justement « excès du naturalisme » et « désenchantement public ». Une loupe est transparente, mais parce qu'elle agrandit, rétrécit ou dissèque, ce qu'on voit à travers demeure terne. Les lois de la physique et de la biologie le confirment : un atome, en soi, n'a pas de couleur et l'amour n'est plus que de la chimie. Marc Bloch disait qu'il « existe deux catégories de Français qui ne comprendront jamais l'histoire de France : " Ceux qui refusent de vibrer au sacre de Reims et ceux qui lisent sans émotion le récit de la fête de la Fédération " ». Le poète et le scientifique seront au moins d'accord sur un point : sans vibration, il n'y a plus ni couleur, ni chaleur, ni musique. Une histoire qui ne fait plus le récit des événements dignes de mémoire (ou, ce qui revient au même, une histoire qui considère que ce qui est digne de mémoire n'est plus ce qui se chante mais ce qu'il faut avouer) est une histoire sans gloire, et une histoire sans gloire est à l'opposé de l'idée de nation, selon Renan. N'oublions pas ce que ressentait Émile Henriot : vue de près, la gloire est terne. Or que dit Renan ? Vue de près, l'histoire d'une nation est forcément terne. Il faut que le sang disparaisse pour que la gloire luise ; alors apparaît la nation. L'oubli est indispensable à cette dernière car tous les systèmes politiques, mêmes les plus vertueux, ont eu à l'origine des faits de violence dont le rappel est intrinsèquement dangereux :

« L'oubli, et je dirai même l'erreur historique, est un facteur essentiel de la création d'une nation. […] Le roi de France, qui a fait la plus parfaite unité nationale qu'il y ait ; le roi de France, vu de trop près, a perdu son prestige […] l'essence d'une nation est que tous les individus aient beaucoup de choses en commun, et aussi que tous aient oublié bien des choses. Aucun citoyen français ne sait s'il est Burgonde, Alain, Taïfale, Visigoth ; tout citoyen français doit avoir oublié la Saint-Barthélemy, les massacres du Midi au XIIIe siècle. […] Pour tous il est bon de savoir oublier. »

Renan ajoutait d'ailleurs qu'on aime la maison qu'on a bâtie et qu'on transmet. Qui accepterait d'en hériter avec des dettes ? Pour le général de Gaulle, « un appel venu du fond de l'Histoire [l'] avait amené à prendre en compte le trésor en déshérence ». De ce trésor, la gloire des armes compte parmi les plus belles pièces de monnaie. Pourtant aujourd'hui ces dernières n'attirent plus. Elles ne brillent plus, et de manière générale c'est du trésor lui-même que l'on détourne le regard :

« La France d'aujourd'hui a cessé de mettre en valeur les grands mythes nationaux. […] Si l'on ne célèbre plus les victoires de Napoléon Ier ou celles de son neveu, si l'on a oublié les faits d'armes de Turenne et de Condé, c'est sans doute que les régimes que les unes et les autres ont illustrés ne sont plus aujourd'hui “politiquement corrects”. C'est aussi et surtout que ces victoires et ces faits d'armes ont cessé d'occuper la mémoire collective. Ils sont tombés dans les oubliettes de l'histoire[1]. »

Oubliettes si profondes qu'en octobre 2019, lorsque la ville de Ris-Orangis se mit à renouveler les plaques de

1. André Kaspi, *op. cit.*

ses noms de rue afin d'y ajouter une courte description pour chacune, le passant pouvait remarquer que celle du 8 mai 1945 précisait : *fin de la Première Guerre mondiale…* [1].

… et une autre histoire, avec beaucoup moins de héros

La bataille n'a pas seulement disparu de la guerre, elle a aussi quasiment disparu de la manière de raconter l'histoire. L'*histoire-bataille* a été remplacée par l'*histoire totale* au XXe siècle. La chronologie, les événements, les grands personnages ont laissé la place aux évolutions économiques, démographiques, sociales. Le palpable s'est effacé au profit de l'impalpable ; l'action s'est effacée devant la transformation. Là encore il faut revenir au tournant de la Grande Guerre. Rappelons-nous Émile Henriot et ses réflexions dans sa tranchée sur cette guerre de « chimistes et de terrassiers ». Il analysait déjà ce que Raymond Aron écrira quarante plus tard :

> « Pourquoi donc le récit des événements nous paraît-il non pas du tout illégitime ou inintéressant – il ne manque pas de récits de la guerre de 1914-1918 ou de la guerre de 1939-1945 – mais non central dans notre interprétation du XXe siècle, alors que le récit de la guerre du Péloponnèse paraissait à Thucydide digne d'être transmis à la postérité et d'être dressé en monument pour l'éternité ? La réponse est, me semble-t-il, la *désindividualisation*, la *dépersonnalisation* des événements modernes. […] La compétition de 1914 à 1918 était celle des savants, des ingénieurs, des usines en même temps que des soldats.

1. Pauline Darvey, « Ris-Orangis change ses plaques de rue… et commet quelques erreurs historiques », *Le Parisien*, 15 janvier 2020. www.leparisien.fr.

Cette compétition contribuait, elle aussi, à dépersonnaliser l'événement, du fait que les moyens – scientifiques, techniques, industriels – commandaient de plus en plus la rationalité des conduites [...] La guerre de 1914-1918 manque de héros, elle est trop soumise à la loi du nombre, du charbon et de l'acier, elle n'a pas de fin assez spectaculaire pour que le récit en puisse prétendre à l'achèvement tragique[1]. »

Toutefois, dans cette manière d'interpréter l'histoire, Aron ne distinguait que le XXe siècle et les événements modernes. C'était alors les années 1960. Depuis, c'est toute l'histoire de France qui a été dépersonnalisée et même décentrée. En 2017 était d'ailleurs publiée l'*Histoire mondiale de la France*. La démarche s'affirmait clairement : raconter d'un point de vue *mondial* une nouvelle histoire de France. Un point de vue mondial signifie une grande hauteur de vue ; or de cette hauteur-là, la France est nécessairement vue comme un « petit cap de l'Asie » d'où il est difficile d'entendre le *je chante* des poètes. Passant ainsi d'un référentiel franco-centré à un référentiel altéro-centré, la gloire française est mécaniquement vouée à faire sa révolution copernicienne. Le livre donne un exemple caractéristique avec Descartes. Descartes, c'est *le* philosophe français par excellence ; son *Discours de la méthode* fut d'ailleurs publié en français et non en latin, ce qui était une nouveauté en 1637 ; « gloire de la France » ou « gloire française » sont des termes banals dans de vieux dictionnaires à l'article *Descartes* ; Bergson lui-même déclarait que « toute la philosophie moderne dérivait de Descartes » et expliquait que ce fut le rôle de

1. Raymond Aron, *Dimensions de la conscience historique*, Plon, 1961, p. 155, 157 et 158.

la France dans le monde d'avoir été la « grande initiatrice » de la philosophie moderne[1].

Le point de vue *mondial* est différent. Il explique que si l'on veut comprendre le philosophe, il est nécessaire de « [sortir] d'une vision hexagonale ou d'une célébration anachronique de la gloire française[2] ». L'essentiel est dit. L'important ici n'est pas de disputer sur Descartes et sur le rôle indiscutable de ses voyages en Europe ; il s'agit plutôt d'observer avec ce cas pratique que parler de « gloire française » est considéré avec évidence comme une fantaisie anachronique, facilement mise à l'index.

Il est naturel que l'idée de gloire ne puisse être transmise par une histoire considérant la France comme un hexagone dont les seules propriétés lui viennent de la sphère. Que chanter dans une histoire désenchantée, désincarnée et décentrée ? Revenons à cette expression de Bloch : « Vibrer au sacre de Reims. » Il ne faut retenir que ce petit mot, *vibrer*. L'étude du rapport des mots avec leur temps est toujours intéressante dans ce qu'ils disent et surtout dans ce qu'ils ne disent pas, ou plus. Comme *assumer*, *vibrer* est un mot dont l'emploi a bien changé quand il s'agit de parler de la France. Aujourd'hui, on *vibre* avec des chanteurs ou des acteurs, on *vibre* quand la France est en finale d'une coupe du monde, on *vibre* quand on *positive* devant un *feel good movie*, mais *vibre*-t-on lors des *cérémonies mémorielles*, qualifiées aussi de *vecteurs de transmission* où l'imaginaire *national* à tendance à s'appeler imaginaire *collectif* ? On est invité à *se questionner*, à *comprendre*, à *inter-*

1. Henri Bergson, « La philosophie française, tableau récapitulatif destiné à l'Exposition de San Francisco », *La Revue de Paris*, mai-juin 1915, p. 236-237.

2. *Histoire mondiale de la France*, sous la direction de Patrick Boucheron, Éditions du Seuil, janvier 2017 p. 399.

roger un passé complexe : invitation louable et salutaire, mais purement intellectuelle et qui oublie les *je chante*. Ces nouveaux sens et ces nouvelles formulations sont un des reflets d'une évolution majeure qui caractérise notre société. Là aussi les causes sont connues. En 2015, le président du Sénat remettait au président de la République un rapport intitulé *La Nation française, un héritage en partage*[1]. Établi au lendemain des attentats de 2015, ce rapport dressait un état des lieux beaucoup plus large que le rapport Kaspi. Se plaçant sous le patronage de Renan et rappelant qu'une « communauté nationale n'est pas seulement un contrat [mais] une fierté, fondée sur un roman national et une communauté de langue », il pointait du doigt, entre autres, la pratique d'une « novlangue politiquement correcte » minant le ciment de la nation française, les pédagogies constructivistes avec l'abandon des humanités et du latin, et expliquait que les « deux ferments de la crise d'identité nationale et républicaine » sont la culpabilisation et l'exaltation de la différence. C'est ainsi que ce « livre magnifique qu'on appelle histoire de France » et dont les grandes batailles constituent une « magnifique reliure » comme disait Hugo est devenu petit à petit une matière inanimée, sans gloire aucune, et en face de laquelle le *je chante* a perdu de sa substance pour finir par disparaître ou ne plus savoir quoi chanter. On comprend aisément que cette histoire de France ne puisse plus, à l'inverse de Coignet, apporter avec elle des « sacs pleins de gloire en récits ». Quand le mot de Bouvines a-t-il retenti pour la dernière fois ?

Le rapport Larcher évoquait « l'affadissement » des concepts qui forgent une nation, mais il ne donnait pas

1. Gérard Larcher, président du Sénat, *La Nation française, un héritage en partage*, 2015. www.vie-publique.fr.

d'exemple. Citons-en un : l'*esprit de défense*. En 1972, le premier *Livre blanc sur la Défense nationale* établissait un lien naturel entre « esprit de défense » et « patrimoine spirituel à sauvegarder ». Celui de 1994 l'associe encore à un « patriotisme ouvert ». Dans le Livre blanc de 2008, le « patrimoine » est devenu seulement matériel (exemple du « patrimoine militaire à valoriser »). Dans celui de 2013, l'esprit de défense devient l'esprit de défense et de sécurité. Associer *défense* et *sécurité* est parfaitement juste et nécessaire aujourd'hui, mais il faut bien voir que si la *défense* se réfère à quelque chose qui s'ancre dans le passé, la *sécurité* ne vit que dans le présent. On défend une maison, un patrimoine ou un héritage ; on sécurise un centre-ville, un stade ou un centre commercial. S'agissant de la gloire, sa difficile transmission s'explique par l'affaiblissement de l'idée de transcendance. Là encore, les causes sont connues. Les Français, comme tant d'autres, découvraient la société de consommation après la Seconde Guerre mondiale. Les *Trente glorieuses* se réfèrent à des années de prospérité, pas à des journées qui ont fait la France. Signe des temps, le prix Renaudot était attribué en 1965 à Georges Perec pour *Les Choses*, histoire d'un jeune couple de Parisiens des années 1960 découvrant le nouveau monde des marques, des achats faciles, et « [se plongeant] avec ravissement dans la mode anglaise [1] ». Les Français ont été pris en charge culturellement par la grande distribution, l'industrie du loisir, le cinéma, la télévision. Halloween est devenue une fête *hexagonale* et à la société de consommation s'est ajoutée plus tard une société *post-nationale*. La transmission de la mémoire n'y échappe pas. En son temps, Chateaubriand avait mis en évidence la nécessité d'une transcendance

1. Georges Perec, *Les Choses, une histoire des années soixante*, Julliard, 1965, 1997, p. 33.

quand il s'agit de transmettre : « Le témoignage d'une catastrophe tragique non consacrée par le culte n'est pas convenablement placée sur le chemin de la foule allant insouciante et distraite à ses plaisirs. » Parmi les causes de l'affaiblissement des commémorations, le rapport Kaspi mettait justement en évidence les préoccupations d'une civilisation des loisirs où la commémoration est assimilée à une distraction et où la signification historique est oubliée. Avec le *tourisme mémoriel*, la mémoire est ainsi devenue une nouvelle branche du tourisme et de la culture, cette dernière étant entendue comme le « loisir ». La Mission du centenaire précise ainsi dans son rapport d'activité de 2016 que le tourisme de mémoire est son enjeu prioritaire. « Un immense cluster réunit aujourd'hui toutes les parties intéressées autour de la marque Verdun 2016 », déclare le directeur général de la Mission dans ce rapport[1]. Par ailleurs, en consultant le site Internet de l'agence française de développement du tourisme (Atout France), on peut lire :

> « En 2015, le centenaire de la Grande Guerre continue de booster [*sic*] la fréquentation des sites de mémoire. Si la fréquentation des sites de mémoire a été spectaculaire en 2014, première année des commémorations du centenaire de la Grande Guerre, elle se maintient en 2015 à des niveaux supérieurs à 2013. Outre les clientèles des marchés de proximité (Britanniques, Allemands, Belges, Néerlandais) qui étaient encore au rendez-vous, les professionnels ont constaté cette année une augmentation notable du nombre de visiteurs long-courrier (Canadiens, Américains, Australiens)[2]. »

---

1. « Le tourisme de mémoire, enjeu prioritaire de la Mission du centenaire », p. 97 du rapport. www.centenaire.org.

2. « En 2015, le centenaire de la Grande Guerre continue de booster la fréquentation des sites de mémoire », www.atout-france.fr, 10 novembre 2015.

Si le thème avait été Disneyland, la phraséologie aurait-elle été vraiment différente ? Ne nous méprenons pas. Le propos n'est pas de réduire les commémorations de la Grande Guerre à des considérations guidées par des logiques d'*entertainement* et de *business as usual,* mais de constater avec cet exemple que la mémoire, à laquelle appartient la vieille gloire des armes, relève elle aussi de la consommation culturelle. Il ne s'agit plus d'édifier mais de séduire avec des codes, puis de passer à autre chose.

Anachronique, donc, la « gloire française » ? Mais quelle gloire finalement ? Celles des armes est éminente, mais elle ne peut pas tout accaparer car elle ne représente pas à elle seule la gloire française. Napoléon voulait faire prince Corneille, l'Aiglon voulait faire de Victor Hugo un duc. Corneille était le chantre de Louis XIV et de l'État, Hugo des soldats de la Grande Armée et de l'humanisme. Gloire des armes et gloire des lettres se répondent car toutes deux participent d'une même *gloire française*. De ce point de vue, il n'y a pas de types particuliers de gloire à distinguer. Ce sont les mêmes rayons qui illuminent les statues des soldats et des écrivains, des philosophes et des savants, les mêmes tressaillements qui font vibrer aux souvenirs du sacre de Reims et de la fête de la Fédération, les mêmes *je chante* qui parlaient à Charles de Gaulle enfant : « Nuit descendant sur Notre-Dame, majesté du soir à Versailles, Arc de triomphe dans le soleil, drapeaux conquis frissonnant à la voûte des Invalides. » Lors de sa réception à l'Académie, Renan expliquait justement que l'unité de la gloire était *le grand dogme français* (avec toujours ce côté jacobin en précisant que Paris en était le centre) : « La gloire est quelque chose d'homogène et d'identique. Tout ce qui vibre la produit. Il n'y a pas plusieurs espèces de gloire, pas plus qu'il n'y a plusieurs espèces de lumière. » Toutes ces *gloires françaises* auraient alors un même point commun, celui de ne plus correspondre à l'esprit du temps. Admettons. Mais là où manque la gloire, que se passe-t-il ?

Les douze volumes de l'*Histoire de la langue française* le montrent : la gloire est à la France ce que la lettre *e* est à la langue française. Toutes les deux se trouvent partout et il suffit d'y penser pour s'en rendre compte : la gloire des armes serait le *e*, la gloire littéraire le *é*, les autres gloires se partageant les accents restants. Mais si l'on écrivait un nouveau volume de cette histoire, la gloire n'y figurerait plus. Exit donc, cette gloire si familière ? C'est possible a priori, Georges Perec a bien écrit *La Disparition*. Mais vivre sans gloire est quand même compliqué ; il faut constamment être sur ses gardes pour ne pas en parler par accident et, si l'on finit certainement par s'y habituer quand l'habitude est prise, n'oublions pas que *La Disparition* est un livre unique. Il est douteux qu'on puisse en écrire beaucoup d'autres. Il est bien plus simple de vivre avec la gloire. Le cœur humain en a besoin. Il y a un plus de deux cents ans, l'académicien Thomas (un contemporain de Sacy) se livrait à un petit exercice de pure prospective :

> « Voulez-vous savoir ce que peut le sentiment de la gloire ? ôtez-la de dessus la terre ; tout change : le regard de l'homme n'anime plus l'homme ; il est seul dans la foule ; le passé n'est rien ; le présent se resserre ; l'avenir disparaît ; l'instant qui s'écoule périt éternellement, sans être d'aucune utilité pour l'instant qui doit suivre[1]. »

1. Antoine-Léonard Thomas, *Essai sur les éloges*, dans *Œuvres complètes de Thomas*, de l'Académie française, tome III, Desessarts éditeur et libraire, 1802, p. 4.

De l'Antiquité au siècle de la gloire, pas de rupture dans la manière d'accueillir et de transmettre les gloires passées, pas de rupture dans le fait de lancer régulièrement en direction de l'avenir de nouveaux *je chante*. La disparition de la gloire dans notre quotidien est une rupture. On pourrait en rester là, mais, pour qui considérerait que les propos du sieur Thomas, deux cents ans après, ne sont pas si anachroniques, l'idée de la gloire présente de grands mérites. Il n'est peut-être pas inutile de les négliger. Se demander *pourquoi* transmettre les gloires passées et celles qui seraient d'aujourd'hui est une question à se poser. Comprendre notre monde actuel permet de poser le problème de la nécessité ou pas d'accommoder l'idée de la gloire à notre présent.

Cinquième partie

LA GLOIRE, L'HOMME, LE TEMPS

« Lorsqu'à l'inaccessible on veut avoir accès
Il faut donner pour mot de passe un mot français. »

Jean Richepin.

CHAPITRE 14

La gloire et l'homme, aujourd'hui

Un « monde liquide »

Quelle place pour la gloire dans notre monde aujourd'hui ? Il y a un siècle, Paul Valéry en avait déjà cerné la perte de vitesse. C'était après la Grande Guerre, et l'on retrouve des considérations déjà abordées plus haut :

> « Toute politique spéculait jusqu'ici sur l'isolement des événements. L'histoire était faite d'événements qui se pouvaient localiser. Chaque perturbation produite en un point du globe se développait comme dans un milieu illimité ; ses effets étaient nuls à distance suffisamment grande ; tout se passait à Tokio comme si Berlin fût à l'infini. [...] Tous les événements de la vie entre lesquels l'esprit, jadis, pouvaient hésiter [...] appartenaient à des espèces bien reconnues de l'homme, décrites par lui depuis l'antiquité la plus reculée. Nous jouissions d'un imprévu limité, ce qui donnait une grande valeur à l'Histoire. Elle nous apprenait qu'il faut, en gros, s'attendre à ce qui a été. Enfin, si l'on était poète, artiste, écrivain, philosophe, on visait les générations mêmes lointaines, on songeait à la postérité jusqu'à la prolonger si loin dans la perspective qu'elle en devenait immortalité. Il en résultait

les plus grandes conséquences pour les œuvres : on faisait des choses durables[1]. »

Cent ans plus tard, à l'ère de la globalisation et du numérique, on se rend bien compte que la tendance s'est amplifiée. Chaque perturbation en un point du globe se répercute quasi instantanément sur la sphère. Un virus en Chine modifie en quelques semaines les comportements de milliards d'individus, l'échouement d'un seul navire à Suez se chiffre en milliards de dollars par jour et un tweet suffit à enflammer la rue à des milliers de kilomètres. Aujourd'hui l'horizon prévisible se limite bien souvent à une garantie décennale, y compris pour les arts. Hugo disait de l'Arc de triomphe qu'il était le monument « qui éveille le plus splendidement l'idée de la gloire » ; on peut espérer que l'on se souvienne de l'Arc de triomphe dans quelques siècles encore. Un Arc de triomphe empaqueté éveille la curiosité ; la curiosité se satisfait en un instant ; il est douteux que l'on se souvienne d'un Arc de triomphe empaqueté dans quelques siècles. L'art contemporain est *contemporain* au sens exact du terme : contemporain à ce qui ne peut être que son temps, il est par nature cloué au présent, un présent fugitif et en perpétuel mouvement.

Le monde d'aujourd'hui aime particulièrement les espaces. La mondialisation est une maritimisation, les *global commons* sont les nouveaux espaces à maîtriser, les *espaces* occupent le quotidien. Que nous soyons salarié, citadin, citoyen, consommateur, touriste, tous les jours nous croisons des espaces convivialité, des espaces verts, des espaces piétons, des espaces publics, des espaces

1. Paul Valéry, *Regards sur le monde actuel et autres essais*, Gallimard, 1945, p. 22 et p. 193-194.

clients, des espaces restauration, des espaces commémoration, des espaces muséaux, des espaces loisir, le cyberespace, etc. Marc Fumaroli avait noté ce « constructivisme culturel français » qui affectionnait tant ce genre de mots :

> « “Lieux”, “Espace”, “Centre”, n’est-ce pas là un langage de désert ? Lieux aseptisés, [...] géométrie d’araignée, mortelles pour l’imagination, pour les sens, pour le bonheur. Des “lieux” où la culture, en son sens originel et fertile, n’a pas sa place, et à plus forte raison les arts ni la poésie[1]. »

Tous ces nouveaux espaces ont naturellement vocation à être remplis. L’*offre* y pourvoira. Il n’y a qu’à choisir pour satisfaire les besoins intellectuels et physiques du touriste, du citadin, du consommateur, du citoyen, etc. : offre client, offre de sécurité, offre politique, offre de formation, offre de loisirs, offre de service, offre 4G, etc. Les offres sont partout, même sur les champs de bataille. On trouve sur le site du ministère de l’Économie que les anniversaires du débarquement en Normandie et de la Grande Guerre ont permis le développement de *l’offre touristique et mémorielle.*

Le sociologue Zygmunt Bauman, récemment disparu, avait trouvé une expression pour décrire la société actuelle : *un monde liquide*. L’image est très parlante. Globalisation, dilution des frontières, évaporation des repères ; règne de l’éphémère, du consumérisme et du clic ; la société postmoderne est une société de flux. Tous les espaces sont instantanément occupés par des flux. Sun Tzu aurait approuvé l’expression. La forme d’un liquide est toujours sujet à évolution, jamais définitive-

1. Marc Fumaroli, *L’État culturel*, *op. cit.*, p. 13.

ment stable, et ne peut être saisi, au propre comme au figuré. Les formes fixes et pérennes devenant caduques, l'intelligibilité d'un monde de flux nous échappe. Mais s'il est compliqué de décrire un liquide, il est encore plus compliqué d'en prévoir l'évolution. Sus au météorologue qui se tromperait dans ses prévisions ! La mécanique des fluides est d'ailleurs une branche des mathématiques qui possède encore des équations dont la validité reste à démontrer (ces équations dites *de Navier-Stokes* sont si importantes qu'elles figurent dans les *sept problèmes du millénaire* et leur démonstration vaudra un million de dollars mais surtout une gloire éternelle au brillant mathématicien qui y arrivera).

Un monde liquide est beaucoup moins intelligible qu'un monde solide car il ne dispose plus de repères fixes, avec des distances qui ne varient pas les unes aux autres. La banalisation du mot *gestion* aujourd'hui en est une manifestation. On gère des crises, des situations, des flux ; « nous vivons dans un monde où la gestion tend à remplacer l'action », observe le philosophe Rémi Brague[1]. Aujourd'hui, la *transformation* ayant pris le pas sur l'*action,* la main visible et rassurante de l'État n'a plus la même liberté de mouvement, empêtrée dans les milliers de fils invisibles, et donc angoissants, d'acteurs non étatiques à la dimension planétaire – réseaux sociaux, marchés financiers, commerce en ligne, etc.

Le numérique est un recours à l'inintelligibilité. Convertir en données, amasser des données, les traiter, les valoriser, avec l'espoir de mieux comprendre et mieux prévoir. Mieux vendre aussi. L'*homme* disparaît derrière son écran et laisse la place à un *individu* doté d'un pseudo.

---

1. Rémi Brague, *Modérément moderne, les Temps modernes ou l'invention d'une supercherie*, Flammarion, Champs essais, 2016, p. 18.

Son histoire se réduit à du *big data* et son empreinte dans le monde se calcule en octets. S'agissant de la gloire, sa forme la plus corrompue est peut-être la publicité, forme si corrompue que le *droit à l'oubli* devient même un bienfait.

Quelle place pour l'homme et ses œuvres dans un monde liquide ? Quelle place pour la gloire dans ces espaces et au milieu de ces offres ? Le mot a peut-être disparu du quotidien, mais la chose le peut-elle ?

La gloire, cette part d'humanité et de civilisation en chacun de nous

L'homme ne se résout pas à n'être qu'un individu. Raccrochons-nous au concret et revenons à ce qu'est la gloire de manière pratique : un poète qui dit *je chante*, un public qui écoute, qui rêve et qui transmet. Descendons encore plus dans le concret, car il y a des exemples qui résument tout. En février 1831, Victor Hugo notait dans ses papiers :

> « On veut démolir Saint-Germain-l'Auxerrois pour un alignement de place ou de rue ; quelque jour on détruira Notre-Dame pour agrandir le parvis ; quelque jour on rasera Paris pour agrandir la plaine des Sablons.
>
> Alignement, nivellement, grands mots, grands principes, pour lesquels on démolit tous les édifices, au propre et au figuré, ceux de l'ordre intellectuel comme ceux de l'ordre matériel, dans la société comme dans la cité.
>
> Il faut des monuments aux cités de l'homme ; autrement où serait la différence entre la ville et la fourmilière[1] ? »

---

1. Victor Hugo, *Choses vues*, *op. cit.*, p. 71

Alignements de rue et fourmilières qui côtoient la géométrie d'araignée… La fourmi est la meilleure image possible. Dans une fable postmoderne, la morale *métro-boulot-dodo* servirait à montrer que le cœur humain n'ambitionne pas d'être juste un organe vital, même augmenté. La fourmi ne se repose jamais, sans cesse elle va elle vient, le flux est sa seule manière de vivre. La cigale s'accroche à son brin d'herbe, s'en contente, et reste à chanter quand le monde s'agite autour d'elle. La fourmi écoute-t-elle la cigale ? L'homme ne veut pas être une fourmi, mais il veut écouter les cigales. Le cœur humain recherche toujours à ajouter une cigale à ses fourmilières. Quiconque voyait brûler Notre-Dame le 15 avril 2019 pleurait une perte inestimable ; foin d'un agrandissement potentiel de parvis ! Notre-Dame était un *je chante* de pierre, un monument à transmettre ; on reconstruira Notre-Dame. Le sentiment de la gloire suffit à changer le regard de l'homme sur lui et ce qui lui est extérieur. D'instinct, on devine plus de gloire dans de vieilles pierres solitaires, moussues et délavées par les pluies et les siècles, que dans un quartier d'affaire rutilant, bourdonnant et gérant du flux.

Un peu de gloire rend un monde liquide plus humain. Savoir s'arrêter un instant, se rendre attentif au beau, à ce qui est chanté, savoir l'intérioriser pour le transmettre un jour, permet à l'homme de se rappeler qu'il n'est pas qu'un individu soumis à des offres et ballotté dans un monde sur lequel il n'a pas de prise. Il est fait pour la société. Les marins le savent bien. Quand Alain Bombard traversa l'Atlantique à bord de son canot pneumatique, il survécut en mangeant du plancton et du poisson. Pendant plus de deux mois il affronta l'océan. Mais il ne fit pas qu'y survivre ; il y vécut aussi, avec des livres. Sur son misérable radeau, il avait tenu à ménager une petite place pour de grands monuments : Molière, Rabelais, Cervantès, Montaigne, Spinoza et Eschyle. Lire du Rabelais sur un radeau de fortune, perdu dans l'immensité, quelle dérision ! Et pourtant ce fut probablement l'acte le plus humain de la traversée. Exactement comme le capitaine Nemo, qui à bord du *Nautilus* avait pris soin d'aménager une bibliothèque de plus de douze mille livres, parmi lesquels Homère, Xénophon, Rabelais, Hugo, etc. « Il faut un marin pour lire les vers et les comprendre », disait Chateaubriand.

Écouter les *je chante* dans le « monde d'hier » était certes plus aisé car l'homme était naturellement enraciné dans une société. En être privé était une vraie douleur, et le thème de l'exil en littérature est un classique depuis la nuit des temps. Quant au bannissement, voilà une mesure qui n'est cruelle que dans un monde enraciné.

Écouter les *je chante* aujourd'hui est autrement plus complexe car un monde liquide n'offre pas de prise pour des racines. L'idée de la gloire nous questionne sur notre rapport à l'idée de civilisation. L'anecdote d'Érostrate est assez illustrative. Mais est-ce vraiment une anecdote quand on songe à ce qui était en jeu ? Érostrate vivait à Éphèse au IVe siècle avant Jésus-Christ. Il voulut être célèbre ; il l'est devenu parce que, la nuit où naquit Alexandre le Grand, il incendia volontairement le temple de la ville. Une des sept merveilles du monde fut détruite pour que l'on se souvienne d'Érostrate. Malheureuse prétention d'un homme qui, n'ayant à chanter que lui-même, considère un symbole de sa civilisation comme un moyen et non une fin ! Le poète Auguste Barbier mit en vers l'épisode. La Piété essaie d'arrêter le bras d'Érostrate. Elle lui fait voir un peuple d'Éphèse que guette la fourmilière et la géométrie d'araignée :

« […] d'un œil hagard, toute la foule humaine
Cherche en vain son temple demain.
Une ville sans temple est une solitude,
Un désert immense, odieux;
Et rien n'est malheureux comme une multitude
Qui vit sans autels et sans dieux. »

La Beauté, la Mémoire, viennent au secours de la Piété. Rien n'y fait. Érostrate, perdu dans un monde liquide, consomme son geste :

« Je suis comme un rocher battu par la tempête,
J'ai le cœur insensible, et, pour sauver ma tête,
Je pousserais du pied dans les flots écumeux
Les plus beaux corps du monde étalés sous mes yeux[1]. »

Civiliser, c'est adoucir, c'est rendre propre à la vie en société. Dire *je chante* c'est inviter non une foule mais une société à écouter, et de fait à écouter ensemble. Le poète dit *je*, ce qui n'est pas *moi*. Chanter est le début de la civilisation et il est même probable que l'homme chantait déjà avant d'inventer l'écriture; il chantait pour adoucir son quotidien et transmettre les histoires passées. La civilisation ne se trouve pas forcément où l'on croit. On ne chante pas dans un centre commercial ou dans un hall de gare mais le robinson chante dans sa cabane et le marin siffle sur son voilier. Bombard survivant seul au milieu de l'océan mais lisant Montaigne ou Eschyle est plus qu'un individu qui survit; c'est un homme fait pour la vie en société, un homme rattaché à une civilisation. Que représente la civilisation pour nous aujourd'hui? Quelle est notre civilisation, quelle est notre société? Un monde

1. Auguste Barbier, *Satires et chants*, Paul Masgana libraire-éditeur, 1853, p. 48-49.

liquide oblige à se poser la question. Ulysse y répondit en fuyant les Lotophages qui allaient lui faire oublier Ithaque dans les délices de la consommation. « Plus que l'air marin me plaît la douceur angevine », disait du Bellay dans son inoubliable *Heureux qui comme Ulysse*. Au milieu des glaces à l'extrémité du monde, Dumont d'Urville nomma ce bout de l'Antarctique *Terre Adélie*, du nom de sa femme. Aujourd'hui, nous sommes tous un peu des Bombard, avançant dans la vie au gré des vents qui nous portent et des courants qui nous nourrissent. Mais Bombard avait ménagé de la place pour toute une civilisation dans son canot. Dans une société liquide, quelle place faisons-nous dans notre barque aux monuments du passé, à notre civilisation ?

> « L'enracinement est peut-être le besoin le plus important et le plus méconnu de l'âme humaine. C'est un des plus difficiles à définir. Un être humain a une racine par sa participation réelle, active et naturelle à l'existence d'une collectivité qui conserve vivants certains trésors du passé et certains pressentiments d'avenir. »

Ces lignes sont de Simone Weil, dans son livre *L'Enracinement* écrit à Londres où elle avait rejoint la France Libre. Conserver *vivants les trésors du passé* suppose au préalable de reconnaître ces derniers en tant que trésor. Avoir des *pressentiments d'avenir* suppose que l'on se considère déjà, dans son temps présent, comme le passé de ses enfants. Si l'enracinement est l'un des premiers besoins de l'homme, alors poser la question de la gloire aujourd'hui, dans un monde liquide, oblige aussi à se demander comment y accommoder l'idée.

Accommoder la gloire à aujourd'hui ?

Partons d'un constat, assez évident. Si l'on a le souffle coupé devant les pyramides de Gizeh en Égypte, on passe vite devant celle de l'hôtel Luxor, à Las Vegas ; si l'on chante toujours en France *La Marseillaise*, aucun compositeur ne l'écrirait telle quelle aujourd'hui ; si l'on y visite l'Arc de triomphe, on ne le bâtirait pas ainsi s'il fallait en construire un. Être sensible à l'idée de la gloire nécessite d'avoir *l'admiration historique*, pour reprendre une expression de Renan :

> « La beauté d'une œuvre ne doit jamais être envisagée abstraitement et indépendamment du milieu où elle est née. [...] Ce qui fait le beau, c'est le souffle vrai de l'humanité et non pas la lettre. [...] Une imitation de Bossuet faite au XIXe siècle n'est pas belle car elle applique à faux des formes vraies jadis ; elle n'est pas l'expression de l'humanité à son époque. [...] Une œuvre n'a de valeur que dans son encadrement, et l'encadrement de toute œuvre, c'est son époque ; [...] l'admiration absolue est toujours superficielle : nul plus que moi n'admire les *Pensées* de Pascal, les *Sermons* de Bossuet ; mais je les admire comme œuvres du XVIIe siècle. Si ces œuvres paraissaient de nos jours, elles mériteraient à peine d'être remarquées. La vraie admiration est historique. La couleur locale a un charme incontestable quand elle est vraie ; elle est insipide dans le pastiche. »

Suivant le raisonnement, accueillir les *je chante* du passé suppose d'en comprendre l'esprit pour éviter de se retrouver dans la position du juge qui croirait à la rétroactivité de la loi ou du goût, ou, pour reprendre une expression d'Hanna Arendt, ne pas être celui qui « essaie de comprendre un arbre sans tenir compte de ses racines ». Reconnaître ces *je chante* comme trésors du passé nécessite des yeux qui n'aient pas d'œillères, une vue capable de s'accommoder à l'époque plus ou moins lointaine qui les a vus naître. Pour conserver *vivants ces trésors*, la clef de la transmission est d'abord la connaissance de son passé. On admire volontiers les peintures de la grotte de Lascaux mais un ignorant qui les verrait pour la première fois les prendrait à coup sûr pour de banals dessins de garnements ayant fait l'école buissonnière. Cet ignorant pourrait même les effacer, convaincu de sa bonne action. Mais connaître ce passé ne suffit pas ; il faut également le respecter et même l'aimer, ce qui consiste simplement à ne pas le trahir, exactement comme le restaurateur d'œuvres d'art qui écarte le plastique et le béton de sa boîte à outils, ou comme le conducteur de chantier qui arrête la pelleteuse quand une poterie apparaît au fond de la tranchée. Aujourd'hui la ville de Sienne en Italie porte une estime particulière au général de Monsabert. La division Monsabert délivra la ville de Sienne en juillet 1944 dans des circonstances louables : toute l'idée de manœuvre du général visait à épargner le patrimoine exceptionnel de l'antique cité toscane. Aujourd'hui, une plaque commémorative est apposée sur la porte San Marco par où entra l'armée française :

Tirate dove volete,
ma io vi proibisco di tirare
al di là del XVIII secolo.
Monsabert. 3 luglio 1944[1].

Arendt rappelait l'origine romaine de la *culture* en tant que mot et concept : « Culture dérive de *colere* – cultiver, demeurer, prendre soin, entretenir, préserver – et

1. « Tirez où vous voulez, mais je vous interdis de tirer sur tout ce qui précède le XVIIIe siècle. 3 juillet 1944. »

renvoie primitivement au commerce de l'homme avec la nature [...] en tant que tel il indique une attitude de tendre souci [...][1]. » Conquérir des espaces est le propre de l'homme, mais le propre de son humanité est de préserver les trésors du temps. Il est quand même beau que l'homme, qui fait la guerre depuis la nuit des temps, qui sait massacrer et saccager, ait tout de même conscience de son humanité en faisant de la protection des biens culturels une branche du droit international humanitaire. Cette normalisation juridique, apparue à la fin du XIXe siècle, est en évolution constante. La Cour pénale internationale a reconnu il y a quelques années comme crime de guerre la destruction de patrimoine culturel. Le sac de Palmyre en 2015 fut encore un tournant, amenant le Conseil de sécurité de l'ONU à reconnaître formellement, en 2017, la défense du patrimoine culturel comme un impératif de sécurité (résolution 2347)[2].

Au passé appartiennent les chroniques, les récits, les monuments. C'est dans le présent que nous côtoyons notre patrimoine matériel et immatériel. Ce présent n'est que l'avenir de notre passé, et nous sommes aujourd'hui le passé de nos enfants. Outre les vieilles gloires, *quid* des nouvelles gloires à chanter, aujourd'hui, pour la toute première fois ? *Je chante* est l'expression immémoriale des poètes de la gloire, et elle est au présent. Ses effets ont vocation à se situer dans l'avenir. En elle se nichent les « pressentiments d'avenir ». *Le roi est mort, vive le roi !* Le mort appartient irrévocablement au passé et seul compte désormais le vivant et ce qu'il entreprendra. De ce point de vue, dire *je chante* est davantage une parole de bâtis-

1. Hanna Arendt, *La Crise de la culture*, Gallimard, 1972, p. 271.
2. https://fr.unesco.org/courier/2017nian-di-3qi/resolution-historique.

seur de cathédrale que de conservateur du patrimoine. Pourquoi ces bâtisseurs arrivaient-ils donc à aller au bout de merveilles qui prenaient des centaines d'années à construire ? Pourquoi cet homme, qui a fait la une des journaux en 2021, construisit seul, de ses propres mains, pendant soixante ans, une cathédrale au sud de Madrid ? Pourquoi le facteur Cheval réussit-il à bâtir son *Palais idéal* ? Parce que le sentiment de la gloire porte à achever ce qu'un *je chante* a commencé.

1789 fut le *je chante* de la nation une et indivisible qui proclamait comme une évidence que la gloire et la République ne faisaient qu'un. « Le sentiment qu'on nommait alors patriotisme avait pour objet uniquement le présent et l'avenir », écrivait Simone Weil sur la Révolution. De la même manière, il faut avoir à l'esprit que le décret instituant la médaille de Sainte-Hélène commençait par une formule juridique bien banale à l'époque mais révélatrice de cette volonté politique de continuité entre le présent et l'avenir : à tous présent et à venir, salut. La formule a disparu des journaux officiels modernes mais son esprit demeure lorsqu'un *je chante* patronne de futures actions au service de la cité. Ainsi des noms de héros tombés au champ d'honneur et qui sont les noms de promotion dans les écoles militaires ; ainsi de Victor Hugo, Molière, Jean de la Fontaine et Cyrano de Bergerac qui sont des noms de promotions de l'ENA.

Mais être un bâtisseur de cathédrale, savoir se projeter dans le futur, nécessite au préalable de pouvoir déchiffrer le présent. Voilà pourquoi on a coutume de dire que le rôle du poète est de comprendre son époque. Notons que l'on parle du poète et non du scribe : le poète est celui qui par nature sait choisir les mots, les formes, la manière et la matière pour inviter la société à se projeter avec lui dans l'avenir. La tour du Champ-de-Mars pensée par Gustave Eiffel correspondait à l'esprit de l'Exposition universelle de 1889. Cette dame de fer fut critiquée en son temps ; l'est-elle aujourd'hui ? En 1535 Rabelais fit parler de lui en disséquant publiquement, dans un cours magistral, le cadavre d'un pendu à l'Hôtel-Dieu de Lyon. Rabelais n'était pas qu'un humaniste écrivant à la Renaissance, il était aussi médecin et son geste était osé car les mœurs d'alors réprouvaient ce genre de pratique. Ainsi la Faculté de Montpellier, la plus réputée en matière de médecine, ne disposait à l'époque que de deux sujets par an pour étudier le corps humain ; par ailleurs une opération chirurgicale n'était pas considérée comme un art noble, l'acte étant en principe relégué à un barbier après l'analyse du médecin[1]. Rabelais fit donc parler de lui dans la France entière, soit qu'on l'approuve, soit qu'on le condamne. Son ami Étienne Dolet imagina de prendre sa défense en faisant parler le pendu lui-même. La voie était ouverte à d'incroyables progrès. En ce siècle des grandes découvertes, le *je chante* d'un obscur condamné indiquait un sens à l'histoire en matière de médecine :

> « Étranglé par le nœud fatal, je pendais misérablement à la potence. [...] Me voici l'objet des regards d'une vaste assemblée ; me voici disséqué par le plus savant des médecins, qui va faire admirer dans la machine de mon corps l'ordre incomparable, la sublime beauté de la structure du corps humain, chef-d'œuvre du Créateur. La foule regarde, attentive... Quel insigne honneur et quel excès de gloire ! Et dire que j'allais être le jouet des vents, la proie des cor-

1. Docteur Diamant-Berger, « Rabelais chirurgien », article paru dans le *Bulletin de l'Association des amis de Rabelais et de la Devinière*, tome Ier, 1959, p. 231-232.

beaux tournoyants et rapaces ! Ah ! Le sort peut se déchaîner contre moi. Je nage dans la gloire[1]. »

Ainsi, chanter les gloires nouvelles nécessite un *je chante* qui sache saisir l'esprit du temps présent, un *je chante* qui sache discerner le fécond du stérile, le vertueux du mauvais. Pour cette raison, il apparaît difficile d'identifier ce qui peut être chanté dans un monde liquide, sans repère et sans vérité établie. Il est même plus facile d'identifier ce qui empêche les *je chante* !

Sur le fond, la notion de héros est un exemple. Le siècle de la gloire avait ressuscité les héros du passé (à toutes les gloires de la France !) et avait multiplié à l'infini les héros de son temps : grognards, maréchaux, explorateurs, tribuns, écrivains, poètes, médecins, mathématiciens, physiciens. Dans un monde liquide, on se souvient mieux des victimes que des braves. Quand le paquebot coule ou brûle, les femmes et les enfants sont sauvés, mais l'homme qui donne sa place dans un radeau reste un inconnu. Un héros, c'est l'héroïsme qui a rencontré la gloire. Aujourd'hui comme hier l'héroïsme est partout, mais contrairement à hier il rencontre difficilement la gloire.

Dans la forme, la langue est un exemple. Une langue globishisée ou dénaturée ne permet pas de chanter la gloire. La beauté ne peut naître et durer que si elle puise à l'authentique, loin du pastiche ou du soupçon. Ainsi du mot *déconstruire*, fort usité aujourd'hui : a-t-il en vue *reconstruire* ou bien *se frayer un chemin ?*

À vrai dire la langue, française en l'occurrence, fournit un exemple qui donne à réfléchir sur la possibilité ou

1. Anatole France, *Rabelais*, Calmann-Lévy, 1928, p. 3, et docteur Diamant-Berger, *ibid.*

pas de trouver une juste place à la gloire, aujourd'hui et demain. *Mondialisation* ou *globalisation* ? La nuance est de taille. *Mondialiser*, c'est penser au monde et à la société, c'est envisager ce qui les rend vivables et donc durables. L'idée de gloire y est donc possible. *Globaliser*, qui n'est que l'anglicisme de *globalize*, c'est s'imaginer un globe parcouru par des flux et animé d'une logique utilitaire, centrée sur l'instantané. La logique de consommation, la société de loisir, l'*homo festivus* (Philippe Muray), le déracinement ne peuvent susciter la gloire. Trop d'*espaces* occupent le terrain et la concurrence est rude entre les *offres*. Dans cinq cents ans, comment pensera-t-on le patrimoine spirituel et matériel du XXIe siècle ? Sera-t-il oublié ou sera-t-il sauvegardé ? Que prendra dans ses bagages un Bombard qui irait sur Mars ? Distinguer *globalisation* de *mondialisation* est un exemple fort car il met en évidence une condition pour que l'idée de la gloire puisse s'accommoder à notre époque. Dans un cas on ne voit que l'espace, dans l'autre on y voit en plus le temps et ses effets.

La gloire, l'espace, le temps

Fumaroli rapprochait à dessein de manière péjorative tous ces nouveaux *espaces* de la notion de désert. Mais rappelons-nous que les religions du Livre sont nées dans le désert, le vrai, là où l'homme prend conscience de sa petitesse, là où le temps s'arrête. Ce monde met ainsi en évidence que l'espace et le temps ne sont pas de dimensions égales. L'espace se contrôle et se cadastre, quitte à faire la guerre. « La mer appartient à celui qui l'occupe », disait un amiral soviétique. Certains plantent des drapeaux au fond de l'océan, d'autres bétonnent à grands frais des récifs. Le concept s'étend à tous les champs matériels et immatériels qui sont sources de puissance : les fonds marins, l'espace exo-atmosphérique, le cloud, l'environnement électromagnétique, l'opinion publique.

À l'inverse, le temps reste désespérément inaccessible. *Il s'enfuit une horloge à la main*, disait Boileau ; il prend même un malin plaisir à se disperser, à s'émietter, comme pour mieux accroître la confusion. Les temps médiatique, politique, scientifique, juridique sont les rythmes inégaux de l'actualité. *On gère son temps*. Quant au consommateur, son plus grand horizon possible ne va pas au-delà de la garantie décennale. La célébrité est à l'espace ce que la gloire est au temps ; une publicité ne dure pas très longtemps mais se déploie d'un bout à l'autre de la planète, sur des *espaces* publicitaires ; la culture en tant que bien de consommation est *offerte* dans des *espaces* culturels.

C'est un mathématicien, Leibniz, qui disait que *l'espace est l'ordre des coexistences possibles* alors que *le temps est l'ordre des successions possibles*. Profonde vérité ! Les individus coexistent, l'homme succède. Bombard le naufragé, sale et sous-nourri dans son misérable canot, est un héritier ; les passants qui voyaient brûler Notre-Dame n'étaient certainement pas une foule en ce 15 avril 2019, même ceux devant leur télévision.

Imprimer pour toujours sa marque dans l'espace est un attribut de fossile ; vivre dans le temps est une aspiration plus humaine. La gloire appartient d'abord au temps et de surcroît à l'espace. Le sillage de *L'Hérétique* a disparu depuis longtemps mais l'héritage de Bombard demeurera : ce sont les milliers de vies sauvées grâce aux leçons tirées de sa traversée de l'Atlantique.

Il n'existe qu'un seul temps pour le marin, celui qu'il juge *digne de mémoire.* Son journal de bord sert à enregistrer les faits notables d'une communauté dont la vie se déroule dans un environnement liquide insaisissable : la terre qui apparaît, qui disparaît, un moteur en avarie, un grain, un changement de route, la réception d'un signal de détresse. Il était exactement *16h21* lorsque Langlade revit la terre de France depuis son navire de débarquement anglais, un jour de l'été 1944. Homère nous dit que c'est *lorsque parut l'étoile du matin* qu'Ulysse aborda Ithaque. Et quand Napoléon se retrouva captif à bord d'un vaisseau anglais et qu'il y rédigea sa célèbre protestation du 5 août 1815, il signa : *à bord du* Bellérophon*, à la mer.* Pas de date pour cette signature ; *la mer* suffisait comme cachet d'immortalité. Chateaubriand en fut frappé : « À la mer, cette date immense ! » s'exclama le poète.

La gloire ne peut naître et vivre que dans un espace où le temps s'écoule lentement, calmement, sans fluctuation. Cet espace peut s'appeler tribu, lignée, famille, communauté, civilisation, patrie ; c'est un espace où la partie se reconnaît comme appartenant à un tout, un tout ayant un passé et un avenir. Lire de grandes œuvres quand on est ballotté par les vagues, sujet aux caprices du vent ou de la force d'une lame un peu plus retorse que les autres, pleurer à l'incendie de grands monuments, être sensible à la gloire et à son idée, c'est montrer que l'homme, malgré sa finitude, est voué à quelque chose qui le dépasse.

La mer n'a jamais été un sujet de comédie. Elle se prête à la tragédie. En elle se révèle la grandeur, l'adversité, l'héroïsme, la lutte du petit contre le géant, de la volonté contre la puissance. C'est contre Poséidon que lutte le pauvre Ulysse. La mer est le meilleur révélateur de la finitude de l'homme et de son aspiration à l'infini. Un monde liquide a l'immense avantage de révéler un grand mérite de la gloire : la réponse de la particule au flux, de l'atome à la vibration, de la finitude à l'infini. La réponse de l'homme au temps et à l'espace.

Un peu de gloire rend aussi plus intelligible un monde liquide. Les marins savent s'orienter avec peu de choses. Une étoile qui brille, un phare dans la nuit, une estime au milieu de rien. Leur monde est liquide mais leur référentiel est fixe. Saint François de Sales disait que les marins pour se diriger n'observent pas les flots, mais le ciel. Un seul point sur la côte, même très lointain, suffit pour suivre une route ; on appelle cela une *navigation par relèvement constant*. Tel le phare, qui indique un danger, mais aussi ses foyers. Et ce point de la côte, qu'on appelle *amer* dans le vocabulaire maritime, un *amer* que l'on *relève* grâce à un compas, n'a que deux positions possibles dans une telle navigation : l'avant ou l'arrière. Il est ainsi tout à fait possible de naviguer par l'arrière. C'est même assez courant. Il faut seulement savoir où l'on veut aller ; l'étrave est à l'avant, pas à l'arrière. Exemple historique de l'après-1815 : sur l'arrière, la gloire ; sur l'avant, la liberté. Après 1870, sur l'arrière, Iéna ; sur l'avant, l'Alsace et la Lorraine. Le 17 novembre 1940, de Gaulle était dans un avion survolant l'océan. Il quittait l'Afrique française libre pour regagner Londres et mesurait l'ampleur de la tâche qui l'attendait. Au-dessus des vagues, sous une pluie d'automne, il pensait à l'échec de Dakar et aux succès de Fort-Lamy et de Douala (où Leclerc eut droit à un *Te Deum*). Devant lui, des difficultés sans nombre mais une solide espérance : « Si rudes que fussent les réalités, peut-être pourrais-je les maîtriser, puisqu'il m'était possible, suivant le mot de Chateaubriand, *d'y mener les Français par les songes* », pensait-il. Or qu'étaient-ce ces songes, si ce n'est la gloire ? « Je voulais, moi, occuper les Français à la gloire, les attacher en haut, essayer de les mener à la réalité par des songes : c'est ce qu'ils aiment », disait précisément Chateaubriand.

Et aujourd'hui, « quels amers ? » ne manquera-t-on pas de se demander. Les gloires passées en tant qu'héritage sont des repères fidèles à leur poste. Elles se distinguent d'extrêmement loin sur l'arrière et ne demandent d'ailleurs qu'à être *relevées* pour servir. Sur l'avant, les repères existent forcément puisqu'un monde liquide offre une infinité de référentiels. Reste à choisir. Il y a un exemple, plus qu'historique, épique, et qui invite à la réflexion. C'est dans un monde liquide qu'Homère nous a raconté Ulysse. Dix années durant, Ulysse a été le jouet des vents, de la fortune, des dieux ; ne trouvant repos nulle part, cachant son nom et son identité partout, son odyssée en Méditerranée a été la recherche de ce qu'il y avait de plus enraciné en lui : son nom, sa famille, son héritage.

> « Ce sont les gouttes de passé vivant qui sont à préserver jalousement, partout, à Paris ou à Tahiti indistinctement, car il n'y en a pas trop sur le globe entier. Il serait vain de se détourner du passé pour ne penser qu'à l'avenir. C'est une illusion dangereuse de croire qu'il y ait même là une possibilité. L'opposition entre l'avenir et le passé est absurde. L'avenir ne nous apporte rien, ne nous donne rien ; c'est nous qui pour le construire devons tout lui donner, lui donner notre vie elle-même. Mais pour donner il faut posséder, et nous ne possédons d'autre vie, d'autre sève, que les trésors hérités du passé et digérés, assimilés,

recréés par nous. De tous les besoins de l'âme humaine, il n'y en a pas de plus vital que le passé[1]. »

Trois générations se sont succédé depuis ces lignes de Simone Weil. On mesure l'enjeu que peut représenter la conservation de *gouttes de passé vivant* dans un monde liquide. La dilution guette. Ce qui est dilué est oublié, et ce qui est oublié n'a jamais existé. Mais c'est justement un monde liquide qui a immortalisé Ulysse, et c'est son aspiration au repos, au milieu des siens, qui l'a rendu si humain. L'autre grand mérite de la gloire est peut-être à rechercher de ce côté-là.

---

1. Simone Weil, *L'Enracinement, prélude à une déclaration des devoirs envers l'être humain*, Gallimard, 1949, p. 70-71.

CHAPITRE 15

La gloire et la société

Comprendre la fonction sociale de la gloire… par le rire

Le rire est l'envers de la gloire, a-t-on dit. Il y effectivement un abîme entre *c'est l'histoire d'un mec* et *je chante*. Si la tragédie est une réponse glorieuse à la finitude de l'homme, le comique, lui, n'a jamais édifié de monuments. Les sept merveilles du monde ne sont pas risibles, des caricatures le sont. Historiquement, les tragédies mettent en scène des rois et des reines se débattant entre la gloire et la fatalité ; les comédies préfèrent des bourgeois ridicules et des paysans malins. Triboulet et Chicot ne sont pas glorieux, mais Racine et Boileau le sont.

Pourtant le rire nous apprend bien des choses sur la gloire, car l'un et l'autre sont un peu de la même famille. Ils sont de même nature car ils se définissent suivant des principes symétriques et vivent selon une logique analogue. Dans *Le Rire*, Bergson analysait les ressorts du comique : le rire « n'a pas de plus grand ennemi que l'émotion », « l'indifférence est son milieu naturel », il est une « anesthésie momentanée du cœur » et « s'adresse à l'intelligence pure[1] ». On peut rire d'une personne qui

1. Henri Bergson, *Le Rire, essai sur la signification du comique*, PUF, Quadrige, 2010, p. 3-4.

inspire la pitié, mais il faudra alors oublier la charité et faire taire la pitié dans notre cœur. Bergson explique ainsi qu'on ne pleurerait plus dans « une société de pures intelligences » mais qu'on y rirait encore. Immédiatement surgit la gloire en contrepoint : elle est amie de l'émotion, l'enthousiasme est son milieu naturel, elle s'adresse au cœur et n'a pas de plus grand ennemi que la raison raisonnante.

Ayant mis en évidence les mécanismes du rire, Bergson en dévoile ensuite la logique. Si le rire s'adresse à l'intelligence, il faut comprendre que « cette intelligence doit rester en contact avec d'autres intelligences » mais sans s'étendre cependant à l'infini. Le rire « peut cheminer à l'intérieur d'un cercle aussi large qu'on voudra ; le cercle n'en reste pas moins fermé. Notre rire est toujours le rire d'un groupe[1] ». Physiquement seul au milieu de l'océan, Bombard trouve quand même le moyen de rire en groupe. Il tenait un journal de bord et craignait de ne pas avoir assez de papier pour y consigner ses notes. Il précise : « Ayant à sacrifier un livre pour mes besoins naturels, j'hésite, et ayant longuement hésité, je finis par utiliser le Rabelais, apportant ainsi une conclusion au chapitre des meilleurs torche… nez. » Bombard seul agissait en pensée avec tous les lecteurs passés, présents et futurs de *Gargantua* ; rapportant a posteriori l'anecdote pour ses propres lecteurs, il les invite à rire avec lui pour peu qu'ils comprennent. C'est un cas parfait de la logique du rire, qui « cache une arrière-pensée d'entente, je dirais presque de complicité, avec d'autres rieurs, réels ou imaginaires », ajoutait Bergson.

1. Henri Bergson, *op. cit.*, p. 5

Il en est exactement de même pour la gloire. Leur règle commune est de s'adresser à un public *limité par nature*. L'humanité entière peut trouver glorieuse l'*Iliade* et l'*Odyssée*, il n'en est pas de même de ces divinités qui veulent expédier Ulysse aux enfers ou le transformer en pourceau. Les cœurs qui se comprennent les uns les autres sont ceux vibrant au même *je chante*. Comme le rire, la gloire s'adresse à un public déterminé. Paris a la gare d'Austerlitz, Londres celle de Waterloo. En 1914, l'attaché militaire russe en France, affecté au Grand Quartier général, échappa de peu à une mauvaise balle. Le mot de passe était *Austerlitz* ; le représentant du tsar et de la Sainte Russie ne pouvait se résoudre à se faire reconnaître ainsi ! Seul le *clic* d'un fusil le décida. Il déplora le manque de tact de ses alliés. « Austerlitz, Austerlitz, quel mot à infliger à un Russe[1] ! » Le 17 juin 1944, à 1 heure du matin, un corps français sous le commandement du général de Lattre débarquait à l'île d'Elbe. C'était l'opération *Brassard*, avec une force navale britannique sous le commandement de l'amiral Troubridge. Le lendemain, l'île était presque conquise. L'ancienne villa de Napoléon qu'occupait le général allemand avait été prise à l'aube, et sur le livre d'or de la résidence impériale le sous-lieutenant Desportes écrivait simplement à la date du 18 juin : *la France*. Le soir, de Lattre retrouvait Troubridge. Une solide amitié s'était nouée entre les deux chefs, et le ton était à la bonne humeur :

« – C'est aujourd'hui l'anniversaire de l'appel du général de Gaulle, remarqua de Lattre.

– C'est aussi l'anniversaire de Waterloo, répondit l'Anglais, taquin. »

1. Edward Spears, *En liaison 1914*, Presses de la Cité, p. 41.

On regrette juste que de Lattre n'ait pas surenchéri avec le 18 juin 1429, quand les Anglais recevaient une déculottée par Jeanne d'Arc à Patay…

Bergson voyait une fonction sociale au rire. Son milieu naturel est la société disait-il ; la fonction utile du rire est alors une fonction sociale. Le comique étant la vie devenue *raideur mécanique*, le rire est le châtiment du comique. Il vise à redonner souplesse et attention à la vie. Il est juste ou injuste, bon enfant ou impitoyable, mais il est « avant tout une correction ». Par le rire, « la société se venge des libertés qu'on a prises avec elle[1] ».

Le raisonnement est en place pour la gloire. Les prémisses sont identiques. Comme le rire, la gloire s'adresse à l'homme pensant ; si l'un s'adresse à sa raison, l'autre parle à son cœur. Comme le rire, la gloire s'adresse à un public déterminé ; comme le rire, elle a donc une fonction sociale particulière.

La gloire permet de créer et de faire vivre des *mots de passe*. Non pas des mots de passe individuels, associés à des pseudos, tels qu'un monde liquide les connaît, mais des mots de passe destinés à des communautés humaines. L'expression n'est pas si anodine que ça. Remarquons que c'est elle que Georges Duby emploie dans sa définition entraînante du souvenir de Bouvines : « Mot de passe chuchoté par des sentinelles, nom de victoire prenant place, de génération en génération, entre Tolbiac et Marignan, au fil d'une longue litanie propitiatoire, exaltante, rassurante, consolante. » Décrire cette dynamique par un *mot de passe* semble parfaitement ajusté. Un mot de passe inspire la confiance et la force tranquille. Un mot de passe est plus fort qu'un symbole car il suscite en plus de la complicité.

1. Henri Bergson, *op. cit.*, p. 150

On sent plus ou moins confusément qu'un principe vital est à l'œuvre et qu'il agit de manière dynamique en créant de l'unité autour de lui. Que se passe-t-il alors si l'on élargit ce souvenir de Bouvines à des milliers de souvenirs ? Si le mot de passe Bouvines s'ajoute à des milliers d'autres mots de passe ? Fernand Braudel définissait ainsi une nation :

> « Une nation ne peut être qu'au prix de [...] s'identifier au meilleur, à l'essentiel de soi, conséquemment de se reconnaître au vu d'images de marque, de mots de passe connus des initiés [...] à mille tests, croyances, discours, alibis, vaste inconscient sans rivages, obscures confluences, idéologies, mythes, fantasmes[1]. »

Une nation vit avec et par des mots de passe et la gloire est ce qui leur donne vie. Ces mots de passe permettent de dire naturellement *nous* ou *notre* dans un livre d'histoire, ou même dans le code des impôts. On les croise dans les livres, les paysages, les habitudes, les timbres de la poste, les discussions de comptoir ; et même dans l'espace avec Astérix, le premier satellite français envoyé sur orbite dans les années 1960. On les utilise de manière consciente ou pas. Nous en avons aperçu quelques-uns dans ce livre : Bouvines bien sûr, mais aussi *pends-toi brave Crillon*, la gloire et la boutique, l'action et l'offensive, les marronniers des Champs-Élysées, la tirade d'Azincourt de Shakespeare, Notre-Dame de Paris, etc. Un livre ne suffirait pas à les recenser mais il en existe un, particulièrement emblématique. Le mot de Cambronne est certainement le plus français de tous les mots de passe. Il mérite qu'on y arrête car sa vitalité toute fran-

1. Fernand Braudel, *L'Identité de la France, espace et histoire*, Flammarion, Champs histoire, 1990, p. 18

çaise – et plaisante autant que vigoureuse – illustre concrètement comment la gloire de Cambronne permet de « s'identifier au meilleur et à l'essentiel de soi ».

Faire vivre des mots de passe et rendre poète son public

Cinq petites lettres qui équivalent à une tranchée. La frontière est sans équivoque : en deçà, la France ; au-delà, le reste du monde. Comment Louis de Funès reconnait-il Bourvil aux bains turcs dans *La Grande Vadrouille* ? « Comment ça, merde alors ? But alors, you are French ! » Lisant *Du côté de chez Swann* un lecteur non français pourrait-il saisir les subtilités de ce dialogue entre Swann et la princesse des Laumes quand ils se moquent des Cambremer « au nom étonnant qui finit à temps mais finit mal ! » ?

> « – C'est quelqu'un de très en colère et de très convenable qui n'a pas osé aller jusqu'au bout du premier mot
> – Mais puisqu'il ne devait pas pouvoir s'empêcher de commencer le second, il aurait mieux fait d'achever le premier pour en finir une bonne fois. »

Ce même lecteur non français aurait du mal à comprendre ce que voulait dire Genevoix dans *Ceux de 14* :

> « En avant ! L'immobilité nous coûterait plus de morts que l'assaut. En avant ! Les hommes tombent nombreux, arrêtés en plein élan, les uns jetés à terre de toute leur masse, sans un mot, les autres portant les mains, en réflexe, à la place touchée. Ils disent : "Ça y est !" ou "J'y suis !" *Souvent un seul mot, bien français*[1]. »

1. Maurice Genevoix, *Ceux de 14*, Flammarion, 2013, p. 60.

Ce mot bien français auquel pense notre bon vieux Flambeau quand il évoque malicieusement Cambronne pour moucher un courtisan autrichien qui se moquait de Napoléon…

À l'inverse, pour peu qu'un lecteur français connaisse bien la bataille de Bir Hakeim, il voudra peut-être voir un voile de pudeur derrière ces propos assez succincts dans les *Mémoires* du général de Gaulle : « Aux deux parlementaires ennemis qui demandent qu'on veuille bien se rendre, Koenig fait dire qu'il n'est pas venu pour cela. » Le 5 juin 1942, en pleine bataille de Bir Hakeim, Maurice Schumann à la BBC n'hésita pas à raconter que Koenig face aux Allemands avait eu la même réaction que Cambronne face aux Anglais :

> « Sous prétexte que la position des Français à Bir Hakeim est théoriquement intenable, l'ennemi s'imagine que les Français ne la tiendront pas, ce qui achève de démontrer qu'il les connaît bien mal […]. Je dois avouer qu'à la différence de l'invitation, la réponse, elle, ne fut pas polie du tout. Certains disent que Koenig se contenta de renouveler le célèbre mot historique qui tient en cinq lettres […]. Toujours est-il que Rommel en fut quitte pour confier l'opération à des Allemands qui, par deux fois en une matinée, vinrent sommer Koenig de se rendre. Et, par deux fois, en votre nom comme au nom de tous ses soldats, Koenig eut la joie de leur redire en face ce mot, ces lettres, ces fameuses lettres, qui définissent également les Allemands eux-mêmes et ce que les Français pensent des Allemands[1]. »

1. Erwan Bergot, *Bir Hakeim, février juin 1942*, Presses de la Cité, 1989, p. 234. Les éléments relatifs au mot de Cambronne sont tirés en partie de l'article « Un mot si français », *Revue des Deux Mondes*, février-mars 2019.

Seulement Koenig nia. Apprenant ce qui se disait sur les ondes et furieux de se voir attribuer des propos « de pitre », il envoya un vigoureux message à son supérieur (le général de Larminat) lui demandant que « la défense de Bir Hakeim ne soit pas romancée ». Mais Koenig ne disposait pas de la BBC. Maurice Schumann avait bien compris qu'avec ce mot de Cambronne les quelques minutes de diffusion journalière de la France Libre mériteraient vraiment leur nom des *Français qui parlent aux Français.* On pardonnera volontiers à Schumann, dont on comprend les motivations. Porte-parole de la France Libre, il dispose de quelques instants par jour pour la promouvoir. Rappeler Cambronne à la France envahie permet de s'inscrire dans la continuité historique, fût-elle à demi vraie ou légendaire. Et puis comme le sujet est romanesque – Bir Hakeim est un désert dans le désert, les Français sont 3000 contre 30000 Allemands et Italiens –, il s'empare d'une belle image, la retravaille, et va jusqu'à déposséder Koenig de ses propres mots. Après tout, qu'importe ? Il sent bien que la beauté du geste plaira davantage que la vérité nue, que le roman plaira davantage que le récit nu. La légende de Cambronne, l'inspiration de Schumann, les dénégations de Koenig : l'anecdote mère et l'anecdote fille révèlent les mécanismes d'une logique qu'Alfred de Vigny avait théorisée, dans une de ses réflexions sur la vérité dans l'art. C'est à croire qu'il avait prédit le succès de Cambronne avec quarante ans d'avance :

> « Examinez de près l'origine de certaines actions, de certains cris héroïques qui s'enfantent on ne sait comment : vous les verrez sortir tout faits des on-dit et des murmures de la foule, sans avoir en eux-mêmes autre chose qu'une

ombre de vérité ; et pourtant ils demeureront historiques à jamais. [...] La voix publique invente des mots sublimes pour les prêter, de leur vivant même et sous leurs yeux, à des personnages qui, tout confus, s'en excusent de leur mieux comme ne méritant pas tant de gloire et ne pouvant porter si haute renommée. N'importe, on n'admet point leurs réclamations [...]. Le fait adopté est toujours mieux composé que le vrai, et n'est même adopté que parce qu'il est plus beau que lui[1]. »

Est-il vrai que le 18 juin 1815, vers les 9 heures du soir, au bas du plateau de Mont-Saint-Jean, un général du nom de Cambronne a crié *merde !* aux Anglais ? Le fait n'a jamais été prouvé. Il est même douteux. Quand Victor Hugo l'a raconté quarante ans après dans *Les Misérables*, cette liberté avec l'histoire lui a attiré des critiques sans fin. Haro sur l'écrivain de la trivialité ! En être réduit à jeter de la boue quand on reçoit des balles ! déplorait un critique du *Journal des débats*. Mais ce *non* soldatesque était beau. Le mot était mémorable, un poète l'a saisi au vol, et il est devenu historique. Historique au point même de susciter des émules, car jeter une telle gifle à l'adversité est un trop bel exemple qui ne pouvait pas rester unique.

Si l'exemple est trivial, la leçon ne l'est pas. Pour Schumann, rappeler Cambronne permettait d'identifier la France Libre « à l'essentiel et au meilleur de soi ». Cambronne est certainement minuscule au regard de l'Histoire, mais il a le mérite de montrer que le sublime dont parle Vigny n'existe pas pour lui-même. Le mot de Cambronne ne pouvait pas se contenter d'être juste une

1. Alfred de Vigny, *Cinq-Mars, précédé des Réflexions sur la vérité dans l'art*. Tout ce passage sur Bir Hakeim est repris de l'article « Un mot si français », *Revue des Deux Mondes*, février-mars 2019.

belle image, proprement rangée dans un album et résignée à attendre qu'un lecteur lui redonne vie quelques instants. Le mot a obtenu une vie à lui, permettant à tous les sachants de se reconnaître entre eux et même de les encourager à l'action.

Pour le philosophe Francis Bacon l'art de la poésie était justement l'art de la sublimation[1]: « On a toujours pensé de la poésie qu'elle participe peu ou prou du divin, car elle élève et édifie l'intelligence, en soumettant l'apparence des choses aux désirs de l'esprit; tandis que la raison enchaîne l'esprit et le ploie sous la nature des choses[2]. » Face au « mot sublime » de Cambronne, la voix publique ne s'est pas trompée. *Vox populi, vox dei.* L'important n'est pas la vérité du sujet historique, mais la vérité du modèle qui en est tiré. Or du modèle doit découler *l'action*, la belle et pure action, au sujet de laquelle de Gaulle disait: « C'est du caractère que [procède] le point divin, à savoir le fait d'entreprendre. »

Dire *je chante* permet de faire voler des choses plus lourdes que l'air. La gloire en faisant vivre des *mots de passe* leur fait traverser les siècles et leur donne le pouvoir d'inspirer le public. Et le public devient poète à son tour, se saisissant d'un mot de passe, le pétrissant, le transformant, sous l'effet de « vastes inconscients sans rivages et d'obscures confluences ». De même que le rire est la manifestation physique et intellectuelle d'une situation comique, un mot de passe mystérieusement apparu puis vivant sa propre vie est la manifestation physique et sen-

1. Alberto Manguel, *L'Iliade et l'Odyssée*, Bayard, La mémoire des œuvres, 2008, p. 123.

2. Sir Francis Bacon, *The Advancement of Learning*, 1605, édité par Michael Kiernan, Oxford et New York, Oxford University Press, 2000. Cité par Alberto Manguel, *ibid.*

timentale d'une histoire digne de mémoire, mais il est aussi la preuve d'une histoire vivante, puisant sa vie dans le passé et s'adaptant dans le présent pour envisager l'avenir. Tel mot de passe illustre la conscience collective de toute une nation : *On les aura !* Tel autre illustre l'évolution d'une société puisant aux mêmes inconscients mais cheminant sûrement vers l'idée de nation : *Dieu et ma dame* était le mot de passe de la chevalerie française ; *pour le roi et les dames* était le mot de passe d'une France galante et guerrière d'Ancien Régime ; « il n'y que la nation tout entière, *suffisamment grande dame aujourd'hui*, pour remplacer Louis XIV dans son palais », remarquait une comtesse lors de l'inauguration du musée de Versailles en 1837. Cent ans plus tard, *Notre-Dame la France* était le mot de passe du général de Gaulle qui déclarait pendant la Seconde Guerre mondiale que « rien ne nous importe excepté servir Notre-Dame la France ».

L'image de la cathédrale, du clocher, est elle aussi un mot de passe français. Le 15 avril 2019 en a récemment montré la puissance et la valeur. C'est la cathédrale de Strasbourg qui fait l'objet du serment de Koufra, pas le pont de Kehl. Le journaliste Pierre Bourdan, un des fondateurs de l'AFP après guerre, avait été affecté à la 2e DB. Son témoignage est un hymne à ces mots de passe :

> « Dreux, Chartres, Orléans, Châteaudun, Vendôme, Blois… Du 13 au 21 août, tandis que se poursuivaient et se terminaient les opérations en Normandie, des villes françaises libérées accouraient à nous, de beaux noms de villes françaises, portant, dans leurs syllabes, des cathédrales et des reflets d'eau, ramenant avec elles, du fond de notre histoire, des sons de cloches et de trompettes de hérauts d'armes. »

Trente ans auparavant, Genevoix entendit aussi des *sons de cloches* depuis sa tranchée. Le clocher d'un petit village s'était réveillé. Lui aussi avait des choses à dire, à la manière d'un mot de passe, pour son public. Le tintement lointain des cloches était un *je chante* pour les Français et un *je mets en garde* pour les Allemands :

> « Je restai là, immobile, écoutant la chanson des cloches éparse sur ces bois où des hommes s'épiaient les uns les autres, jour et nuit, et cherchaient à s'entretuer. Pas de tristesse pourtant. La chanson des cloches n'est pas triste [...]. Les Allemands, dans leurs tranchées, l'entendent comme nous l'entendons. Mais elle ne dit pas, à eux, les mêmes choses qu'elle dit à nous.
>
> À nous, elle dit : "Espérez [...], je suis, contre votre cœur, le cœur du pays qui bat. Confiance à jamais en vous, confiance et force à jamais. Je rythme la vie immortelle de la Patrie !"
>
> À eux elle dit : "Insensés, qui croyiez que la France pouvait mourir ! Écoutez-moi : sur la petite église dont les vitraux en miettes jonchent les dalles, le clocher est resté debout. C'est lui qui m'envoie vers vous, allègre et moqueuse [...]. Quoi que vous ayez fait, je vis. Quoi que vous fassiez, je vivrai !". »

Quand de Lattre faisait la guerre, il conservait une âme de poète et sa raison ne « ployait pas son esprit sous la nature des choses ». En décembre 1944, la prise de la ville de Thann en Alsace eut lieu en laissant délibérément un avantage tactique aux Allemands. Il fit comme Monsabert à Sienne. De peur de mutiler « l'incomparable flèche de dentelle de la ravissante église gothique », de Lattre interdit à l'artillerie de tirer sur Thann. Il fut encore poète quand il reconnut dans les armes de la ville de Colmar un « hasard préparé par les siècles » pour accueillir la 1re armée française. C'est un écu rouge et vert aux couleurs de la Croix de guerre, c'est-à-dire aux couleurs du ruban de la médaille de Sainte-Hélène, surmontée d'une masse d'armes.

Dakar fut un cuisant échec pour de Gaulle, d'autant plus difficile qu'il s'agissait d'une des premières actions de la France Libre naissante. Le général anglais Spears, ami de Churchill et détaché auprès du chef de la France Libre, accompagnait de Gaulle. Il trouva le moment de lui citer un peu de poésie : *le lendemain, Aymeri prit la ville.* C'est le dernier vers du poème *Aymerillot,* de Victor Hugo. On l'a évoqué au début de ce livre, quand Charlemagne demandait à ses barons de prendre Narbonne. Tous refusèrent mais un bachelier *sans paille et sans avoine, pauvre autant qu'un pauvre,* sortit des rangs et osa dire à Charlemagne : je le ferai. De Gaulle raconte dans ses *Mémoires* que Spears lui cita ce vers parce que ce dernier fut rassuré de voir que les fondements de la France Libre restaient solides. Personnellement, on préfère surtout penser que le général fut touché de ce geste élégant de Spears, qui en citant Hugo se servait d'un *mot de passe français* pour s'inviter avec tact dans un *public français* et mieux lui donner du cœur au ventre. *Le lendemain, Aymeri prit la ville* : puissant mot de passe, qui montrera quatre ans plus tard que l'esprit a eu raison de refuser « de ployer sous la nature des choses ».

Tous ces exemples montrent que si l'on acceptait un monde sans gloire, c'est-à-dire un monde sans *je chante* à dire ou à écouter, sans *je chante* à transmettre à de nombreux lendemains, sans *mots de passe* à léguer à l'avenir, il ne resterait que la raison pure, la raison raisonnante, celle qui mathématise le monde et la France, celle qui « ploie l'esprit sous la nature des choses ». Les mathématiques sont infaillibles, et les mathématiques nous apprennent que dans un monde en déformation permanente, autrement dit dans un monde liquide, un carré est *homéomorphe* à un triangle, un beignet est *homéomorphe* à une bouée canard et un hexagone est *homéomorphe* à un planisphère. On appelle ça la topologie. En d'autres termes, ça veut dire que si la France n'était qu'un hexagone, alors la France et le reste du monde seraient, aux déformations près, un *même et unique objet*. Poincaré fut le père de la topologie. Il disait que « faire des mathématiques, c'est donner le même nom à des choses différentes ».

Topologiquement, un territoire et un terroir sont strictement identiques; d'ailleurs un terroir est souvent *géographiquement protégé* ce qui signifie que ses frontières sont définies selon une précision mathématique pour éviter, par exemple, qu'un vin pétillant en Touraine ne prenne l'appellation de Champagne. Seulement en réalité un territoire n'est qu'un simple espace alors qu'un terroir représente bien plus. Un territoire s'administre, s'organise, se réglemente. On y investit des sous mais pas des sentiments. Un terroir est fait pour être aimé; il a pour lui une culture, c'est-à-dire *le temps et une âme*. Personne n'est jamais mort pour de la topologie mais beaucoup dans l'histoire de l'humanité ont donné leur vie pour protéger des mots de passe. L'exemple du *terroir* nous montre que c'est la main de l'homme qui donne sa valeur au temps et à l'espace.

Déposer du sublime dans l'histoire : reconnaître son héritage pour qu'hier soit au service de demain

Pourquoi le soldat inconnu appartient-il si bien à la mémoire française ? Parce qu'il est une figure incarnée et parce que son identité est inconnue. Supposons que l'on découvre sa véritable identité ; supposons encore que cette identité dévoile des faits honteux ou inavouables ; continuerait-on à raviver la flamme ?

Dans tous les cimetières du monde, on trouve des tombes ornées de fleurs ; ces fleurs sont entretenues par la main de l'homme, la même main qui arrache aussi les ronces et les mauvaises herbes ; aucune tombe ne possède d'épitaphe du genre *ci-gît untel, qui fut un escroc, une brute, un sale type*. Pourtant l'humanité n'est pas peuplée de saints. S'inspirant de Bacon, de Gaulle disait qu'« un jardin, c'est l'homme ajouté à la nature[1] ». La nature peut être belle, elle demeure féroce ; elle peut paraître harmonieuse, le hasard intervient quand même dans ses lois ; sa beauté sauvage ne peut être adoucie qu'en l'ordonnant dans un jardin. Eh bien, la gloire, c'est *la poésie ajoutée à l'histoire*. C'est prendre par exemple les restes d'un soldat, les enterrer sous l'Arc de triomphe, avoir en tête la boue, les mutilations, les larmes, mais graver simplement sur une pierre : *ici repose un soldat français mort pour la Patrie*. C'est réagir comme Genevoix, le jour où il entendit dans sa tranchée le tintement d'un clocher. Dire *je chante*, c'est ajouter un sens moral à l'événement, introduire de la volonté humaine dans un déterminisme aveugle où se brisent des événements sans force, c'est, finalement, *déposer du sublime dans l'histoire*.

1. Alain Larcan, *op. cit.*, p. 142.

L'expression est en italique car elle est de Hugo. Elle concerne l'homme du 18 juin 1815. Quand « l'esprit des grands jours entra dans cet homme inconnu à cette minute fatale », Cambronne déposa du sublime dans l'histoire, nous dit Hugo. Voilà plusieurs fois que le terme *sublime* est employé. La nature du sublime a le bon goût d'être à la fois simple et profondément riche de sens : c'est *le choc d'une petite image et d'une grande idée* (Chateaubriand). Une singularité, un non lancé à l'adversité, un caillou qui fait dévier le rouleau compresseur de l'histoire sont des sujets sublimes. La poésie peut toucher à tout, et beaucoup de sujets peuvent prétendre au sublime. Il y a les mots historiques, dont la brièveté recherchée renferme une grande charge affective et tout un monde de symboles – *tout est perdu fors l'honneur, du haut de ces Pyramides, la flamme de la Résistance*… Il y a les grandes actions, où le factuel est indissociable d'une part de sacré ou de mythe : une bergère ne sachant ni A ni B et qui libère des villes assiégées, un obscur général démuni de tout, sans crédit, sans appui, et qui sort de l'ombre pour déclarer tout bonnement assumer la France… Il y a encore les heureuses surprises, là où l'on ne s'attend pas à rencontrer du sublime : lire du Rabelais et du Montaigne sur un radeau de fortune, au milieu de l'océan, voilà de la poésie ajoutée à la biologie et à la mécanique des fluides.

Le sublime déposé dans l'histoire, le fait divers devient alors légende, un geste beau à la périphérie ramène la périphérie au centre du monde, la petitesse humaine se hisse à la grandeur des siècles et l'histoire devient naturellement héritage. Historiquement, un diamant est un vulgaire bout de carbone. Il lui faut la pression du temps pour le transformer en cristal ; on préfère hériter du cristal que d'un morceau de charbon. Dans un monde liquide, s'il faut un marin pour lire des vers et les comprendre, ajoutons que pour accueillir un héritage il faut peut-être aussi une âme d'enfant, c'est-à-dire une âme qui comprenne d'abord la poésie avant de s'attaquer à la topologie. Chateaubriand aimait se comparer au fils d'Ulysse, Télémaque, pour exprimer son tendre attachement à sa Bretagne :

> « Barbare de l'Armorique au camp des princes, je portais Homère avec mon épée ; je préférais ma patrie, la pauvre, la petite île d'Aaron [le moine Aaron est le moine qui a fondé Saint-Malo] aux cent villes de la Crète. Je disais comme Télémaque : "L'âpre pays qui ne nourrit que des chèvres m'est plus agréable que ceux où l'on élève des chevaux." »

Bel éloge de la patrie, aussi pauvre soit-elle, face à la vie facile où l'on se contente de posséder et de jouir. La patrie ne se définit pas en raison d'un PIB, mais en raison de ce qu'elle peut léguer de grand et beau à ses enfants. Le moindre monument aux morts du moindre village de France célèbre *ses enfants* morts pour la patrie, les mêmes *enfants* auxquels s'adresse *La Marseillaise*. La *certaine idée de la France* de Charles de Gaulle avait commencé à naître chez l'enfant (« toute ma vie je me suis fait une certaine idée de la France… mon père imprégné du sentiment de la dignité de la France m'en a découvert l'Histoire… ») avant de mûrir chez l'homme, capable de distinguer entre le sentiment et la raison, capable d'unir ce sentiment et cette raison dans un mariage durable, sans divorce. Le jeune Romain Gary avait reçu de sa mère un véritable catéchisme de gloire française quand ils vivaient tous deux en Pologne : les *Vies de Français illustres*. L'enfant y découvrait les exploits de Pasteur, de Jeanne d'Arc et de Roland, admirait Victor Hugo, Saint Louis et la Révolution. L'adulte plus tard fera la part des choses et y verra sans concession des « contes de nourrice », allant même dire qu'il dut attendre d'être un homme pour se « dépêtrer de sa francophilie ». Cependant il fera un aveu. Pourquoi donc, après avoir commencé par croire en Gamelin, Weygand, Pétain, s'était-il rallié au général de Gaulle ? Parce qu'un certain genre de sublime déposé dans son âme d'enfant lui avait fait prendre sa décision d'homme :

> « J'attendais que le génie de la patrie s'incarnât soudain dans une figure de chef, selon nos meilleures traditions [...]. J'ai toujours eu tendance à prendre à la lettre les belles histoires que l'homme s'est racontées sur lui-même dans ses moments inspirés, et la France, à cet égard, n'a jamais manqué d'inspiration. »

La France n'a jamais manqué d'inspiration car elle n'a jamais manqué de belles histoires ni de poètes. Nul besoin de testament pour expliquer la pensée du légataire quand tous les héritiers présomptifs écoutent les poètes des gloires françaises. « "Nous sommes ce que vous fûtes ; nous serons ce que vous êtes" est dans sa simplicité l'hymne abrégé de toute patrie », disait Renan. Quand Honoré d'Estienne d'Orves se décida à rallier la France Libre, il laissa une lettre à son amiral pour expliquer son geste : « Mes ancêtres se sont battus jusqu'au bout ; je ne puis faire autrement que les imiter. » Il sera fusillé par les Allemands au Mont-Valérien, et aujourd'hui plus de cent villes de France ont une rue à son nom[1].

1. Étienne de Montéty, *Honoré d'Estienne d'Orves*, Perrin, 2005, p. 19.

La formule de Renan est compréhensible pour toute société enracinée. On peut se demander ce qu'elle implique aujourd'hui. Nous sommes le passé de nos enfants. Que seront nos arrière-petits-enfants ? Quel écho de nous leur parviendra ?

Hier, l'histoire de France était un beau menu que chaque Français était invité à déguster. Des maîtres habillés de noir assuraient un service exigeant et chacun trouvait que les plats étaient bien joliment présentés. Certes, on pouvait ne pas tous les aimer mais du moins finissait-on son assiette, ce qui avait la vertu de faire comprendre la cohérence d'un menu dont les entrées remontaient à des temps très anciens. Dans sa rédaction, récit et roman national se côtoyaient, pouvaient s'opposer, mais équilibraient globalement les exigences de goût et de diététique. C'était une bonne adresse qui réussissait à faire oublier d'inévitables arrière-goûts, et chaque génération y revenait.

Sa nouvelle version est différente. Dans le nouveau menu, les plats sont garantis *glory free* et les ingrédients sont aseptisés ; quant à l'ancien menu, on présente volontiers ce qu'il y a derrière, en insistant sur les ingrédients les moins ragoûtants. « Suivez les mouches » comme dans *L'Aile ou la cuisse*. La gloire n'a pas réussi le test des nouvelles normes culinaires. Son mauvais nutriscore la condamne. C'est un assaisonnement dangereux, à l'arrière-goût passéiste, qui pourrait rendre nationaliste, xénophobe, va-t-en-guerre. Les experts en traçabilité peuvent d'ailleurs la neutraliser dès que l'anniversaire d'un événement historique ou la mention d'un grand personnage la ferait trop affleurer. Elle fait l'effet d'une goutte de citron sur une huître. Ce genre de fierté n'est pas revendicable et par ailleurs la cuisine du monde est tout aussi bonne. De quel droit la France y occuperait-elle une place privilégiée ? La carte s'est donc élargie. Heureusement, l'inscription assez récente de la gastronomie française au patrimoine mondial de l'UNESCO attesterait plutôt que les Français tiennent à leur patrimoine culinaire, tout en montrant qu'une « cuisine mondiale de la France » n'a pas beaucoup de sens. L'art du bien manger a le temps pour lui et ne doit pas craindre les espaces restauration. Le verre de vin sur le zinc et la corbeille de pain sur la moindre table du moindre bistrot sont des mots de passe qui ont encore de beaux jours devant eux.

CONCLUSION

Sachons donc accommoder la gloire à notre histoire

« On a nié le mot de Cambronne à Waterloo. Laissons à l'histoire les mensonges sublimes ; ne les discutons pas. Si l'histoire ment, les mensonges qu'elle fait valent mieux que les vérités que nous faisons[1] », écrivait Hugo en 1848.

Il ne s'agit évidemment pas de faire l'éloge de l'ignorance, de se complaire dans l'erreur ou de se satisfaire d'un passé mythifié auquel serait cloué un présent privé de sa liberté de jugement, mais de se rappeler que l'histoire se lira dans les livres pendant encore longtemps. L'histoire sur une encyclopédie en ligne se consulte, se « diagonalise » quand on est pressé, se télécharge au besoin, mais ne s'emporte pas dans un radeau. Dans un livre, les notes de bas de page sont là pour rappeler la raison raisonnante, mais un livre qui ne serait composé que de notes de bas de page ne trouverait pas beaucoup de lecteurs. *Forsan et haec olim meminisse juvabit*, écrivait Virgile. L'auteur du mot de passe des poètes de la gloire

1. Victor Hugo, *Choses vues*, *op. cit.*, p. 583.

ne s'y est pas trompé dans son *Énéide* : *peut-être un jour ces souvenirs auront pour vous des charmes…*

Le propre d'un charme est d'enchanter et non de désenchanter. Voilà pourquoi la nation est une « âme, un principe spirituel » (Renan) et non pas une démonstration mathématique faisant la chasse aux erreurs de raisonnement. La raison est bien sûr indispensable, mais la raison sans la poésie ne permet pas d'envisager le grand et le beau. Il fallait être poète pour inventer les nombres imaginaires en mathématiques ! Tirer du néant un nombre qui multiplié par lui-même donne un nombre négatif : quelle aberration, que la raison réfute ! Et pourtant l'homme est allé sur la Lune grâce à ces nombres imaginaires. Ajouter une toute petite lettre, *i*, à un vrai nombre, un nombre *réel*, fut une révolution. C'était de la poésie ajoutée à la raison. Même les mathématiques ont leur sublime. Elles ont une formule qui suscite l'admiration de tous les savants depuis qu'elle a été trouvée au XVIIIe siècle : $e^{i\pi} + 1 = 0$. La formule est sublime car sa brièveté et son apparente simplicité cachent des trésors mathématiques, capables de décrire les lois de l'Univers, avec π comme nombre *irrationnel et transcendant*, légué par les Grecs… mais aussi un nombre qui cache une infinité de *je chante*, car si l'on écrivait l'infinité des décimales de π en base vingt-six, et si l'on associait une lettre de l'alphabet à chaque chiffre, π contiendrait alors tous les livres de l'histoire de l'humanité, ceux déjà écrits et ceux restant à écrire…

Suivant Renan, on pourrait dire que l'histoire d'une nation ne se lit pas dans une loupe mais qu'elle se comprend plutôt dans un vitrail. Le passé s'y révèle, beau ou terrible, mais immuable et en couleur. De ce point de vue, une nation est comme une cathédrale. Tout le monde peut y entrer ; le simple passant, le visiteur d'un jour comme le chrétien de tous les jours ; il fut même un temps où les tire-laine et les coupeurs de bourses pouvaient s'y réfugier contre les hommes du prévôt. « Il n'y a que les siècles qui aient donné le parfum de l'ambre à la sueur d'Alexandre », disait Chateaubriand. Quand on pénètre dans une cathédrale, on sent une odeur indéfinissable, mêlée de bois, de pierre et de toutes les générations qui y ont passé. De toutes ces odeurs, une seule a disparu : celle, pénible, de la sueur qui a patiemment taillé et élevé les pierres ; l'odeur de l'effort et de la douleur. Une cathédrale n'est pas un espace mais un *je chante* où l'on aime prendre le temps.

À l'été 1830, Victor Hugo se mit à écrire ce qui deviendra un de ses romans les plus célèbres. Il était en retard et son contrat était rigoureux : il avait un peu moins de six mois pour livrer un manuscrit à son éditeur. Il s'acheta une bouteille d'encre neuve, s'enferma chez lui, et travailla d'arrache-pied. Le 14 janvier 1831, le roman était achevé. Hugo l'avait terminé en même temps que sa bouteille d'encre : la dernière goutte de la bouteille avait été pour la dernière ligne de *Notre-Dame de Paris*. La coïncidence était plaisante et Hugo eut un instant la tentation d'appeler son livre *Ce qu'il y a dans une bouteille d'encre*. Mais *Notre-Dame de Paris* ne se résumait pas à ce qu'il y a dans une bouteille d'encre ; le titre initial demeura car le poète avait prévalu sur le faiseur de mots. Le tragique prévalut sur le comique. Comme pour une cathédrale, comme pour « ce livre magnifique qu'on appelle histoire de France » et dont les chapitres ne se lisent pas indépendamment les uns des autres, la nation est un tout supérieur à la somme de ses parties. Saint-Exupéry disait précisément qu'une cathédrale est bien autre chose qu'une somme de pierres. Il ajoutait encore qu'elle « absorbe jusqu'aux gargouilles les plus grimaçantes dans son cantique ». Il en va de même pour la nation. Elle aussi a ses zones d'ombre, ses coins obscurs, mais ces derniers n'ont pas vocation à dicter l'architecture globale. Le réflexe, pour qui apprend une histoire de France qui dit *j'avoue* serait plutôt de baisser la tête : c'est au sol que luit le sang. Le réflexe, pour qui entre dans une cathédrale, est de lever la tête. On y voit la lumière entrer à flots. La cathédrale ne se comprend pas de l'extérieur, accroupi sur le froid de la pierre à observer les souvenirs des pigeons avec une loupe ; elle se comprend de l'intérieur, en levant les yeux vers les vitraux et les colonnes.

On trouve à Autun l'avenue du Commandant-de-Neuchèze. Neuchèze fut en effet tué lors de la bataille d'Autun, en septembre 1944. Il était à bord de son char, le *Notre-Dame-de-Paris*, lorsqu'il reçut une balle dans la tête. Ce n'était pas pour ce qu'il y a dans une bouteille d'encre qu'il avait fait le sacrifice de sa vie. Et ce n'est pas pour une somme de pierres que les Français pleuraient devant l'incendie de Notre-Dame, un soir de printemps 2019.

Bergson comparait le rire à une « mousse à base de sel », mousse produite par l'écume [...], mousse qui pétille et qui transporte avec elle gaieté mais aussi amertume. Il en est de même pour la gloire. Ni orgueil ni désenchantement, mais de la mesure. Il faut savoir doser le sel. Trop de sel stérilise. Après avoir détruit Carthage, les Romains répandirent du sel sur ses décombres. Et la mer Morte est bien morte. L'absence de sel est tout aussi néfaste. Sans sel, l'homme meurt ou devient, cliniquement parlant, un *crétin* (dans l'acception historique du terme, c'est-à-dire « malheureux » selon une logique purement médicale qui ne relève pas de l'insulte). Dans un monde de plus en plus liquide, le sel se dilue en proportion et le risque n'est pas de ressembler à une mer morte.

La gloire est le sel de l'histoire. Elle lui donne du goût et en adoucit les amertumes. Elle est aussi le sel de la mémoire car elle assure la conservation des événements dignes d'elle. Ôtez le sel, et l'absence de saveur – ou l'excès de saveurs brutes – devient une soupe à la grimace qui conduit inévitablement à se détourner du menu ou à le recomposer.

La gloire est le sel de la nation française. Ajoutez-en un peu à son histoire, beaucoup à sa mémoire, laissez agir les années, et la somme de pierres est une cathédrale qui traverse les siècles.

Annexe

Chapitre 2. La gloire et l'argent, ou l'esprit de la bravoure contre l'esprit boutiquier.

Le 15 janvier 1900, *Le Matin* titrait en première page : « L'OPINION D'UN GRAND MARIN ANGLAIS ». Le journal publiait un long entretien avec le rear-admiral Charles Beresford à l'occasion de sa nomination au commandement en second de l'escadre de la Méditerranée. La première question donne le ton : il s'agit de savoir si la France et l'Angleterre se feront la guerre. Quelle est donc l'opinion de l'amiral anglais, ancien MP ?

> « Plusieurs journaux français ont envisagé cette hypothèse que l'Angleterre, à la suite de ses mécomptes dans l'Afrique du Sud, pourrait bien rechercher une occasion de manifester sa vraie puissance, sa puissance navale, et obliger la France à la guerre. Nous avons quelques colonies que certaines personnes soupçonnent l'Angleterre de convoiter. Que pensez-vous de tout cela ? – Je pense que ce sont là des suppositions sans aucun fondement. Voyez-vous, l'Angleterre n'est pas du tout une nation guerrière ; elle ne fait pas la guerre pour son plaisir, pour la gloire ou à titre de démonstration. Elle n'entre en lutte que quand elle y est absolument forcée. Nous sommes bien réellement une nation de boutiquiers. Chez nous, les nécessités du commerce priment tout [...]. La paix nous est indispensable. »

La Liberté, 14 février 1900 :

« Le sous-secrétaire d'État à la guerre a exposé hier soir à la Chambre des communes les bases des principaux *bills* militaires que le gouvernement se voyait dans l'obligation de présenter au Parlement pour la défense de l'Angleterre et de ses colonies [...]. Il n'a pas eu tort de ne présenter qu'un *bill* aux allures modestes en ce qui concerne la conscription ou le service obligatoire, car [il] avait à peine achevé l'exposé du projet gouvernemental [...] que tous les députés du Labour Party, appuyés par des ministres, ont déclaré que cette partie du *bill* était inapplicable parce qu'elle désorganiserait le travail dans tous les bureaux et apporterait un trouble profond dans les transactions commerciales si les chefs des grandes compagnies, maisons ou manufactures devaient être enlevés à leurs affaires. La gloire des armes est une belle chose ; mais John Bull ne la comprend que mise en actions minières ou pressée en balles de coton. Dès l'instant qu'elle troublera ses habitudes, la gloire des armes ne lui offre plus d'avantages pratiques. »

Le Temps, 16 juin 1901 :

« Le jour où John Bull se réveillera de son rêve de gloire et de conquête, il tâtera sa poche, il gémira et gare alors aux auteurs responsables [...]. John Bull sait compter et il ne pardonne pas aisément à ceux qui le touchent au point sensible. »

⁂

À l'occasion de l'Exposition des arts décoratifs de 1925, le représentant britannique déclarait lors de l'inauguration :

« Je puis vous annoncer que ma présence ici et la participation du gouvernement de Sa Majesté à cette exposition ne procèdent pas seulement d'un simple désir de gains qui pourraient en résulter pour certaines branches de notre industrie, malgré notre réputation si bien établie de “ nation de boutiquiers ”. C’est avant tout pour des raisons de sentiment et de profonde amitié que nous espérons prendre une modeste part à votre triomphe. » (*Le Petit Parisien*, 20 mai 1925.)

⁂

Austen Chamberlain lors d’un grand discours à Birmingham le 23 mai 1929 déclarait que tous ses efforts viseraient à maintenir la paix et à protéger les intérêts des Britanniques. Il ajoutait :

« Napoléon a dit que nous étions une nation de boutiquiers. Nous sommes en effet une nation de boutiquiers et c’est parce que nous dépendons de notre commerce que la Grande-Bretagne doit poursuivre une politique de paix dans tous les points du globe. » (*L’Écho d’Alger*, 24 mai 1929.)

Chapitre 3. D’autres formes de gloire, bien françaises…

Castries rappelle dans ses *Mémoires* qu’il était « de principe dans la marine d’avant la révolution qu’un officier qui se respectait assez peu pour faire le commerce directement ou indirectement sur les vaisseaux du roi était déshonoré et renvoyé du corps[1] ».

Parmi les griefs qu’il reproche à Bourgeois de Boynes, il y a celui d’avoir établi une école d’officiers au Havre (que Louis XVI supprimera). Il s’agit de l’éphémère *École royale de marine du Havre,* destinée à succéder aux *Compagnies des gardes-marines* :

« M. de Boynes travaillait de son mieux à anéantir cette marine en cherchant par tous les moyens possibles à détruire son esprit de corps qui en faisait toute la force.

1. Scipion de Castries, *op. cit.*, p. 47-48.

L'établissement d'une école au Havre en est la preuve; pourquoi détruire les compagnies de gardes de la marine, créées par Louis XIV et le grand Colbert? Ces compagnies d'où étaient sortis tous nos grands hommes de mer et que M. de Boynes faisait remplacer par des écoles d'élèves établies dans un port marchand où ils pouvaient prendre que des idées mercantiles, entendre sans cesse parler du prix du sucre, du café ou du coton, au lieu de prendre cet esprit de corps fondé sur tous les sentiments de noblesse, de loyauté et de fidélité [...][1]. »

⁂

« Les bouchons-gras », article de G. de Pawlowski paru dans la revue *Automobilia*, le 15 juillet 1919 :

« Quand j'étais enfant, j'avais un cousin qui était amiral et dont les manières aimables étaient celles d'un gentilhomme des temps passés. Je vis pour la première fois, dans la rade de Brest, le beau bateau qu'il commandait. Il était peint en noir avec des raies blanches, comme *Le Borda*, et rappelait exactement, avec ses canons qui tiraient par des sabords que l'on ouvrait, les joujoux d'enfants que l'on vend au bazar. Ce bateau amiral s'appelait *La Savoie*. Il était en bois, recouvert de feuilles de tôle, et mon cousin en était très fier. L'arrière, en effet, s'ouvrait à volonté, en forme de balcon fleuri et la salle à manger ensoleillée, donnant sur la mer, était d'un aspect des plus réjouissants. Je n'ai compris que bien plus tard que ce bateau ne devait pas être d'un type très moderne. Mais à cette époque-là, les opinions de mon cousin avaient seules pour moi quelque valeur. C'est ainsi que j'appris à mépriser profondément *La Dévastation*, un cuirassé que l'on construisait alors dans l'arsenal et qui était tout en fer, avec des ascenseurs hydrauliques, des canalisations électriques, “un tas de blagues pour bouchons-gras – affir-

1. *Ibid.*, p. 43.

mait mon cousin – qui ne résisteraient pas au premier boulet qui arriverait dedans. ”

Mon cousin avait horreur, en effet, des bouchons-gras. Il désignait par là ces vagues humanités qui vivaient dans les sous-sols du bateau et qui étaient chargées d'en actionner la machinerie. Évidemment, ces officiers n'étaient pas sans utilité puisque les nécessités du temps avaient substitué la vapeur, d'une façon que l'on pouvait croire définitive, à l'incomparable navigation à voiles ; mais enfin, il paraissait impossible d'admettre que l'on pût assimiler un seul instant ces êtres graisseux aux officiers combattants qui restaient sur la passerelle, la hache d'abordage à la main. Ce mépris que professaient les officiers combattants pour les officiers mécaniciens n'était point du reste particulier à mon cousin ; il était le fait de toute la marine. Le bouchon-gras, c'était l'officier des machines à qui l'on transmettait des ordres par tube acoustique, et qui n'avait qu'à mourir obscurément comme un rat à fond de cale lorsque la nécessité s'en imposait, sans rien savoir de ce qui se passait dehors [...]. »

Le Petit Journal, 21 décembre 1899 (article d'Émile Gautier).

« Ce qui est plus grave encore, c'est que les mécaniciens ne sont pas assez considérés ; c'est qu'on ne leur assure pas une carrière assez brillante.

Songez qu'à une époque où la vitesse passe pourtant pour l'*arme* la plus précieuse, les mécaniciens ne sont pas classés au rang des officiers “ combattants ” ! Songez que [le corps des mécaniciens de la flotte] est celui où l'avancement est le plus lent, le plus précaire, le plus ardu ! Songez qu'il n'y a pas chez nous d'École supérieure qui soit pour les futurs officiers mécaniciens ce que *Le Borda* est pour les futurs officiers de vaisseau, comme il en existe chez presque toutes les nations rivales ! [...]

Il faut que le service des machines, dont personne ne méconnaît le rôle capital, vaille à ceux qui en sont chargés un prestige proportionné à son importance. Il faut, par conséquent, qu'il soit mis sur le même pied que les autres services du bord, que le service de timonerie, par exemple, le pilotage ou l'artillerie. Il faut que le corps des mécaniciens soit militarisé, et l'on ne voit pas pourquoi l'élève mécanicien, qui sort d'une école d'arts et métiers, n'aurait pas aussi bien droit au port de l'épaulette et du sabre, emblèmes du commandement, que l'aspirant frais éclos. »

Chapitre 4. Chanter et transmettre la gloire

D'autres chansons couraient sur le maréchal de Villeroi :

C'est bien dommage, sur ma foi,
Que Monseigneur de Villeroi
Soit déjà maréchal de France
Car, dans cette grande action
On peut dire, sans complaisance
Qu'il a mérité le bâton[1].

Tessé, Tallard et Villeroy
Ont assez bien servi le roi.
Ils méritent pour récompense
Qu'on leur casse dessus le dos
Le bâton qu'autrefois la France
Leur donna fort mal à propos[2].

Quant au pauvre amiral Ganteaume, contraint aux allers-retours devant Brest à cause de frégates anglaises trop nombreuses en mer d'Iroise, il a dû donner l'impression d'être comme ce malheureux, condamné à se tourner et retourner dans sa couche, tel un lit de fièvres :

---

1. Maréchal de Villeroi, écrasé à Ramillies par Marlborough. Claude-Sixte Sautreau de Marsy, *Nouveau siècle de Louis XIV*, tome III, F. Buisson, 1793.

2. *Ibid.*, p. 70.

« Ci-gît l'amiral Ganteaume
Qui s'en fut de Brest à Bertheaume
Et poussé par un fort vent d'ouest
S'en revint de Bertheaume à Brest[1]. »

---

1. Arnaud d'Antin de Vaillac, *Sous la flamme de guerre*, Presses de la Cité, 1965, p. 118.

Bibliographie

Littérature, romans, poésie, mémoires, théâtre :

BALZAC (Honoré de), *Le Médecin de campagne*, Gallimard, 1974.

BEAUFRE (André), *Le Drame de 1940*, Plon, 1965.

BERGSON (Henri), *Le Rire, essai sur la signification du comique*, PUF, Quadrige, 2010.

BOILEAU (Nicolas), *Satires, Épîtres, Art poétique*, Gallimard, 1985.

CASTRIES (Scipion de), *Souvenirs maritimes*, Mercure de France, 1997.

CHATEAUBRIAND (François-René de), *Mémoires d'outre-tombe*, Garnier, Paris, 1989.

—, *Analyse raisonnée de l'histoire de France*, La Table Ronde, 1998.

COIGNET (Jean-Roch), *Souvenirs d'un vieux grognard*, Tallandier, 1912.

CORNEILLE (Pierre), *Le Cid.*

—, *Suréna.*

DE LATTRE DE TASSIGNY (Jean), *Histoire de la 1re armée française Rhin et Danube*, Plon, 1949, et Presses de la Cité, 1971.

DUGUAY-TROUIN (René), *Mémoires de Duguay-Trouin*, dans *Collection des mémoires relatifs à l'histoire de France*, par A.

Petitot et Monmerqué, tome LXXV, Foucault libraire, 1829.

DUMAS (Alexandre), *Mes Mémoires 1802-1830*, Robert Laffont, 1989.

FORBIN (Claude de), *Mémoires du comte de Forbin*, dans *Collection des mémoires relatifs à l'histoire de France*, par A. Petitot et Monmerqué, tomes LXXIV et LXXV, Foucault libraire, 1829.

GARNERAY (Louis), *Corsaire de la République, voyages, aventures et combat*, I, Phébus, 1984.

GAULLE (Charles de), *Mémoires de guerre*, Plon, 1954, 1956, 1959.

—, *Le Fil de l'épée et autres écrits*, Plon, 1990, 1994, 1999.

—, *Lettres, notes et carnets, 1905-1941*, Robert Laffont, 2010.

GAULLE (Philippe de), *Mémoires accessoires, 1921-1946*, Perrin, 2010.

GAUTIER (Léon), *La Chanson de Roland, texte critique, traduction et commentaire*, onzième édition, Tours, Alfred Mame et fils, 1881.

GENEVOIX (Maurice), *Ceux de 14*, Flammarion, 2013.

HENRIOT (Émile), *Carnet d'un dragon dans les tranchées (1915-1916)*, Hachette, 1918.

HUGO (Victor), *Choses vues*, G. Charpentier et Cie, éditeurs, Paris, 1888, et *Choses vues, souvenirs, journaux, cahiers, 1830-1885*, Gallimard, 2002.

—, *Odes et ballades, les Orientales*, Garnier-Flammarion, 1968.

JOINVILLE (Jean, sire de), *Vie de Saint Louis*, Garnier, 1995.

JUBELIN (André), *Marin de métier, pilote de fortune*, France-Empire, 1964.

LANGLADE (Paul de), *En suivant Leclerc*, Au Fil d'Ariane, 1964.

MAUROIS (André), *Les Trois Dumas*, Hachette, 1957.

MISMER (Charles), *Souvenir d'un dragon de l'armée de Crimée, avril 1854-juillet 1856*, Hachette, 1887.

MOLÈNES (Paul de), *Les Commentaires d'un soldat*, Michel Lévy frères, 1860.

MUSSET (Alfred de), *La Confession d'un enfant du siècle*, Alphonse Lemerre éditeur, 1876.

ROMAINS (Jules), *Verdun*, Flammarion, 1938.

ROOSEVELT (Théodore), *Le Citoyen d'une république*, Hachette, 1910.

ROSTAND (Edmond), *L'Aiglon*.

SHAKESPEARE (William), *Henry V*, dans *Œuvres complètes* de W. Shakespeare, tome XII, *La Patrie* (traduction de François-Victor Hugo), Librairie Pagnerre, 1873.

TOLSTOÏ (Léon), *La Guerre et la Paix*, traduction de Bernard Kreise, Éditions du Seuil, Sacharov Publishers, 1999.

VIGNY (Alfred de), *Servitude et grandeur militaires*, Gallimard, 1992.

ZOLA (Émile), *La Débâcle*, Gallimard, 1984.

Essais, traités, œuvres académiques :

ARON (Raymond), *Dimensions de la conscience historique*, Plon, 1961.

BARCELLINI (Serge) et WIEVORKA (Annette), *Passant, souviens-toi ! Les lieux du souvenir de la Seconde Guerre mondiale en France*, Graphein, 1999.

BEAUNE (Colette), *Naissance de la nation France*, Gallimard, 1985.

BLOCH (Marc), *Les Rois thaumaturges*, Gallimard, 1983.

BONNET (Jean-Claude), *Les Morts illustres*, in NORA (Pierre) [dir.], *Les Lieux de mémoire*, II, *La Nation***, La Gloire*, Gallimard, 1986, p. 217-241.

BOUZARD (Thierry), *Histoire du chant militaire français, de la monarchie à nos jours*, Grancher, 2005.

BRUNOT (Ferdinand) et BRUNEAU (Charles), *Histoire de la langue française, des origines à 1900*, Librairie Armand Collin.

CORNETTE (Joël), *Le Roi de guerre, essai sur la souveraineté dans la France du Grand Siècle*, Payot & Rivages, 2010.

COUTEAU-BEGARIE (Hervé), *Traité de stratégie*, Economica, 1999.

DUBY (Georges), *Le Dimanche de Bouvines*, Gallimard, 1985.

GOUTTMAN (Alain), *La Guerre de Crimée 1853-1856*, Perrin, 2006.

FUMAROLI (Marc), *L'État culturel, essai sur une religion moderne*, de Fallois, 1992.

HADJAJ (Fabrice), *À moi la gloire*, Éditions Salvator, 2019.

JUIN (Alphonse), *Trois siècles d'obéissance militaire, 1650-1963*, L'Esprit du Livre, 2009.

JULLIEN (François), *Conférence sur l'efficacité*, Presses universitaires de France, 2005.

LARCAN (Alain), *De Gaulle inventaire, la culture, l'esprit, la foi*, Bartillat, 2003.

LE CONTE (Pierre), *Répertoire des navires de guerre français*, chez l'auteur, 1932.

LEVI (Jean), *La Chine en guerre, vaincre sans ensanglanter la lame*, Arkhê, 2018.

MILO (Daniel), *Les Noms de rue*, in NORA (Pierre) [dir.], *Les Lieux de mémoire*, II, *La Nation***, La Gloire*, Gallimard, 1986, p.283-315.

ROBICHON (François), *L'Armée française vue par les peintres*, éditions Herscher, Paris, 1998. Ministère de la Défense - Direction de l'administration générale.

—, *Édouard Detaille, un siècle de gloire militaire*, Bernard Giovanangeli éditeur et Ministère de la Défense, Paris, 2007.

RENAN (Ernest), *Qu'est-ce qu'une nation?*

SACY (Louis de), *Traité de la gloire*, 1745.

TULARD (Jean), *Napoléon, chef de guerre*, Tallandier, 2012.

VILLIERS (Pierre de), *Servir*, Fayard, 2017.

WEIL (Simone), *L'Enracinement, prélude à une déclaration des devoirs envers l'être humain*, Gallimard, 1949.

Presse, revues, rapports (principales sources) :

Le Figaro.

Le Journal des débats.

Revue des Deux Mondes, numéros de juillet 1892, avril 1905, mars 1918, juillet 1953, décembre 2019-janvier 2020.

Revue *Inflexions*, n° 16 : « Que sont les héros devenus ? », La Documentation française, 2011.

Revue *Inflexions*, n° 27 : « L'honneur », La Documentation française, 2014.

Journal officiel de la République française.

Rapport de la Commission de réflexion sur la modernisation des commémorations publiques, sous la présidence d'André Kaspi, novembre 2008.

La Nation française, un héritage en partage, rapport de Gérard Larcher, président du Sénat, au président de la République, 15 avril 2015.

Achevé d'imprimer sur Roto-Page
par l'Imprimerie Floch à Mayenne
en avril 2022.
Numéro d'imprimeur : 100215.

Imprimé en France.